U0649979

销售
从新手到高手

赵春涛_____编著

FROM

A NOVICE

TO

A MASTER

MARKETING

中国铁道出版社
CHINA RAILWAY PUBLISHING HOUSE

内 容 简 介

这套中国"销售技巧培训"金牌书,采用"场景抓拍"的情景展示,以"只取精华"的出版理念,幽默风趣的漫画配图形式,将其打造成实用、易学、易用的中国零售业销售员培训教材。

本书是一本专门为销售人员和想开店创业人士量身打造的学习参考用书。作者根据自己长期的调查研究,理论联系实际,全面而又深入、具体地阐释了销售技巧的实质和做销售的关键。对销售技巧,按基础、实践、绝招和进阶四个层级做了重点介绍。面对当今普遍存在的销售窘境,本书归纳了几种常见的现象,然后一一做了分析。以"培训引领,重在实战"的思路,重点讲述了销售技巧。本书语言流畅,并配有简洁明了的框架语言对主题加以提炼,更有利于读者加以学习掌握。本书具有很强的指导性和可操作性,是一本难得的销售指南,值得一读。

图书在版编目(CIP)数据

销售从新手到高手 / 赵春涛编著 . —北京:中国铁道
出版社,2018.5
ISBN 978-7-113-23294-8

Ⅰ. ①销… Ⅱ. ①赵… Ⅲ. ①销售－方法 Ⅳ. ① F713.3

中国版本图书馆 CIP 数据核字(2017)第 150661 号

书 名	销售从新手到高手	
作 者	赵春涛 编著	

责任编辑	吕 芡	读者热线电话:	010-63560056
责任印制	赵星辰	封面设计:	MXK DESIGN STUDIO

出版发行	中国铁道出版社(100054,北京市西城区右安门西街 8 号)
印 刷	三河市兴博印务有限公司
版 次	2018 年 5 月第 1 版 2018 年 5 月第 1 次印刷
开 本	700mm×1000mm 1/16 印张:16.75 字数:274 千
书 号	ISBN 978-7-113-23294-8
定 价	49.80 元

世界之大，让我们做做销售吧

世界给我们一个舞台，我们的人生就在世界的舞台上展开。世界之大，让我们找到人生的坐标，做做销售吧！

作为一位二十几年来始终研究商业企业终端销售技巧的讲师，我接触到了许多行业的一线销售员。一次，我到北京做调研，向一位服装门店的销售员问起："你怎么看销售？"她说，"销售简直是地狱。销售失败了，销售员浪费了精力，也浪费了时间。"而隔壁另一家门店的销售员却说，"销售就是天堂。销售成功了，销售员也能获得丰厚的收入待遇。"

销售就是魔鬼。它既能让销售员成功，也能让销售员失败。

失败者常有这样的叹息：做什么千万别做销售员。

社会上的就业压力不断增大，而同时做销售变得越来越不容易了，来自同行业的竞争是加剧销售困难的重要因素。越是这样，对具有一定技能水平的"销售员"，企业越是"求贤若渴"。现实就是这样，尽管你会发出"做什么千万别做销售员"的慨叹，但是你仍要坚持让自己成为销售的行家里手，否则，你就无法混迹于销售界。这就是销售界的"潜规则"。

我想，那些说"做什么千万别做销售员"的人可能没有考虑过这样一个问题：你做的工作对得起自己那份工资吗？

常常听到销售员说很忙。这实际上对的。老板以支付薪酬的形式购买了你的工作时间。在工作时间里，你要记住：你要用自己的付出为门店创造价值。这样才合理。

我不知道我们的销售员是否想过这样几个问题：

1．销售仅仅是一个卖货的吗？

2．你是在销售自己吗？

3．你是在销售自己的劳动吗？

销售并不是仅仅卖货那么简单。一天卖一件商品，这样卖货，有几个门店老板满意？老板希望的理想结果是：你在一天的工作时间里卖出了高于你一天工资额2倍以上的业绩。这样，老板才会觉得买你的工作时间有利可图，你也会觉得自己有了价值感。

而当你的时间卖给了老板，你会怎么做？这取决于你的工作态度。从某种意义上讲，"做什么千万别做销售员"是逃避你作为时间出售者责任的一个借口。这种工作态度为你的失败找到的理由可以有很多，比如，顾客的要求越来越苛刻、竞争对手越来越强大、市场需求不令人满意等等。

大家都可能听到过这样一个小故事：

一个人路过一处建筑工地，见到三个正在砌墙的工人。于是，他问："你们在做什么呢？"

甲工人态度生硬地说："怎么，你没看出我正在做砌墙的事情吗？"

乙工人不满足地说："现在，物价这么涨，可我还得做这项每小时只有20元的工作，真烦。"

丙工人眼睛放光地笑着说："我的朋友，我要告诉你的是，我正在建设世界上最伟大的宫殿，你也来投身到这项神圣的建设事业中来吧！"

而现实中，这样的事例也在销售员身上真实再现。

场景抓拍：

顾客：您在做什么？

销售员：我在做销售啊。

顾客：可我要的商品您并没有拿给我啊？

销售员：可我一刻也没离开柜台啊。

顾客：这样的时间好打发。

销售员：当一天和尚撞一天钟。撞一天就能挣到一天的钱，还管这钟响与不响？

顾客：钟不响，你还假装撞钟干吗？

由此，我想说：做什么千万别为了应付销售工作而做销售，而要做价值！

价值是什么？对于商店来说，它是商店赖以生存的法宝。对于销售员来说，它是其成长的基石。没有价值，商店就失去了存在的意义。没有价值，销售员就不会在职场中发展，而面临淘汰。不发展就意味着被淘汰，这是当今职场的一个"潜规则"。

商店造就了老板，也造就出销售员的工作岗位。商店的发展有赖于老板创造出价值，也有赖于销售员创造出价值。常常听老板们讲，某某商店只要有某某销售员一个人就行了。那么，这个销售员一定是商店的核心员工，能够创造出价值来的优秀员工。商店是优秀销售员的产生地，也是平庸销售员的淘汰地。只要你能够创造出价值，无论什么岗位，你都会成为最快晋升的那个人。

那些在销售场上能够创造出价值的人是英雄，收到的是鲜花和掌声。而如果你没能创造出价值，那么你就会受到冷遇。当一场宴会上，老板把你身旁的某某人叫到他的贵宾席上去喝酒却没有叫你，你该是怎样的懊恼。他有资格当着贵宾诉说其创造价值的辛酸苦辣，能够感动得让人落泪。而你倘若也有机会对着贵宾诉说，你诉说的辛苦无论多么辛酸，也不会让人为你叫好，因为你没能创造出价值，你的辛苦在别人眼里等于零。

你也许觉得社会不公，但你要懂得：社会公平是建立在创造价值的基础之上的。奖赏不能创造出价值的销售员，是对创造出价值的销售员的不公。无论什么时候，苦劳都不等于功劳，也不等于价值！

老板们多是秉承靠价值说话的人，因此，他们对于创造价值的销售员奖励优厚。对于不能创造价值却说三道四，对于创造价值平平的销售员，他们的态度是"走人"。

每个企业都有其价值观念，这是判断其每个岗位工作是否有价值的客观依据。完成既定的工作任务，在一些销售员看来就是尽职尽责了，其实，真正意义上的尽职尽责并不是仅仅局限于完成工作任务那么简单，一个工作日上八个小时的班，如果你没能销售出一件商品，那么你的价值如何体现出来？如果让你在一个不用你付出什么就轻易拿到奖金的岗位上，那么你的价值又如何体现出来呢？有人抱怨，老板给了他一个不太好做的岗位，那么老板就会向他发问："不把你派到别人做不太好的岗位上，怎么能体现出你与别人不一样的价值来呢？"

价值从来就是与工作难易水平相联系的。越难做的工作，你做成了，那么你无疑就会受到老板的重用，你的价值具有排他性，也就是说，你已经在职场赢定了！

当然，创造出与众不同的独特价值并非易事，需要你掌握一定的技巧，锻炼自己的能力。技巧是你创造非凡价值的基础。一天掌握一个技巧，一天创造一点价值，长此以往，你的职场人生才能达到完美的巅峰！

提升自己的形象，告诉你自己：我是金牌销售员。不光是形象，你的谈吐和气场一定要让你的客户认可你。告诉他：我可以改变你的态度和行为，因为我能给你带来你所需要的东西。

说话是最好的艺术之一。这样的艺术让你的客户喜欢你，也让他对你销售的产品感兴趣。你的语言也包括肢体语言，手势和眼睛的注视是控制局势的开始。你善意的微笑有助于打破对方心理上的坚冰，跨越他内心的防线。你的礼仪让你的形象加分。你的坚持是最好的销售态度。你的不卑不亢赢得客户对你的尊重。感恩客户让你的客户始终对你保持敬意。你的一个电话、一条微信，让客户保持与你的联系，而不会断线。

销售用热情拿单而不是损害客户，称赞你的客户而不是诋毁他，讲故事、讲估值是激发你的客户的重要手段之一。

做好销售陈述，不夸大其词，不说不恰当的话，让你的开场白非常吸引你的客户，在客户不经意间促成其交易，考验的是你的销售智慧和能力。让客户主动说出成交条件，要适时提供建议给他。要让他感觉你在帮助他而不是设套让他钻。认真倾听客户的成交条件，是销售沟通必须具备的素质之一。成交建立在双方互信互惠的基础上，有助于销售成果的扩大。产品或者服务，离不开展示和宣传。先机是成功的基础信息。经常联络客户，才能增加销售力。对客户进行评估，有助于建立完善的销售网络和客户服务体系。最成功的销售就是把客户的利益永远放在首位。举办活动是客户利益的策略选择。邀请每一位暂时缺乏兴趣的客户来参加销售部门的联谊活动，会让潜在的客户变为准客户。让你和客户的每一次攀谈都不成为"闲聊"。"要我向您介绍一下我们的这个项目"是攀谈的引荐环节。"我有点好奇"，挖掘原因，打破僵局，让客户说出，这是攀谈的访问环节。"您提到的这一点，我们刚好做了一个类似的项目，解决的问题是……"这是行动建议环节。"您看这样行吗？"这是争取确认以便进行下一步行动的环节。我们一些销售员非常想马上成交一笔销售业务，于是就把销售当成"灌输"，不厌其烦地讲自己的产品怎么怎么好，往往忽视了产品所能给客户带来多大的利益和价值，这样显然无法让客户心动。成交的可能性就很小。

做销售，要为这一工作而自豪。如果你自身不喜欢它，那么怎么能让客户心悦诚服地买你的产品呢。

做销售，眼睛绝不要离开客户。如果给客户打电话 10 次，你能成交一笔，那么你必须打 30 次，这其中包括客户的拒绝。不打电话，你永远都不会被客户拒绝，但是你可能永远销售不出商品。因此，做销售离不开眼勤、口勤、脚勤、脑勤。

还是要牢记那句话：世界之大，让我们做做销售吧！

赵春涛

注："老夫子"是作者赵春涛财经书系的形象化身（网民名如有与"老夫子"名雷同，请勿对号入座），也是作者的内心"大我"之代言人，在以后的作品中还会出现这一形象，作为贯穿他的每一本财经图书的线索。本书中出现的"六意"是作者"小我"之代言人。至于书中出现的"崔良"，是因为作者对很多年都联系不上的小伙伴同学崔光和老师张秀良的想念而设计的一个人名。希望他们看到本书这一内容后建立联系。

目　录
CONTENTS

基　础　篇

实 践 篇

绝 招 篇

基础篇

一天，老夫子与三位销售员在一起聊销售大赛。

销售员甲：亲爱的读者，当你打开此书的时候，一场亘古未有的比赛即将开始！让我们走进预热——起步——加速——冲刺的赛场，一睹销售员选手的风采吧！让我们把鲜花和掌声献给获得金牌的销售员选手们！

销售员乙：一场销售比赛，主角是销售员。看谁能拿到金牌。

销售员丙：50米拿到短跑比赛拿到金牌不容易。马拉松比赛拿到金牌更不容易。销售员比赛也是如此。

老夫子点拨：销售员的一生都是在打比赛。获得金牌，背后是销售员付出了辛勤的汗水、娴熟地运用了销售技巧。

销售员甲：读者翻开本书，您想对他们说些什么？

老夫子：我想说比赛现在开始，各就各位，预备！（发令枪候地响起）起跑！

走你！！……

第一章

做销售哪能没技巧

做销售哪能没技巧

　　销售不是任何人都适合做的，销售的成功离不开技巧。技巧是销售成功的关键。这是从销售员个人角度总结出的结论。销售员个人的基本素质、观念、技巧决定工作业绩。技巧不同于素质。素质短期内无法培养，技巧却能在短期内培养。通过训练使技巧有效提升，销售员就能在销售领域屹立不倒。在某种程度上，技巧是能力，能力是价值的基础和前提。价值是技巧的最终目的。

什么时候销售技巧才最值钱

　　当需要你做出计划的时候，销售技巧就显得格外重要。

　　因为销售者的全心投入，令业务发展的时候，往往正是好产品层出不穷的时候。

　　一天，三个销售员在一起讨论一个话题：天平的左边放什么好？

　　甲说：我知道。天平的右边代表的是财富。钱越多说明财富越多。左边当然也放钱喽。钱等于钱。钱＋钱＝钱＋钱。

　　乙说：我看天平的左边应该放商品。符合等价交换的规律。

　　丙说：我看应放上销售商品的技巧。技巧也是价值。

老夫子点拨：他们虽然说的都有一定的道理，但从思维的进步性来看，丙的说法最具代表性。

甲的思维传递的理念较为单纯。而乙的思维就进步很多，而真正认识到销售的真谛：销售的不仅仅是商品，而是技巧，只有丙有这个思维。

做销售没什么不好

一次出差，在火车上，我遇到了两个销售员。一个是家具销售员，去参加家具行业全国会议，地点在广东省东莞市某宾馆。另一个是化妆品销售员，去参加由厂家组织的培训会，地点在广州市堪称华南地区规模最大的白云国际会议中心，可容纳5000多人。

攀谈中，家具销售员的谈话里多次出现"做什么千万别做销售"这句话。河北省香河县是中国北方最大的家具集散地，广告早已打到北京火车站。近几年来，香河县城里几个家具城的展览位租金已是"寸土寸金"，"卖家具连展位租金都挣不出来"，他一边皱着眉头一边说"做销售太困难了"。看我冲着他点头，他又说："我要告诉你一个哲理，做什么千万别做销售！"

那位化妆品销售员对这个话题也很感兴趣。"我是浙江省温州人，曾到陕西省西安市做化妆品生意，结果一看那里使用化妆品还没有形成一种消费习惯，尤其是高档化妆品更没有市场。"接着她又说："你看河北一个叫井陉矿区的地方，我的一个朋友仅干一年就取得了骄人的成绩。那里的居民非常富有，买化妆品不怕贵，专买高档的化妆品。可我店所在的县城，人均消费水平低，没办法，业绩不理想，谁不着急？现在化妆品店之间的竞争太激烈，做什么千万别做销售！"

我分析了销售员之所以慨叹"做什么千万别做销售"的原因，主要是因为他们承受着越来越大的心理上的和身体上的压力，感觉两方面都"吃不消"。从心理上分析，初高中毕业生、大学毕业生的就业压力不断加大。而销售门店一般都重复上演着"开店第一年满怀希望、第二年信心不足，第三年想着关张"的"周期律"。于是，销售员被迫不断寻找工作，搞得心理疲惫、麻木。即便找到工作，因为不能取得理想的业绩，从而担心被老板"炒鱿鱼"。从生理上分析，带着沉重心理压力的人很难做到轻松上阵。身心疲倦的销售员已无工作的乐趣可言了。

这种情况在门店大量存在，尤其是随着市场竞争的日益加剧，销售员承受的压力与日俱增。计划经济体制下的优越感荡然无存，市场经济带给门店店员的痛苦感、疲累感日益加重，似乎成为了见怪不怪的现实。

但是，我想说：做销售没什么不好。

太多的商业精英给我们的启发是：挑战自己、给自己一些刺激的最好选择是从销售做起。

做销售就必须了解行业大势和产品特点，就必须懂得客户心理和销售技巧，就必须学好创造客户、促进成交和搞好售后服务。因此，做销售最锻炼人。做销售就要做金牌销售员。

做什么千万别忘做价值

做销售哪能没技巧

销售不是任何人都适合做的，销售的成功离不开技巧。技巧往往是销售成功的关键。做销售不能没技巧。这是从销售员个人角度总结出的结论。销售员个人的基本素质、观念、技巧决定工作业绩。技巧不同于素质。素质短期内无法培养，技巧却能在短期内培养。通过训练使技巧有效提升，销售员就能在销售领域屹立不倒。

在某种程度上，技巧是能力，能力是价值的基础和前提。价值是技巧的最终目的。追求有技巧的销售，就是追求有价值的销售。在销售技巧的实践中你会感受到价值。

什么时候销售技巧才最值钱

销售技巧最值钱的时候，其实是销售者有好产品的时候。

当需要你做出伟大计划的时候，销售技巧就显得格外重要。

因为销售者的投入，业务发展的时候，这往往也是好产品层出不穷的时候。这给了销售者一个启示：不要让销售技巧的缺失阻碍了公司的发展。

做什么千万别忘做价值

下面，讲个小故事：

某化妆品柜组几个销售员合演了一个小品，让化妆品厂厂长感动得哭了。

小品中有一对夫妇和一个"第三者"。两口子中一个风流倜傥，一个貌丑心善。某年，在他们之间挤进了一个"第三者"。两口子吵架，要闹离婚。"第三者"说："哪个女人不爱化妆品？如果她要像我一样天天化妆，我就没机会了。"更令丑妇伤心的话是她丈夫说的："你有她美吗？"

丑妇带着满腹的伤心，走到一个化妆品店，经销售员介绍买了一款名牌化妆品。化完妆的她早早地回家，等待丈夫下班回来。丈夫回来了，发现她变得无比年轻和美丽。之后，他们两人重归于好，"第三者"悻悻而退。

丑妇说了这样一句台词：是化妆品让我们获得了新生。

在座的一位化妆品厂厂长喜极而泣，说："我会让化妆品事业越做越发达，让我们的价值不断得到提升。"

在这个小品中，一件小小的化妆品改变了一对夫妇行将离婚的命运，这使销售员的价值得到放大。这是一种人生价值的实现。

书店的一位销售员给我讲过这样一个故事：

一天，他接待了一位特殊的顾客——一位盲人。盲人买书似乎觉得不可思议，然而这确实发生了。一位盲人作家，买回书让他的妻子读给他听。

当他把书的目录读给顾客听时，对方握紧他的手，连说了三声"谢谢"，然后买了书。他觉得自己就是顾客的"眼睛"，给顾客带来了光明，多好的职业啊！

做销售与其说是做事业，不如说是做价值！做什么千万不要忘做价值！

做价值的关键是做技巧

做技巧是做价值的关键。没有技巧，是做不出价值的。

销售不是任何人都适合的，任何做销售的都可能会不成功。技巧是销售成功的关键。这是从销售员个人角度总结出的结论。销售员个人因素有基本素质、观念、技巧。技巧决定工作业绩。技巧不同于素质。素质短期内无法培养出来，技巧却能在短期内培养。通过训练使技巧有效提升，销售员就能在销售领域屹立不倒。在某种程度上，技巧是能力，能力是价值的基础和前提。价值是技巧的最终目的。追求有技巧的销售，就是追求有价值的销售。在销售技巧的实践中你会感受到价值。

我想和读者做一个互动的小游戏：

用你的左右手相互拍打三下后，让双手交叉。之后，就会出现以下三种情况：

第一种情况：交叉的双手中，右手大拇指压在左手大拇指之上。

分析：这是能做出成绩的手。

第二种情况：交叉的双手中，左手大拇指压在右手大拇指之上。

分析：这是有一定技巧，以技取绩的手。

第三种情况：双手不能做到交叉。

分析：这是不能做出成绩的手。

无疑，以技取绩，方能实现价值。

一家门店的新聘销售员小方，在听了老师讲服务用语后，如法炮制，一开始觉得自我感觉还可以，但发现：老顾客越来越疏远了她。这是怎么回事呢？原来，她每次都用"欢迎光临""谢谢"那些话，没有新意，反而在老顾客心中形成了一种屏障，那么谁还会和她有进一步的沟通、交流呢？掌握了技巧的销售员会对老顾客和新顾客在语言艺术运用上区别对待。看来，有技巧和无技巧真的是两重天！

销售界有句名言：销售不是人做的，是神才能做的。专家型高手就是你心目中的神！

"专家型高手"是一个技巧生发出来的状态。这种状态是专家型高手身心境界的综合体现。为什么这样的高手做销售成功的概率很高？就是因为其有丰富的技巧。

精通自己销售的商品，下决心掌握自己销售职业领域的所有问题，使自己变得比他人更精通，成为工作方面的行家里手——销售专家，精通自己的全部业务，就会为自己赢得良好的信誉。有鹤立鸡群的销售技巧做资本，你就会有专家的卓尔不群。你超凡的专家能带领普通人向正确的方向前进。

工作再卑微也会产生专家，因为最卑微的事情往往指向最崇高的目标。工作本身没有高低贵贱之分。专心做好每一件事，这代表着你的能力和形象。对于专家来说，工作就是使命。专家从不轻视自己的工作。劳动没有卑贱、高贵之分。

第二章

用销售技巧锁定销售价值

哪种人最适合做销售

先请读者和我共同玩一个互动小游戏：

我说："请你看着自己的手指。"

这之后，我发现了一个奇怪的现象：

有的读者翻过手背看自己的十个手指，有的读者掌心对着自己，将手掌握紧，看自己的手指。

分析：通常，将手指紧握的读者，注重自我价值的实现。翻过手背对着别人的人，像把手指让别人看，不太注重自我价值的实现。

那么，你就要问了：哪种人最适合做销售呢？

答案是：将手指紧握的销售者。

能力和技巧是价值的代名词

能力 = 价值

技巧 = 价值

这是很有趣味性的数学公式。

价值的代名词是什么？是能力，是技巧。

小孙、小孟、小张是一起参加同一门店导购工作的大学毕业生。一天，门店老板交给他们同一件任务：一周销售的 10 000 元商品价值。门店老板交给他们三个盛放销售款的小木箱子。每天营业结束，将箱子锁好，交给会计室。一周后，由会计室当众清点每个人每个箱子里的销售款。抽签决定顺序。经抽签，小孙是第一周用木箱子，小孟是第二周用木箱子，小张是第三周用木箱子。

第一周，小孙的压力非常大且技巧不多，结果他只销售了 5 000 元。第二周，轮到小孟了，他的压力虽然没有小孙压力大，但他技巧一般，结果销售了 7 000 元。第三周，轮到小张了，他的压力不大，技巧发挥出色，结果销售了 10 000 元。

因此，创造最好价值的小张方能体现出与众不同，获得老板的肯定。但小孙、小孟却因销售平平而没有得到老板的夸奖。

一天，两个销售员在一起打赌：看第一个进店的顾客会是什么样的顾客。

甲说：我猜，第一个进店的顾客是小朋友。

乙说：不对不对，我看除了一个小朋友，还应同来的是他的妈妈、爸爸。这其中有一个决策购买者，实际上第一个顾客应是他的爸爸（或妈妈）。

两个人说话的时候，一个顾客走进来，既不是小朋友，也不是年轻夫妇，而是一个拿着放大镜的老年人。

老夫子点拨：什么时候，销售员也能像顾客一样拿着放大镜审视自己的价值，什么样的技巧就都能掌握在自己的手掌里了。

辛苦不等于有价值，别拿辛苦说事

人们习惯于把辛苦当成有价值，其实，辛苦并不等于价值。有人善意提醒：别拿辛苦说事！

销售员小马一天到晚做得很辛苦，她付出的辛苦非但没有得到领导的奖赏，反而被领导奚落一场。领导说："你一天到晚忙出什么来了？"是的，小马反思自己，觉得忙没忙在点上。但她还是有些不理解，"如果没有忙，那么价值不就是空中楼阁了吗？"

我们常常在年度个人工作总结时写：一年来，我勤勤恳恳工作、任劳任怨，从不叫一声苦和累。这是"老黄牛精神"的写照。如今，"老黄牛精神"对于企业来说过时了，正像一些农村大机械化耕作，不再需要老黄牛一样，企业需要的是"土狼"和"雄鹰"。

一位招聘机构的专家说：土狼的性格是咬定目标、实现自己的价值，但志向不高。雄鹰的性格是壮志凌云，一啸冲天，一览天下，捕捉目标站位高、定位高。

当今，竞争形势严酷，没有哪一家企业不需要土狼式的销售员和雄鹰式的销售员。

市场环境千变万化，竞争激烈。有竞争就有压力。处在市场环境"风口浪尖"的是销售员！

土狼式的销售员较能适应市场环境，经受得起挫折和失败，虽技巧相对不足，理论水平也不高。而雄鹰式的销售员技巧成熟，理论水平高，能在事业上冲破藩篱越飞越高。

在市场形势充满变数的今天，不适应环境的"老黄牛"显然是落伍了。

千万别再拿辛苦说事，企业不需要"老黄牛"！

1. 辛苦不代表工作价值

辛苦是对工作任务的一种态度，但不代表工作价值。

面对老板交代的工作任务，你不辞辛苦去做，这是你的态度，而老板可能根本看不到，所以他最关心的不是每天告诉你要完成什么任务，而是每天你创造的价值是否高于你花费的成本。通常，成本与利润是正相反的关系，成本越大，利润越薄；成本越小，利润越厚。在央视一个招聘栏目中，有一个环节是两位选手组织、动员观众徒步登塔，谁花的钱少谁胜出。工作任务就像高塔，如果你辛苦半天，却只有你登上去，那么你只是完成了登塔任务，但却没能实现价值：让更多的人接受你的环保理念，节约电能。因此，不管销售员完成任务的过程中多么辛苦，但如果你不能提供门店所需的价值，那么一切辛苦没有价值。

古罗马的两个士兵，他们一同经历了 10 次战役，结果其中的一个人得到了晋升，另一个却原地踏步。没有得到晋升的那个士兵于是找到他的长官，问："为什么他得到晋升，而我没有得到晋升？""他从敌人手里缴获了许多重要的东西，而你呢？"长官说："这就是你和他的不同，他的价值我很看重。"

一言以蔽之：不提供工作价值的辛苦往往是毫无意义的。

一些销售员常常觉得自己很辛苦，顾客却不买商品，一定是商品的问题。有的销售员抱怨说，某某商品品牌知名度不高，报价高，竞争力不够。但是，他却很少考虑自身有何不足。

2. 面对难实现的价值不要以辛苦安慰自己

常听老板说：企业有难处。

那么，企业的难处是什么呢？

那就是你不能创造价值，企业有权让你离开。

对于销售员来说，不要寻求自我安慰了，不要说："对这个难以实现的价值，我已经尽力了，付出辛苦了。"

事实上，企业不会考虑你的难处，你再用心尽力，做不出价值等于零。

一位老板说："销售员强调他的难处，希望没创造出价值而出付给他辛苦费，那么，我想问一下你，你考虑了企业的难处了吗？企业关张了，你就会走人，老板也就无法称为老板，老板也就不复存在了。"

3. 工作的价值是对企业资源的充分利用

企业的资源要用在刀刃上，才能产生价值。

也就是说，企业的资源要用在核心员工身上。

员工工作的价值就是使自己成为老板欣赏的那个人，能够创造出价值的那个人。

如果你做到了这一点，那么企业各种资源就会为你所用。能够充分利用企业资源的人无疑是聪明的人。有些人不善于充分利用企业的资源，结果在竞争中始终处于弱势。

企业连一张微小的纸都能成为营销道具，这是一件多么让人不可思议的事情！奥地利的销售员南德尔却做到了。他把纸折叠出上百个图案，每个幸运的顾客都可以拿到有他签名的创意图案。

价值体现能力，技巧体现能力

无论是什么样的人，如果你要证明自己的能力和技巧，那么唯有靠真本事。你所创造出的价值，是你能力的证明。你创造出价值是你技巧的证明。除此之外，别无其他考核的准则。

只有空谈而无真本事的销售员，是无法赢得他人尊重和赏识的。

只有技能顶尖的人才是最快乐、最富有的人。

技能给你价值，你能获得顶尖的荣耀，如果你拥有一项真正过硬的本领，你的人生就会无比美好。

一位大学销售员问一位专家：您轻松在职场获胜的秘诀是什么？

专家答道：拥有一项过硬的专业技能。

"一招吃遍天下"，说的就是你若在工作中掌握了某方面的突出技能，你就会出人头地，获得好的发展。在某种程度上，这项专业技能就是你的绝活。安身立命靠的就是你的绝活，一个别人无法企及的专业技能的高度。

小马只是一家服装店的普通销售员，虽然他很普通，但是却会一眼看准顾客适宜穿的服装尺码。

有一次，这个特长被一位女白领捕捉到了。她是服装店非常重要的客人。她对小马十分欣赏。从此，她每次来服装店都不忘来到小马身边。

按规定，服装店每年都要裁去一定比例的店员，然而，小马每年却风平浪静。原来，门店老板告诉小马，那位女白领是他们最重要的客人，而小马也因为那一眼看准尺码的本事成为服装店不可或缺的人。

你的优势别人没有，"人无我有"。你的优势比别人明显，"人有我优"。这是你安身立命的资本。

记住：不要成为门店可有可无的人，要成为门店无可替代的关键人物。

价值拒绝平庸，价值追求卓越

1. 不要自我设限

当我们对着一个门的时候，门上即便只是挂着一把锁，并没有锁上，我们也会在心理上产生一种幻想：只要是锁，就一定是锁上的，那么就不要走进这个门。

人常常为自我设限：我无法走进挂着锁的那个门。这往往阻碍了我们自我价值的实现。事实很简单，只要你轻轻一推，未锁的门就开了。正是因为这把心锁，我们往往因循守旧，不敢创新，不愿挑战一下，结果是一事无成。

成功的障碍大多是由我们自己在心理上设置的。只有战胜自我，才能取得成功。

2．平庸是实现价值的大碍

"位卑职低"的思想不可取。无论你从事的工作多么卑微，但你没理由轻视它。在当今社会，工作没有卑微与不卑微之分，只要你觉得它对你有用，你就可能取得骄人的成绩。

记住：让平庸的思想远离你，这样你的工作就会变得更加高尚，而不是低俗。

以平庸的标准来衡量你所从事的工作，你的工作会变得毫无生气，单调乏味，好像没有什么意义，也没有什么吸引力。

一个门店从外面观察，可能觉得单调，而一旦走进里面，看到琳琅满目的商品，感到穿过窗户的阳光在跃动，色彩在跃动，就会给人带来一种愉悦的心情。

工作也是如此，表面看索然寡味，深入其中，发掘其意义，你会保持良好的工作状态。热爱你的销售工作，你的生活就会是天堂。

尽职不在任务，尽责锁定价值

1．明确责任才能锁定价值

一位记者问美国一家企业的总裁："到底是什么因素阻碍人的成功？"

总裁回答："模糊不清的责任。"

记者让总裁进一步解释，总裁说："我在几分钟前就问你的责任是什么？你说希望有一天可以掌管一家机构的新闻宣传。这就是一个模糊不清的责任。问题就在'有一天'不够明确，因为不够明确，成功的机会也就很渺茫。"

一则小笑话：

大学讲师洛克对台下一个不太注意听讲的学生突然问道："汤姆，我刚才讲了什么是责任。现在请你来解释一下，什么叫责任？"

汤姆说："假设我的上衣只有两颗纽扣，现在掉了一颗，那么所有的责任就在另一颗纽扣上了。"

人们在大笑之余，是否会想到：别人无法胜任的工作就是责任。所有人都能干、都在干的工作，责任分散在每个人头上，责任就相应小多了或者变得模糊不清，因为每个人都想摆脱失误的责任，这是一个不良的现象。

人们常说：一个和尚有水吃，三个和尚没水吃。

挑水的任务明确给一个出色的和尚的话，寺庙吃水不成问题。如果让三个和尚都去挑水，那么，甲和尚想：反正我不挑水，有乙、丙两位老兄呢。而乙和尚也在这样想，丙和尚也这么想，于是没人去挑水。如果其中一个和尚去挑水了，可能出现的情况是：其他两个和尚会想"他愿意挑水就让他挑去吧，谁让他想逞这个能呢？能者多劳嘛！"一个和尚拼命干出三个和尚的挑水量，两个和尚不挑水。

当这个出色的和尚被明确指定为负责挑水的，其余两个和尚也会不挑水，而说："谁让你是管事的呢？比我们多拿一两碎银呢！"

管事的因为这个头衔，卖力地挑出三个和尚该挑的水量，但他感觉实现了自己的价值：因为自己的工作，保障了整个寺庙的用水。

管事的更能体会到"工作就是责任"的意义，因此内心充实、事业发展。而把"工作就是泡汤"放在嘴边的那两个和尚，最终被主持逐出了山门。

只剩下一个人的管事和尚，仍然把水挑得更好更多，因为他始终牢记肩上的责任。

记住：**要锁定你肩上的责任，因为只有责任明确，你才能锁定价值。工作意味着责任。责任锁定价值。尽职尽责，是创造价值起码的要求。**

出色地完成工作是责任，对责任的回报就是价值。激励你前行的是你的责任。监督你自己的力量是你的责任。锁定你的责任，才能锁定你的价值。

出现问题之后，领导追究当事人的责任，通常每一个人都说自己没有责任。

没有责任 = 有价值

承担问题责任 = 无价值

这是每个人心中的问题等式。

有些人假装不知道有责任和任务的存在，当问题出现后，便推说自己并不知道相关的任务和责任，以此来逃避或推卸自己应该承担的责任。

作为领导者，他希望自己的员工能够主动承担责任，解决问题，提供价值，这样的人才是所有组织中最需要的人。

因为一个不敢面对问题的员工，很难让人相信他会真正为企业担当什么责任。

2．尽职重在价值

有机会偷懒的销售员不是聪明的销售员。"偷懒"是在"丢掉你的机会"。

就像上面提到的和尚挑水的例子。那两个不挑水的和尚在"偷懒"的同时，得到了"懒惰"，却失去了成为主管的机会。偷的"懒"越多，失去的也更多。别人在创造价值而你在消极对待自己的职责，你不会勤奋，自然你就不会得到重视。

尽职就是说不要放弃，想到就做，做到结束为止。"一竿子插到底"是尽职尽责。"按起葫芦浮起瓢"不是尽职。"尽职难事变易事"，"不尽职易事变难事"。一个贫穷的人因不尽职会更贫穷，一个富有的人因尽职会更富有。

尽职的奇迹也许就在你前面，看你是否永不放弃价值的创造。

技能职业化是聚积价值的重中之重

1．让销售员的技能实现职业化

企业越来越职业化，给销售员带来一个新的问题：如何让销售员的技能实现职业化？

技能的职业化可以引发职业化的行动。TCL 总裁李东生曾讲过，在企业，不成长，就出局！技能决定行为！技能的职业化需要有这样的思维：责任造就技能。你要对你自己负责任。未来只有一种销售员能够成功，就是具有职业化技能的销售员。你是谁，不重要，重要的是你是具有职业化技能的销售员。

成为职业化技能的高手，需要一步一步地学习，才能除去自己身上技能的业余性。

我是谁？我现在是业余技能的销售员还是技能高手？

我应当是谁？我本来应当是技能业余的选手还是技能高的销售员？

这样类似的问题不知道你有没有想过？

2．销售员技能职业化的底线是其职责、职业道德

从字面剖析"职业"两字，"职"指职务、职责，"职"是一种标准，也是一种约束。"业"指成家立业、家大业大、业绩，"业"体现的是一种价值！

销售员技能职业化的底线是销售员的职责、职业道德。失去职业责任就没有职业道德可言，更称不上职业化。

你如果是一名销售员，那么你想得更多的问题，就应该是：食人之禄，忠人之事，为企业创造业绩和利润，这是最最起码的做人准则。这一点，你扪心自问，你做到了吗？

在企业里什么也不干，这是成本，不是价值！

通过销售员讲解，顾客从你手里买了很多件商品，这是价值，不是成本。

3．职责就是创造出价值

什么叫职责？

上帝身旁的童子问："上帝，什么是职责？"

上帝："你去人间走一趟吧。"

童子看见一位园艺工人在浇花，又看到一位医生在为一位病人治疗，还看到了一位樵夫在砍柴。

童子说："我明白了。浇花、治病、砍柴分别是园艺工人、医生、樵夫的职责！"

上帝笑着对童子说："职责无时无刻不在，做好你应该做的就是你的职责！"

对于销售员来说，创造出价值就是他的职责！

什么样的问题令老板挠头？

根据一项统计，78% 的门店认为：销售员缺乏职业责任。

老板不懂管理，故我不创造价值。

同事不配合，故我不创造价值。

理由可以有种种，但不应成为冠冕堂皇的借口以逃避职业责任。

销售员缺乏职业责任，往往有以下三种情况：

第一种：无所事事。

第二种：只做领导吩咐让做的那点事。

第三种：知道为什么，知道提供最优方案。

第三种销售员，无疑是会受到荣誉垂青的。

职业销售员的标准：

（1）对自己所担负的，哪怕只占 1% 的责任负全部责任。

（2）对自己的职业人生负责。

（3）承担最大的价值，因而要承担最大的责任。

（4）自己就是职场人生中的当事人，而不是旁观者。

（5）我创造价值与别人无关，只与自己有关，与我是职业技能人有关。

无论企业条件好与不好，成功的职业技能销售员应具有的人格特征是：100%负责。没有假如，只有价值的创造！

但履行职责，不等于创造出价值。职责太清晰，会各扫门前雪。职责不清晰，会影响执行。只对职责负责，也会影响执行。只对职责负责，不对价值负责毫无意义。

岗位职责＋价值意识，才有意义。

记住：**要对价值负责！**

4．价值是销售员的职业底线

企业靠价值生存。销售员的价值维系企业的生存。没销售出商品，销售员不做出价值，就要被企业淘汰。企业不做价值就要被市场淘汰。

价值包含有时间、有数据、可考核，缺少一项都不叫价值。

执行力体现价值。执行是有价值的执行。价值是企业的底线。价值也是销售员的职业底线。

5．建立价值制度培养价值交换思维

企业应该建立这样的制度：好人（创造出价值的人）有好报（报酬、荣誉等）。

企业价值制度应是这样的：

第一，以价值为导向的考核制度；

第二，努力创造价值的运行机制；

第三，以价值为导向的奖惩机制。

销售员价值思维应如此：

（1）用价值说话；

（2）用价值判断；

（3）永远用价值去思考。

6．企业价值＋客户价值＋导购价值＝？

企业的底线是客户价值。客户价值包括外部客户和内部客户的价值。

外部客户（顾客）的价值体现：

一是决定企业强大的唯一标准；

二是企业赚钱的唯一源泉；

三是企业唯一的优势资源。

外部客户价值决定企业的命运。如果不把外部客户价值上升到信仰的高度，企业必死无疑。遇到危机，顾客给企业机会，企业就能度过，否则，企业就要关门。

顾客给销售员机会，取决于销售员平时如何接待顾客。内部客户也是销售员的"顾客"。

内部客户的价值体现：

一是销售员事业发展的平台；

二是销售员收入与保障的来源；

三是销售员社会地位的体现。

客户价值，决定销售员自己的命运。

因此，一位企业家说：少一些狭隘之人的短视！多一些雇佣感，这就是职业化！

实际上，企业与销售员之间要具有契约精神，它等于价值交换！企业和社会用价值来交换。销售员和企业也要用价值来交换！

销售员在企业上班，其实企业老板只看你是否创造出价值而不看你上班的过程。上班不是你拿工资的理由，上班要为企业创造出价值来，这才是你上班的理由！这才是你拿工资的理由！

第三章

不可不练的销售基本功

销售要在技术、情感和精神上做到位

销售有三个层面，第一个层面是技术层面。技术层面的事情，不只是产品部，还包括销售部。情感层面的事情，也不光是企业行政部的内容之一，也包括销售部。精神层面的事情，则是金牌销售的个人魅力塑造和团队精神的打造。

销售者是需要内修于心的，还要外行务实。"精神"两个字，诵说者其实也应是习行者。多一分审视，也就多一分精神。只可惜现在的一些销售员心性不强而没有悟到。

销售基本功的练习

销售基本功练习是在销售前将所学到的知识巩固的过程。

练习是为了销售做准备，是一项销售作业。这个作业在销售启动之前完成。

你要有这样的销售基本功练习内容。

从演绎销售员做事凡事必要求报酬到雇销售员做事凡事都要给人报酬的角色转换练习开始，你会发现：

（1）雇员心态：只要你工作了，报酬就会产生。应酬的工作很少了，但报酬还没增加。

（2）老板心态：只要为我工作了，我就给你发工资。

销售基本功不过关就甭想做金牌销售

一个销售者如果自身销售基本功不过关，那么就不要想做金牌销售。我的朋友因为销售基本功缺乏而转岗。失败后，他安心于做一个公司的物业。问他还想不想做销售？他回答：不想，只想老老实实地做物业。可见销售基本功是何等重要。

一天，销售员小丁听见几个人在一起讨论一个话题：畏惧销售。

甲说：销售是个说起来容易做起来难的工作。

乙说：我看销售工作不能风风光光。

丙说：有的销售成气候了，大多数人是混饭吃。

小丁想：做销售，不打无准备之仗。

老夫子点拨：他们谈了做销售的几种看法。销售的难与易、风光不风光，其实是一种心态，混饭吃也是一种心态。做销售，在于您是否准备齐全。首先要做好心理准备。虽然销售难干，但是要想成为销售强者，要先从心理上重视销售，因为很多强者是从销售员一点点做大的。其次是做好知识储备。没有知识储备，就没有销售之战所需的武器弹药，这样是打不好仗的。

销售技巧的心理准备

说起心理准备，它是常识、经验的准备。如果顾客的身份是建筑师，那么他会对门店的装潢、外形感兴趣，而且还看到一些只有专业人士所能看到的细节。这种由于职业习惯而无意注意与职业有关的事物的现象，与常识、经验有着十分密切的联系。

心理准备的这种说法比较片面。真正意义上的心理准备，是将所预见的顾客的心理现象进行描述，且做出科学的解释和说明。如果说无意注意来自于专业本能，那么有意注意则要求销售员既要做乐意做的事，还要做应该做的事。这样的心理准备就具有了实践价值。

要做真正意义上的心理准备。

顾客心理现象，反映出来的是心理知、情、意的传递过程，还反映出个性倾向性（如需要、动机、理想、信念、价值观）和个性心理特征（如能力、气质、性格）。

赢家心理对销售技巧的发挥影响很大。

赢家心理：销售是一个赢家的职业。赢家富有创造力，有一颗坚定的心，愿意为自己的目标坚持不懈地努力。

赢家为希望而活着，乐观地坚持着。具备这样的心理，销售员就会千方百计地掌控形势，使其走向利于自己。这样，全局变被动为主动，牵着顾客的鼻子走，让顾客说出销售员希望听到的话。一般地，能做到这一点，销售员从心理上就已经"赢"了。

地点：某图书门店

顾客（一进店门就问）：有适合小学一年级学生看的书吗？

（范围限定：小学一年级学生看的书。但这个范围还是太大了，有待销售员探寻读者的真实需求，进一步缩小范围）

销售员：您是否找辅导书？

顾客：我的孩子比班里其他的孩子小，这次考试，数学不太理想。

销售员：您的孩子上学早吧？

顾客：可不是，比班里的同学小 1 岁呢。

销售员：情有可原。这次考试数学题偏难了吧。

顾客：难是难些，不过我还想给他补补。他姐姐上大学呢，从小学到初中到高中、大学，门门功课都强着呢。

销售员：这么说，您培养有方呀。

顾客：可不是，辛辛苦苦地把他姐姐带大，这不，又开始抓他的成绩。

销售员：这个学期已过了大半，您可以买同步及期末考试卷子让他做一做，对学习是有好处的。

顾客：那我看看。

销售员：您看这本《全优全能试卷》行吗？

顾客把销售员递过来的卷子翻看了一二分钟，然后说：行，就是它了。

销售员：您还不把语文试卷一块买了？

顾客：好，我全买。还有，小学一年级《新华字典》用不用买？

销售员：一般一年级下学期也该买《新华字典》了。

顾客：那我提前先给他买喽。

这样，顾客一共买了三本书。

销售技巧的知识准备

你也许听到过顾客对销售员的一些点评："他这个人缺乏知识，搞不懂他在说什么。"

要知道，见多识广是销售员的知识储备要求，丰富销售技巧是交流必备要求。一次知识的交流，如同一场精神的盛宴。个人经验和感情，并不能与个人知识的作用相提并论。

根据研究，销售员与顾客对话服从于以下动机：①建立或继续进行某种感情的接触；②搜集、分享、传授、吸引知识。这其中，汲取知识使得对话交际更有价值和意义。

商品知识是商品销售技巧运用必持的"武器"。

肖新是一家服装店"优衣购"的销售员。当问及她为何要选择从事销售员工作，她的回答是她上中专时就是个班干部，招聘店员的要求具有初中学历，所以愿意选择销售员的岗位试试自己，因为她认为自己学历比其他店员高，她应该借此证明一下自己。虽然，学历高低与销售业绩关系如何至今尚无定论，但有一点是肯定的，那就是知识水平高一些，处理与商品有关的问题就得心应手一些。一个美术专业的大学生在给顾客介绍服装时，会从自己所学知识中提炼服装美学、色彩学这些知识的精髓，告诉顾客怎么搭配服装更有品位。这也是肖新认定自己就是做销售员的材料的原因。

关英不这么看，她在服装厂有过一段实习经历，她认为自己这段经历很重要。她当"英格尔"服装店的销售员，这段服装厂经历对她帮助很大。服装店卖的裤子长，需要加工一下，她就操作小缝纫机免费给顾客加工裤脚，顾客对她的技术报以掌声，小店的生意也越做越大。

钱刚是"博来美"电器门店的销售员。他说，没有高学历，也没有相关岗位实习经历，但是他天生爱鼓捣一些东西，上中学时自己组装了一个立体音箱。他说自己凭着天生有股钻劲，就报了销售员的职位，没想到居然被老板选中了。

李大维是"银河电脑"的销售员，他对自己有个评价，他说他没有的优点太多了，他只有一个优点，那就是记忆力超强。他在上小学时，背诵过《新华字典》，中学时背诵过《现代汉语词典》。当时觉得好玩，但超强的记忆力还是让他变得与众不同。从事销售员工作时，各种商品的报价准确而迅速，让顾客感觉到他本身就是个"活电脑"。

从事销售员工作，成为了他或她的选择。

销售技巧的语言准备

销售员与陌生顾客之间，语言是主要的销售手段。同时，语言也成为鉴定顾客类型的工具。因此，根据事先确定的类别和语言回答，成为销售技巧的运用的最基本准备。

销售员的语言准备，主要是语言素材的准备。上海海派清口创始人周立波，十分重视语言素材的准备，还注意了花样的翻新。时政、猎奇、生活中的语言素材打成捆，被周立波投放到偌大的语言秀场。

具体到销售员，应做好如下语言素材准备：①尽量找出你最近遇到的至少三件趣事；②讲述一个故事学会恰如其分地表达；③记住所读到的书报刊上的东西和普遍关心的事件；④选择至少一条你觉得最重要的当前事；⑤记住顾客的名字；⑥发现顾客引以为豪的举动或成就。

有技巧的销售语言可以让顾客态度、行为改变。

让顾客态度、行为改变的过程就是征服顾客的过程。语言征服，就必须从语音语调、表达方式等方面讲究技巧。

语音语调上，语调要吸引人，必须是明朗的、低沉的、愉快的，还必须抑扬顿挫，节奏感强，语速要快慢适中。语音要让人感到舒适。

表达方式上，适当激励：你一定能完成这个任务，你是最棒的；适当奖赏：你买这件商品，将获赠20元购物券一张；危险告知：你如果不买商品，押金不退。

1．语言运用技巧

（1）戒掉口头禅，规范语言。

（2）正确使用礼貌语言。

（3）肯定性语言要先说。

（4）以我们替代我。

（5）以变通避免给顾客否定的回答。

（6）给顾客留有思考的余地。

（7）夸大的语言不宜说。

（8）不小心说错话了，要学会找台阶下。

俗话说：言多必失。

销售员常常可能是不经意的一句话就失礼，甚至得罪了顾客。不小心说错话，要学会开个玩笑并认真改正。

销售员：凡是买东西的都赠一份海报。

顾客：你怎么搞的，为什么不给我一张海报？（注：说明顾客自尊心受挫，渴望得到别人的尊重。）

销售员：你买东西了吗？

销售员：我和您开了个玩笑。虽然海报发到您这儿的时候已经没有了，但我们会记下您的联系方式，再来的时候给您留一张。

2．销售语言延伸运用

销售语言的延伸运用，是赢得顾客的一个重要方面。

（1）微笑是语言的延伸。

最和善、友好的信息往往是通过微笑来传递的。微笑也是一种语言，不过它是一种深度的语言形式，或者说是一种语言的延伸。

（2）注视让眼神语言更具魔力。

注视对方的时候，你的眼神最具有吸引力。注视让眼神语言更具魔力。

（3）大拇指语言赞赏意味浓。

大拇指语言，代表着一种行为倾向。当顾客对销售员竖起大拇指时，一般是在说"你是好样的""你真棒""我可服了你了"，赞赏的味道浓厚。而销售员也能做到对顾客竖起大拇指，对具备一些购物知识的顾客来说，无疑是最大的褒奖。这时的大拇指语言是"您真是行家""佩服您的好眼力"。

（4）手势语言恰到好处流露热烈情感。

手势语言，是销售员必须掌握的一门"基本功"。一方面要注意恰到好处，另一方面要做到情感热烈。

3．语言运用的关键点

（1）称谓正确才不会使顾客神经敏感。

顾客很看重"称谓"。销售员如果对顾客称谓不准或不正确，很容易触动顾客敏感的神经。比如对退了休的顾客，要说他退休前的职务。对其不要说"您这个大局长，现在干吗呢"，他会敏感地回答你："我已经退休了。"要让顾客神经不敏感，销售员对顾客的称谓要正确、得体。

（2）表达敬意最有效的延伸语言是握手。

如果销售员相对顾客表达深深的敬意，最有效的延伸语言是握手。握手最有力地表达出你对顾客的敬意。因此，销售员应掌握握手的一些基本技巧，用好握手这个手段。

（3）热情的语言表达并非人人都会。

热情的语言表达，或许对于一些销售员来说不是难事，但对于大多数销售员来说，却不是都能做到。语言表达有热情、非热情之分。不热情的语言常使顾客产生压抑感，热情的语言会使顾客产生昂扬感。

（4）语言不是用来攻击竞争对手的。

"听说的商品便宜。"

"便宜没好货！"

越是素质低的销售员，越是时不时地把攻击竞争对手的话放在嘴边。而这种带有不良情绪的话，往往让顾客意识到竞争对手这么招致他们害怕，一定不俗，反而越想尝试购买一次那里的商品。

语言的评价如果建立在客观、公正的基础之上，那么顾客也会为销售员的做派感到可以信赖。

（5）过度赞美顾客不可取。

销售员对顾客不要过度赞美。过度赞美顾客，顾客一定会怀疑你的用心。因此，销售员要把握好赞美顾客的度。

（6）难忘的开场白。

销售员好的开场白，往往让顾客难忘。

"先生，您需要什么？"

（最常见的开场白，因问话唐突一些，成功率很低）

"您是否需要购买一款削苹果的小机器？"

（顾客拒绝的概率较高）

"您的包太漂亮了。"

（给顾客感觉是拍马屁，效果其实并不见得好）

而下面的开场白效果却不同。

"先生，您知道世界上最离奇的东西是什么吗？"

"如果一本书能改变一个人的财运，那么你会有兴趣看一下这本《穷人与富人仅一步之差》吗？"

（能引起顾客兴趣，有助于将图书销售出去）

（7）销售陈述语言不要卡壳。

一气呵成的文章人们爱看，连贯表达的销售语言顾客爱听。卡壳的销售语言常常让顾客感觉销售员思维有些乱。因此，销售员在说销售语言时一定要想好先说什么后说什么，以免给顾客留下不好的印象。

（8）不恰当的比喻不要说。

比喻是常见的修辞手法，如果将它用在销售语言上一定要注意是否恰当。运用得不恰当，可能在心理上给顾客造成伤害。

（9）太过专业的语言易让顾客如坠云雾。

一些销售员常常遇到这样的情况：销售员与顾客谈论商品时，会带出一些诸如"高性价比""码价"之类的专业术语，顾客会追问什么是"码价"？

不要以为术语越专业越深奥，顾客越感兴趣，你越能"卖弄"自己的知识。

事实上，让顾客如坠雾中的术语，帮不了你，有时候帮"倒"忙，让顾客烦恼，感到你是在故弄玄虚和卖弄自己，对销售的影响显而易见。

但如果实在要讲一些术语，那么你就应该把它讲得通俗易懂，缩短这部分的讲解时间，尽量让顾客不感到疲倦。

（10）语言能制造成就感，也能制造失落感。

销售语言是魔鬼。它既能制造成就感，让销售员分享快乐，也能制造失落感，让销售员体会到痛苦。

顾客会说："这正是我所需要的语言吗？"

不会有顾客直白地告诉你，你说的正是他所需要的语言。然而，你还是可以通过顾客的表情，观察出他是喜欢还是厌烦。一句投机的话，往往让顾客喜上眉梢，一句不投机的话，往往让顾客疾首蹙额。

（11）要求顾客的语言怎么说。

要求顾客的语言，一定要正确地说。

销售员："先生，按照我们店的规定是不准吸烟的，您看？"

顾客："哦，我把烟掐了。"

销售员："请您配合我们一下，把包放在存包处，好吗？"

顾客："好，我这就去存包。"

而不要这样说：

"嗨，你怎么在这儿抽烟，懂不懂规矩。"

"不准带包购物，这还用提醒你吗？"

（12）让语言成为赢得顾客好感的利器。

一般地，如果销售员口齿清楚，说话讲究逻辑，那么顾客就能很快理解你的意思。说话抑扬顿挫，适时停顿一下，那么顾客会格外注意到你。这些为你赢得顾客好感提供了可能。

（13）适度语言威胁让顾客快下决心。

销售员：今天是本公司促销活动的最后一天了，你现在可以做出决定了吗？

类似这样的语言威胁，一定要把握适度。适度的威胁性语言常会产生令你意想不到的效果。有些顾客就是听了销售员这样的话后，终于下定了购物的决心。

（14）建议的语言怎么对顾客说。

建议的语言，应该这样对顾客说：

"您看这样，您买那本书，回家后让您儿子每天做一页这上面的题，不出一个月，成绩肯定会大有长进，为什么这样说呢？因为……"

而不要这样说：

"我建议"

"买它没错。"

（15）引导话题的语言怎么说。

话题的引导语言，要说的自然不突兀。

想引向某个话题时，要将当前所说的向相关联处加以靠近，巧妙引到你的话题上来。这个话题被不落痕迹地引导过来，还会引起顾客的浓厚兴趣，那么销售员的目的就达到了。

（16）随声附和的语言怎么说。

你也许见过这样的销售员：

不管顾客说什么，销售员都哼一声"是"或"嗯"。

也许你会说这样的销售员"倾听别人的话"是一种长处，但是你要知道：

这样的销售员在一些顾客眼里是"擦嘴布",没有主见。

（17）开头不知所措的话怎么说。

开头不知所措的话应该这样说：

您今天一切都顺利吗？今天很愉快？

发生了什么情况？有什么新消息？

您知道我今天获得什么情况吗（所做、所见、所闻）？

您今天精神真好！

我真喜欢您的！

销售技巧的思维准备

1．销售员必备的扩散思维

铜器店销售员可里克忽然有一天被董事长叫到办公室。董事长问："1磅铜的价格，你知道是多少吗？"可里克时感到问得很奇怪。全德克萨斯州都知道每磅铜的价格是35美分。再简单不过的一个问题了。销售员眨了眨眼，他想到了铜制的门把手的价格。他开始回答了，结果他的回答得到了董事长的表扬。你知道他是如何回答的么？

点拨：可里克回答是1磅铜价格是35美元。这就是销售员思维魅力。扩散思维是反常规求其他任何可能，洞察别人想不到或没有深想的地方，这使销售员比别人想得多、看得远。

2．销售员必备的收敛思维

销售员霍良总结管店原则为奖励，理由是：奖励的事情有人愿意去做、奖励激发员工积极性。至于奖励，他认为10种人可获奖励，即：①不仅图治标还图治本的人；②敢于挑战，敢于冒险的人；③独创个性鲜明的人；④决策时不婆婆妈妈的人；⑤做事效率高，事半功倍的人；⑥化繁为简，信奉简单即是实用的人；⑦默默无闻，踏实工作的人；⑧创新工作，让工作变得不呆板的人；⑨忠诚企业忠诚领导的人；⑩同心协力的人。激发员工积极性的奖励手段有：金钱、股权/份、赏识、休假、行动权、好工作、晋升、自由权、培训权、乐趣、奖赏。

点拨：收敛思维，核心就是化繁为简，因为简单即是力量。少做那些次要的工作，多做些主要的工作，有区别地利用时间和精力，从顾客重要、急迫的需要出发，这就是销售员收敛思维的魅力。

3. 销售员必备的逆向思维

超市销售员琼斯给电扇生产厂家建议，改变电扇的颜色，因为黑色的不太好卖了。厂家采纳了他的建议，把颜色改为红、黄、蓝、白、灰等几种颜色。结果电扇投入超市卖，非常好销。

点拨：逆向思维是从事物的相反方向思考问题，贵在打破人们的思维定式，这也是这位销售员思维魅力所在。

4. 销售员必备的组合思维

霍良一次和酒店销售员和他的朋友一起喝酒，双方约定各带自己喜欢的酒。席间，销售员拿出白酒，霍良拿出红酒，朋友拿出啤酒。忽然，酒店销售员问："大家喜欢不喜欢一种味道不一般的酒？"在座的均表示想喝。这时候，只见销售员把每个人带来的酒集中倒在一个大酒具里，笑着说，我是综合了大家的喜好勾兑了这种新酒——心酒。体现了"综合就是创造"的要旨。

点拨：组合思维来自创造。关联的是组合的前提，组合能满足不同喜好的人的需求，这是销售员思维的魅力。

5. 销售员必备的逻辑思维

北京有间经营日用杂货的小店曾有"万宝全"的美称。小店的经营"诀窍"概括起来可分为以下三条：一是经营小商品，力求齐全；其次是拾遗补阙，经营大商店不卖的货品；三是善于体察顾客的需要，动手制作一些不易买到的商品。销售员说，他的经营思路是：不对顾客说"没有"二字；而回答是"我帮您找找看"或"我们替你想想办法"。为此，他专门设了一个添货本，记下顾客的需求和联系方式，以便货到时及时通知顾客。

6. 销售员必备的系统思维

有一家名为"顾客定价"的餐馆，销售员别出心裁地想出一种由顾客自己定价的经营方式，将餐馆经营的各种菜肴、点心、饮料等分成五六种一套的套餐，每种套餐分别规定了高低不等的五种价格，由顾客自己在用餐结束后任选其中一种价格付账。根据销售员介绍，大部分顾客都是按一、二等套餐的价格付账，因为来餐馆就餐的顾客认为如果付费偏低，有失体面。让顾客定价的营销策略，一方面可以吸引顾客，另一方面可以根据顾客付款的情况来反映服务质量，以便改进经营。该餐馆因此也生意兴隆。

7. 销售员必备的想象思维

现在服装店越来越多，生意也相对冷清起来，身居繁华闹市也不例外。我的一位朋友是服装销售员，生意不怎么样。后来，他发现客户有很大一部分是上班族中 20 岁左右的姑娘，爱打扮，如果谁买了一件合身的漂亮的服装，便会招来一群姑娘再购。由此，我的朋友想出一个主意：现在姑娘大都有爱照相的习惯，他便买了一部相机和一台电脑，只要在他的店购服装的，免费照一张相，当然是穿上购买的服装照，一般服装都很新潮，这样在相片冲洗期间，她们会来取相片，有时要来两三次，因为相片最快三五天才能洗出来。这样，一是增加了与顾客之间的关系，有可能让她们更多地了解店里新购的服装；二是相片冲洗出来后，他们拿回去互相传看，增加了服装店的知名度，回头客越来越多，生意越做越红火。当然，服装质量一定要好，还得公平交易，这是前提。开服装店的朋友，不妨一试。

8. 销售员必备的直觉思维

在对手打出"100 元卖 90 元"的广告牌时，老王却在自家超市的门口挂上了"100 元买 110 元商品"的牌子；结果，老王的生意明显比对门的要好很多。表面看来两者没有差别，似乎都是打九折。其实不然。"100 元买 110 元"商品的折扣要比九折少，可比打九折、要提高 1% 的利润，这已是一个不小的数目。而且，"100 元商品卖 90 元"的九折法，给消费者的第一个直观感觉是削价求售，而"100 元买 110 元商品"却能使人们感到是货币价值提高。

销售技巧的能力准备

有的人认为销售员就应该是能人，能人就应该是全才。其实不是这样的，销售员作为能人的一面优点虽然十分明显，比如：销售员能赚钱，有耐心、有韧性、有勇气等等。但是销售员的缺点往往也很多。比如说，"隔行如隔山"，你让他经营小五金，他在行，你让他经营夜总会，他却不在行。你让他经营酒店，他在行，你让他经营物流，他却不在行。企业里，他虽然懂技术，但是他并不懂管理。或者是他在管理经验上有一手，但是他缺乏技术的前瞻性。因此，销售员不一定是全才，但不是全才也并不是不好。只要做好自己最擅长的，你就能取得最好的经营成绩。

销售员要认清自己属于哪种类型？因为每个类型的销售员面对风险的耐受力是不同的。

保守型的销售员对经营中出现的机会的反应比较迟钝，对经营中出现的损失往往耿耿于怀。对不用冒多大风险就能获得的收益，比较看好。行事自觉不自觉地以此为准则。冒险型的销售员对经营中出现的机会的反应比较灵敏，对经营中出现的损失往往不屑一顾。对冒风险就能获得的收益，比较热衷。还有一种类型的销售员，叫中间型的销售员。他们既不倾向于冒太大的风险，也不倾向于不冒风险。以上几个方面，反映了销售员不同的价值观。绝大多数的销售员，其实是非常"感冒"风险的。

1. 要加强广告效果的评估

销售员往往利用广告这种形式实现扩大销售的目的。现代社会，广告与门店的经营工作是越来越不可分开了。广告是需要花一些费用的。一般地，广告费要占到销售的5%～20%。有人说，销售员的产品销量纯粹是拿钱堆砌的。那么，人们不禁要问了，销售员花那么多广告费，收到了哪些实际效果了呢？这就产生了销售员要加强广告效果评估的问题。实际上，评估广告的实际效果是以销售增幅为依据的。也就是说，在正常的情况下，投入广告后，销售增幅要远远大于广告支出。这样的效果无疑是非常好的。但在某些非正常的情况下，广告效果往往不明显，这时候的销售是处于负增长状态。

2. 要注重经营情报的收集

现在的销售员越来越重视经营情报了。销售员之间的情报争夺战大有愈演愈烈的势头。这种经营情报不是普通意义上的信息。它是高度浓缩、提炼化了的信息。经营情报的内容以文字、符号等形式表现出来，并能被销售员所心领神会。应该说经营情报是用了就能见效的。正是因为经营情报有这个特点，所以被大量用于商店的经营。说到经营情报，很大程度上是讲市场供需方面的情报。对市场上经济关系和经营要素及经营想象进行描述之后，销售员就会认清门店的各种影响要素，不论是来自内部机制的，还是来自外部环境的。门店的销售员要不断加强对经营情报的收集。

3. 要加强顾客需求分析

顾客需求是销售员切实应该高度重视起来的。门店经营的出发点和归宿就是顾客的需求。销售员需要弄清楚的是，你的商品真正的需求者是哪些人？依需求量的不同，可分为哪几类顾客群？顾客有多少？顾客分布在哪些地区？顾客购买商品的习惯有哪些？顾客购买商品的原因是什么？顾客的购买行为有没有规律性的东西在里面？顾客的购买程度？顾客的购买量是多少？顾客的消费结构发生了哪些变化？整个市场的潜在顾客是哪些人？有多少？顾客对销售员的服务做何评价？销售员要在对上述问题深入调查的基础上，根据不断发展变化的顾客需求，实行市场细分战略。

4. 要有保密意识

销售员常常会在不安定因素中感到保密工作的重要。在一切顺利的时候，销售员最容易忽视保密工作。常常有这样的情况：一些手写的或者是打印出来的业务数据，被销售员随手放在办公桌边。来拜访的人，轻而易举就能看到，有的还可能被"顺走"。可能你没有意识到那些密密麻麻的阿拉伯数字的巨大威力，但是当你的数据被别人利用了，并把它当成对抗你与客户谈判的底牌的时候，你的经营就变得被动起来了，甚至会给你的经营带来很大的麻烦，或者说是很大的损失。因此，销售员要增强保密意识，防止内部资料外泄，并要建立起完善的保密机制和监督机制。

5. 创造卖点

创造卖点是销售员在卖方市场背景下形成买方市场的某些特征的做法之一。创造经营卖点，就是创造别人做不了的和做别人不愿做的。有的销售员在货品销售时尝试拆开了卖。消费者可以根据自己的需要，自主购买全套货品中的一部分。这种拆开了卖的销售方式就是卖点。这是做别人做不了的而创造出卖点的情形。而有的销售员连针头线脑之类的本小利微的货品都不放过，因为做到了货品品种齐全，所以引得顾客盈门。这是做别人不愿做的而创造出卖点的情形。创造卖点，常常需要销售员要思别人所不曾想过的，还要想别人所想不到的。这就需要销售员要积极思考，善于思考。

6. 要让钱生钱

钱生钱是经营的一条法则。经营离不开投资。用钱投资，现金流的正常运转很重要。钱生钱是投资，销售员要耳聪目明、眼疾手快。为做到"钱生钱"，销售员还要有口吐莲花的能耐。销售员做到"钱生钱"不容易，积极乐观的态度必不可少。对于钱生钱经营，销售员要有这样的认识：此类型的经营方式，和卖场销售一样，所卖商品虽然是钱，但钱的来源，销售员完全可以自己掌握。要投入此模式经营，销售员最重要的就是要对投资质量高度重视。此类经营方式，除了要对资金运用有基本的认识之外，投资的方向也要具有独特性和吸引力。

这样才能确保"钱生钱"。

7. 聘员工看实战经验

销售部门招聘销售员得选有实战经验的，节省的是人力资源培训费用，其实还有时间成本。因为具有实战经验的员工不是一天两天就能"炼"成的，往往需要几年十几年才能业务精通。这也是老员工相对新员工的优势。因此，在销售员招聘员工的时候，多把员工有无实战经验作为必备考量条件之一。员工的工作经验是一笔可观的财富。30岁以上员工一般都有一定的工作经验。其实，这个阶段的员工尤其是女性，工作起来更认真，工作起来更努力。我们还是应该多多考虑一下员工实战经验能给企业带来的有利的一面。

8. 快刀斩乱麻

快刀斩乱麻是销售员经营之策。在尝试几种技巧后，打动对方仍不能奏效，销售员就需"快刀斩乱麻"，直接要求客户签订单。直截了当地把笔交给他："如果您想，就快签吧！"当出现"山重水复无疑路"的特殊情况时，销售员三下五除二，有很大的可能把问题及时解决。你快刀斩乱麻。这么一斩，乱麻可能就不乱了。问题就脉络清楚了，结果就达到销售员目的了。看来，快刀也有快刀的优势，这就需要销售员要做事果断。有的时候，经营的胜败，其关键取决于决断的瞬间。一念之差决定胜败，一念之差立判存亡。该出手时就该出手。

9. 有市场就有销售员

对于销售员来说，只要有市场，就有销售员生根发芽的土壤。在某些城市，如今颇有规模的市场，过去只是地摊一条街。销售员只要能生根，就不用担心能不能发芽，能不能结果。不管是地摊一条街，还是专业市场，只要是市场，销售员就能发挥自己的才能。即使一开始的时候，市场空间还很小。但销售员能够拓宽它，把它由小市场变为大市场，这就是销售员的能量。只要有市场存在，销售员就不愁无用武之地。但市场的存在与否，不是以销售员的意志为转移的。如果国家政策不允许某类市场存在，那么这个市场就不可能存在。看来，销售工作在很大程度上与国家政策有关。

10. 要从顾客询问中抓"点"

从顾客询问中抓"点"，这是销售员必须掌握的一项本领。销售员每天可能要面对很多顾客的询问。在城市的大商厦中，顾客很多，询问的顾客也多。在城市的大商厦，一般都设有问讯处或服务台，专门接受顾客的询问。销售员面对那么多顾客的询问，不可能答很长时间，面面俱到。一般对每个顾客的回答不超过 1 分钟，顾客少时，可以适当多答几句。1 分钟之内的时间，还要答复圆满，这可就练销售员是否能很快地从顾客询问中抓"点"了。所谓"抓点"，就是抓顾客询问话语中的基本点、要点。代别人买商品的顾客，销售员要多一些推敲，以便顾客买的商品准确无误。

11. 吸引和控制并重

一般而言，你要做好经营，就要制定出一个正确、完善的经营计划来，并要对具体步骤做出安排，在具体安排中，你要走好吸引和控制这两步。先说说吸引。经营的第一个阶段，被称为"吸引阶段"。吸引顾客的到来是这一阶段的目标。虽然这个目标很简单，但是却不易实现。因为竞争，每个销售员都有可能拥有自己的忠实客户，虽然销售员希望光顾者越多越好。再说一说控制。这可能是最困难的一步。一个门店经营考虑的应是把"有价值的光顾者"牢牢地把握住，把光顾者的代表性需求抓准，而不是对自己的产品特点和优越性的宣传，这就是经营控制。销售员要坚持吸引和控制并重。

12. 要冷静看待"暴利"商品

销售员要冷静看待"暴利"商品。这对创业之初的销售员来说，显得尤为重要。"暴利"之暴来自行业垄断。有人说经营眼镜配镜是"暴利"。也有人说经营药品是"暴利"。但对这些，大多数人莫衷一是。销售员固然要经营"暴利"商品，这是维持门店发展的必要保障，但是随着国家对行业垄断的打破，"暴利"商品越来越少。有些"暴利"内幕被媒体曝光后，顾客变得越来越理性。销售员要面对顾客的讨价还价，所挣利润也变薄了不少。而长远看，"暴利"终将不再出现。因此，销售员还是要针对自己的情况，而不必要考虑所经营的商品是不是"暴利"。

13. 热中冷思考让人清醒

激情一旦出现过热，那么，激情就有可能把理智淹没。这种情况，让门店的销售员在面对一轮又一轮的"热"时，有了深刻的反思。其实，每一个热潮都是社会的综合反映。每一个热潮的出现到消亡，又都是具有周期性的。销售员常常被扑面而来的热潮冲昏头脑，做出一些不合理智的举动来。这需要销售员常对所作出的"热"泼一泼冷水。这样对自己提升判断的准确性有好处。热中的冷思考比热中的行动更难得。只有进行了冷思考，你才能头脑清醒，不至于造成更大的盲动行为出现。同样，冷思考中的热情也难能可贵。因为，热情中的冷静让人清醒，冷静中的热情使人执着。

销售技巧的素质准备

人的素质主要是指精神系统方面的特点，但也包括物质方面的特点。从人才学的角度讲，对素质的要求，主要是"德、识、才、学、体"，其内涵也有物质的意思。

"德、识、才、学、体"这五个字，是对各类人才素质要求的共性，当然在各类人才的素质的具体内容上，又应有自己的特点。就销售员策划人员的素质要求而言，应当是：

1. 做有"德"之人

它是销售员修养的灵魂。

"德"的内容包括三个层次：

第一个层次：个性心理品质。是指个人的成长过程中在心理上需具备的品质，如意志、信心、专注力、好奇心、机智、敏感、不怕困难和挫折等。很明显，这些都是人才成功的个人心理素质。没有这些素质，很难称得起人才。

第二个层次：伦理道德。它是指以高尚的思想情操处理好人与人之间的关系。是道德修养在社会关系中的反映，如谦虚谨慎、礼貌待人、童叟无欺、尊重别人、善于协调、帮人解难、成人之美、见善思齐、热情服务等都属于伦理道德的范畴。

第三个层次：政治品德。它是指一个人的辩证唯物主义和历史唯物主义的世界观，以及建立在这个世界观基础之上的政治立场、代表先进阶级的先进思想。

从以上三点可以看出：所说的个人心理品质主要是对个人的成长产生作用；伦理道德主要是对社会交往对象产生作用；政治品质主要是对社会发展产生作用。就一个人的修养来说，这三个方面都是重要的，是缺一不可的。

2. 做有"识"之人

"识"是修养的眼睛。

具体到销售员策划人员来讲，"识"的素质应是：

一要看得"准"。包括销售员调查与预测、辨别真假销售员信息、推理判断等，都必须突出一个"准"。

二要看得"深"。分析研究一个问题，既知其表，更知其理，能够掌握事物内在因素，掌握其规律性。也就是透过现象看到本质。

三要看得"广"。看问题无深度，就无法看到事物本质；若无广度，也就无法把准时代之脉搏。"广"的意思在"全",就是全面看问题,看背景,看主流,看发展。

四要看得"高"。见解要有独到处,高于一般。

3. 做有"才"之人

"才"是修养之目的。

才指人的才能。它是在自己掌握了知识的基础上,通过体力或脑力劳动而形成的技能。才主要是由智力和技能两个方面所组成。

销售员的才能素质一般应包括哪些内容呢?

展开一点说,有以下"十力":一是观察能力。二是感受能力。三是调查能力。四是运作能力。五是思索能力。六是分析综合能力。七是概括能力。八是想象能力。九是判断能力。十是表达能力。

4. 做善"学"之人

"学"是修养的根基。

这里的"学",侧重指学问,在德、识、才、学这四个字中,"学"是根基。可以说,非学无以立德,非学无以明识,非学无以广才。

5. 做健"体"之人

"体"是修养的载体。

身体是德、才、学、识的载体。为崇高的目的而锻炼,把锻炼身体作为修养的一个重要内容,持之以恒,坚持下去。

销售技巧的态度准备

人们常常觉得:门店销售员水平与销售员技巧有很大关系。但是你知道么?门店销售员心理状态决定门店业绩增长,而销售员技巧远不如心理状态重要。为什么这样说呢?因为销售员成功的根源在于你选择了什么样的心理取向,心理取向决定你的心理状态。而销售员技巧本身是一种方法,有什么样的方法不一定就有什么样的销售员业绩,但有什么样的心理状态就必然有什么样的销售员业绩。销售员心理与销售员业绩存在着正相关的关系。

销售员成功到底是因为什么?或者说决定销售员成功的因素是什么?有很大部分与销售员取向有关,也可以说是销售员态度。你也许要问:销售员成功要素很多，但前三个要素是什么呢？

第一应是态度，比如积极、主动、努力、果断、毅力、奉献、乐观、恒心、决心、爱心、责任心。第二应是后天习得的叫技巧，比如：善于处理人际关系、口才好、有远见、创造力很强，能力很强。第三应是运气、机遇、长相、天赋等。

基于以上要素，门店销售员一般因具有哪些心理状态呢？归纳如下：

1. 保持一颗平常心

门店销售员小李，发现股票、基金书最近非常好销。他有了发现"新大陆"般的惊喜。怎样扩大这一类的销售员成果呢？一是增大此类的进货品种，原来门店书架陈列只有《中国股民投资全书》等10种，扩大进货品种后，变为100多种，为此专门设立了两个书架作为专架。二是在建设银行营业大厅租了一个角落设立门店"投资理财"专柜。有股票、基金书、家庭理财书、财务管理、经营管理书等不下1 000种。因为，那里是股民、基民非常活跃的地方、购买股票、基金的地方。下一步，还准备筹建门店股民基民俱乐部。然而，过一段时间，他发现买书的人少了，买股的股民在建行也不排大队了。他了解到股市多数股价大跌，而他的同事买的股票有的被"套"住了，有的赔了很多钱。他想，保持一颗平常心很重要。他的态度是，投资股票玩玩还可以，千万不要把它看成是发财致富唯一之路。想得越好，跌得越重。但跌得起。还要爬得起来。销售员也是如此，也要保持一颗平常心，胜不骄、败不馁。

2. 坚信你能够获得成功

心理状态是有力量的。这种力量来自于你对销售员成功的坚定信念。坚信你能够获得成功，你就获得了无穷的动力。行为来自习惯性的看法。习惯性的看法就是信念。跳蚤能够做到的跳跃高度的极限是其身高的400倍。人们难以想象，但跳蚤的确如此，其行为动力是信念。你超越了一个高度，你就想我能跳过一个更高的高度。这个更高的高度，也可能是你失败一次，调低一点获得的。但这是能够再次超越的，并不会阻碍你再次起跳。这是人们的一种习惯心理。一个较高的心理高度能够让人从成功走向新的成功。反之，你默认了一个较低的心理高度，认为这已经是你的跳跃极限了，那么你就不会获得成功。因此，销售员任务对于销售员而言，应该是员工跳一跳就能够到的"苹果"。

3. 树立销售创新的观念

南美热带雨林中生长着一种香树，高约十米。长到这个高度，有人把它砍倒，木心部分散发出其独特的香气。麦克林把树运到船上运到木材市场去卖，但却无人问津。销售经理凡尔德告诉他，销售员最重要的在于创新。受到启发的麦克林把香木烧成木炭，到市场后马上就卖个精光。当满怀喜悦的麦克林再次来请教销售经理凡尔德时，凡尔德说，只要在香木——沉香树上切一片，磨成粉屑，价值就会超过卖一年木炭的钱，这就是销售创新。门店销售员也是如此。

4．站在成功者的肩膀上

成功者的背后必有一段故事。你站在成功者的肩膀上，必然会从成功者的故事中找到自己的故事。这样你也会成功。

5．培养你的发现思维

日本有一个水泥大王，叫浅野一郎。他年轻时发现东京街头水都要买来喝。连水都能卖钱。他十分兴奋。他的情绪来自他对认知的评价。这就是发现思维。销售员应具有这样的思维。

6．认清成功并不是偶然的

销售员对自己的成功往往自谦地说是"瞎猫碰到了死耗子"。果真如此吗？其实不然。销售员的每一次成功都不是凭的运气，不是偶然的。有的销售员抱有"守株待兔"态度的话，即便是有运气，也不会降临到他的头上。对于销售员来说，一次赢得的大订单相当于半年经营收入的情况，可能会遇到，但这不是一个偶然发生的故事。获得大订单的原因是学习、计划、销售员自身的知识和技巧这些因素的综合运用。经营在某种程度上讲，是知识、能力等的运用，但是并不是用在任何人身上都有效果。只有把被实践所证实的经营理念、方法用在积极者身上，才能产生效果。

7．牵住资助者

只靠自己，成就所有的事情不现实。那么怎么办？就必须懂得牵住资助者。你不懂得网络的话，你可以牵手网络公司。你不懂得手机销售，你可以牵手通讯公司。你愿意牵手哪些资助者，你就可以创造更多的可能。

实践篇

一天，老夫子与三位销售员在一起聊销售大赛中的加速。

销售员甲：比赛先是选手预热，获得观众关注。接下来是起跑，保证绝对公平，每个销售员都在同一个起跑线上。再下面就该是加速了。

销售员乙：一场销售比赛，加速很关键。

销售员丙：先是匀速，当到拐弯的时候，你就要加速，因为这个时候容易拉开差距来，错过了，再想追就更难追上了。

老夫子点拨：销售员的加速就是在别人减速时加速，这也是销售员销售技巧的活学活用。

第四章

别说你懂顾客的心

一天，三个销售员在一起议论一个话题：说对方好是否是一个好的销售技巧。

甲说："当然啦。我就爱听'好'字。"

乙说："不见得。我就不爱听'好'字。"

丙说："我看同样一个'好'字，对顾客来说有不同的理解，不同的意义。"

老夫子点拨： 三人说得都有一定的道理，但丙的说法最恰当。

因为你不从顾客角度看销售技巧，就不能对其做出准确的评价。实际上，说自己好是让自己有优越感，说他人好是让他人觉得脸面上好看一点儿，说好并不是真的好。

顾客的价值排序

商品带给顾客的是什么呢？如果有两个选项供你选择，价值和利益中你会选择哪一种呢？有人说是价值，那么他只说对了一半。事实上，听到销售员喋喋不休的话，顾客首先要听是否有价值。有则吸引顾客继续听下去，反之，则拒绝听下去。而在继续听的过程中，顾客开始思考的是是否有利益而不是是否有价值了。

这就是顾客的价值排序。利益是比价值更值钱的价值。先价值后利益的顾客思维模式，常常提醒销售员要做好利益的文章。

顾客利益可以细分为主推利益和次推利益两种。

销售员常常几句客套话之后，就谈商品打折、有赠品。事实上，这些都是次推利益。而商品本身具有的特点和优势，才是主推利益，也就是商品的物理利益。

顾客的物理印象

顾客的物理印象是指顾客的大脑3秒钟之内停留在对商品的感受上。此时，需用一句话扰乱、重组顾客对商品的物理印象。

例如：销售员可以说这样一句话：

"我们这一款商品比较适合稍大点的房间，最好是 20 平方米以上。"

顾客的购买范围

销售员常常会在工作中思考这样一个问题：为什么顾客走进门店，转了一圈，左看看，右看看，我却不知道他的购买范围？

有几种情况的细节应引起销售员的注意。这样的细节一旦给忽略了，顾客得不到有针对性的服务，很容易走掉。一些门店顾客流失，原因往往在于销售员对细节重视程度不够。

a）顾客直奔一件商品，看了又看，摸了又摸。之后，退步欣赏。

分析：此时，顾客动作指向的商品是顾客购买范围内的商品。

b）顾客在门店里转了一圈，又来回在几款商品前走动，后又回到之前的商品前。

分析：顾客购买范围由大渐小，这样的选择合乎规律。

c）顾客在门店里转了一圈，左看看，右看看，好像有些犹豫，又好像准备出去。

d）顾客看似极为随便，在走动过程中对某件商品多看了几眼。

e）顾客走进店堂，看起来有点局促不安，眼神有点乱，无目的地四处观看。

f）顾客面对销售员介绍，总是又会指着另一款商品问，等到销售员介绍之后，顾客的眼神又会游移到另一款上。

顾客的时间价值

顾客购买商品所付出的时间是有价值的。顾客往往对排队购买商品产生急躁的心理，总希望自己快点买到。更有趣的是，有些顾客挑选商品用了一个小时，却在交款时希望销售员越快越好。难道顾客十分在乎销售员收款快慢间的几秒钟吗？原来，出现这种情况，多是顾客未能自己把握住时间，挑选时间过长而自责，而当挑好了之后，又为马上到了上班时间而害怕不能交易，所以催促销售员快些收款。因为，一旦今天交不了款，那之前所用的挑选时间就会变得毫无价值。

顾客的购买条件和原则

顾客购买商品之前，往往要分析购买条件——自己是否能承受得起商品的价格。这是购买条件之一。购买者进行一番自我心理上的价格衡量后，得出"值"与"不值"两种结论。这时就涉及顾客的购买原则。

购买原则，一般是：①货比三家；②最优产品；③两害相权取其轻。

顾客的团队经验

顾客可能是三人一群、二人一伙购物。在购物过程中，同伴的团队经验有时会左右购物顾客的意向。一个同伴只要说出了不买的理由，欲购买的顾客就会变得犹豫起来。相比销售员，他更愿相信自己的同伴。这时，销售员只有说服顾客的同伴改变看法，才能成功销售出商品。

顾客的眼见之实

中国人常说的一句话是"眼见为实，耳听为虚"。顾客不一定会对耳听的事情产生多大的兴趣。很多顾客一定要亲自登门才能建立自己对这个门店好与坏的价值判断。

"我想给朋友买下这件商品，又怕他不满意，还是让他亲自来买吧。"

顾客的情绪反应

顾客的疑虑：①是否会买到不适用的商品而门店不予以退换；②是否会买到质次价高的商品而上了商家的当。

顾客的要求：①打折；②不是最后一台。

顾客的职责：①不拿顾客当人看，销售员态度恶劣；②指东说西，销售员词不达意；③卖劣质商品，门店口碑不好。

顾客的问题：①管换不；②管退不；③管找这个商品不。

顾客购买的理由：①实在；②质量好；③环境好；④商品齐全。

顾客的不满：①空间狭小，环境不佳；②服务态度不好；③商品不好。

顾客的心动理由：①有切实有力的文字证据；②有正确的话术。

顾客的消费习惯：①求近便；②求实惠；③求打折。

顾客的思维逻辑

顾客关心商品特点和技术性能只是表面现象，其背后的东西是为让证实自己的利益是否能够实现。激发顾客的购买欲望，必须把商品的每个特征都转化为顾客利益。

顾客购买的是商品能带来的利益。

燕尾服好看，但顾客关心的并不只是它是否是名师设计，是否是进口面料，是否做工精致，是否手工缝制，而是穿上燕尾服是否可以出席正式晚宴。

重组知识使与顾客顺利交流

重组知识包括：（1）商品功能、特点一定要译成顾客价值；（2）技术用语一定要译成通俗语言让顾客听懂。

与顾客交流利益而不仅仅是商品的性能。

让客户感动必先使其心动

让客户满意并不一定能让客户感动。但让客户感动必然是先让客户满意。客户满意建立在客户心动的基础之上。心动不如行动。但行动之前必须心动。

客户因销售员感动，是因为销售员出色地做到了客户没想到的。客户心动不一定是感动，但客户感动的基础必然是心动。

销售界有一个方法就叫"感动营销法"，说的就是客户对你信任之后，才能在客户的心底里生发出对你的感动。感动一次、记忆一辈子是感动营销的神奇功效。

第五章

就怕客户没黏性

一天，三个销售员在一起议论一个话题：说客户好像越来越没有黏性了。

甲说："客户不粘，与销售员距离感增强。"

乙说："客户可买可不买，就不热心，往往被视为客户无黏性。"

丙说："客户评价不和你说，你不知道变差的深层次原因，就越发觉得客户没黏性。"

老夫子点拨： 客户一旦有黏性，就是你的忠实客户。但现在，这样的忠实客户如果缺乏黏性维系，就会转变为普通客户。俗话说：亲戚不经常走动就不是真亲戚。说的就是这个道理。

就怕客户没黏性

认识客户从角色入手，这有助于销售员和执行型的客户打交道。进而把正面信息有效传递给影响者，使之影响决策人。

在这个过程中，如果你直接打交道的执行层客户对你没黏性，那么情况不会乐观。如果决策层客户的朋友能认可并乐于为你传递正面信息，那么你的决策型客户就会对你黏性增强。

因此，说到底，客户有没有黏性其实取决于销售员自己。

如果我是一名楼盘销售员，那么我就会给客户造一个场景出来。这个场景一个是靠沙盘演绎，一个是靠利好消息编织一个场景。那个场景让客户有参与感，如临其境。让客户有参与感和黏性，接下来的销售就会很顺利。

持续、快速提高客户黏性

维系客户关系，就是维系客户的黏性。快速、持续提高客户黏性是金牌销售的不二法门。

在快速、持续提高客户黏性的过程中，要认识以下问题。

问题 1：会员卡是否过时？

会员卡作为提高客户黏性的手段之一，至今仍不过时。

德国贝塔斯曼集团进军中国大陆图书市场，短短几年的时间，发展了几十万乃至上百万的读者会员。在很大程度上维系了客户关系，也使客户黏性不断得到增强。

问题 2：销售多一句话，那一句可能就是金子！

销售员在与客户打交道的过程中，往往由于心理紧张，在说话的过程中，把事先准备的台词有些关键语词省略掉了。事后才发现省略掉了的那句话才是真正应该多说的一句话。因为这句话会让你的成交变得更加顺畅。

问题 3："颜值"招牌"表露"了哪些销售上的秘密？

有些招牌被称为"颜值"招牌。为什么这样说呢？因为它符合美学设计的思维模式，在很大程度上给人以赏心悦目的视觉刺激。其实，"颜值"招牌还"表露"了一些销售上的秘密。

秘密一：销售风格。有的销售风格很"麻辣"，有的销售风格很"生猛"，有的销售风格很"平和"，从招牌上可一览无余。

秘密二：销售方式。例如自选式火锅店是销售方式之一。

秘密三：销售主题。例如水果时代主题商品店给人们传递的信息是水果时代，各种水果应有尽有，快来选购吧！

问题 4：追加销售原来可以这样做！

追加销售是属于前一批商品销售完且势头正旺的时候，赶紧加推一批商品。

某楼盘刚一推出 260 套房源，在短短 1 天的时间就全部售罄。于是，在蓄客阶段积蓄的客源马上提出能否加推房源。楼盘高层磋商，觉得可以加推部分房源。于是，追加销售得以最终实现。

问题 5：快速、持续提高客户黏性的思路创新

客户黏性快速、持续提高，需要与时俱进，不断创新。在思路上，要将产品和客户所需对接，不断强化创新服务的意识，开拓思路，不断提高客户满意度和忠诚度。

第六章

互联网让销售无限可能

网络主宰信息来源下的销售

销售有野心，卖才能无所畏惧，卖才能勇往直前。卖野心就是卖胆量，你敢吗？

从国内卖到国外，是何等程度的胆量。

在泰晤士河畔卖 1 500 多碗重庆小面，表面看有点狂妄，但是如果仔细分析一下，你就会发现卖点就在于中国在世界上不断强大，很多人对中国强势的餐饮感兴趣，而重庆小面作为近几年来中国餐饮市场的一匹"黑马"必然也会受到各国人民的钟爱。卖点是胆量"导火索"。

现在，网络成为了人们获取信息的主要来源。销售变得越来越依赖网络了。在线上销售的吸引下，新华子衿搭建了一个互联网学习与辅导的一个平台。现在客户越来越多。如今，微信上可开便利店。基于微信的社交电商平台——移动工作室正在受到销售员热捧。"亲，店里又上新喽，24 小时等你淘，火速下单手慢无！""哥卖的是产品和品质生活的调调呢！"根据艾瑞报告，现在每天的网购交易有一半发生在移动端，而且这一数据还在不断攀升。移动工作室离不开店面的装修设计、移动电商系统的强大的后台支持、线下的物流配送、客户管理工具。主页上有销售员个人联系方式，包括微信、QQ、电话等。潜在客户能通过这样的联系方式快速找到销售人员。随时将一些产品信息链接分享到朋友圈，或者微信发送给特定需要的客户，就可实现线上推广。使用个性化功能如分享自己精彩生活照片，与自己的实体店能形成 O2O 互补互动。

网售实现了销售员与客户之间的双向互动。在互动交流的过程中，网购被客户乐于接受，催生了销售员的新双向模式。移动工作室的线上购物玩的就是双向互动分享与传播，让消费体验不再是简单购物，而是一种新型的社交体验。

如果你是陌生人，那么也不要紧，只要你尝试网购，那么你就会爱上网购，成为其客户。微商之所以刷爆朋友圈，在于强社交关系弱电商交易，是未来最具发展潜力的社交电商类型。

只要创意够独特

在互联网销售上，够独特的创意一定能行得通。因为在互联网上，没有创意根本卖不出去东西。"你我皆同类，快到碗里来"。因为一些客户价值观相似，所以会粉丝似的聚合。

比如，微信公众号"罗辑思维"订阅用户超过 500 万。他们每周五定期上线图书产品，另外根据活动需要不定期上线其他商品和服务，如今已经颇具规模。

卖 100 亿杯咖啡，你想过怎么卖吗？你一定以为是在开玩笑，你错了。移动互联网正是实现销售员卖 100 亿杯咖啡的地方。有人的地方就有销售。客流导入和产品推广，一键到位。互联网让你不用再为沟通跑断腿。

网络销售的客户回访你做了吗

网络销售的客户回访对销售员来说是一件十分重要的事情。网络销售的客户回访你做了吗？与那些网络客户保持经常性的联系，能增进与客户之间的感情。

第七章

销售时这样沟通就对了

你认识"六意"吗?

重新改编制作的电视连续剧《新西游记》里有这么一幕情景:初被唐僧在五指山搭救并收为徒弟的孙悟空,经历了一番心理斗争。因为唐僧没有飞天的本事,到底该不该跟着他去西天取经呢?孙悟空心中的"六意"忽然一下子"炸窝"了。其实,"六意"每个人都有。"六意"就在你心中,是你心中的"喜意""怒意""爱意""思意""欲意""忧意"。

当你不知所措,感到困惑迷惘的时候,你心中的"六意"就会激荡起来,你的内心无法做到波澜不惊。

"哥们,我是六意!""六意"正在和你打招呼,你听到了么?对,就是"六意",这个在你心中的家伙!

良好的沟通,起于正常的心理。

"正常的心理?""六意"不解地问。

当然了,就看你的了,现在就对你进行一项调查与测试。

"好,乐意奉陪。"

听这个问题:人生中最重要的一个环节就是沟通,沟通最终实现的目标是什么呢?这里有三个选项:

①我不知道;②说服别人;③不是说服别人,而是使双方都形成下次再见面的共识。

"如果说我不知道,显示的心理状况如何?""六意"问。

好,我告诉你六意,一般这是一种目标淡漠的情况,说明沟通者自己对目标实现起不到作用或无影响力。另外，还有一层意思，就是充满着什么都知道的自信。

"六意"听了之后，问道："那么，选择说服别人呢？"

选择说服别人，说明沟通者重说教轻亲和。

"排除了前面两个选项，是不是说最后的选项是正确的？""六意"狡黠地一笑。

对的。沟通最终实现的目标就是使双方都形成下次再见面的共识。有了这个共识，才能再沟通。

人为什么沟通？

人生因了沟通才完整。

"沟通对人生来说就那么重要吗？""六意"说。

对每个人而言，没有沟通简直不敢想象。

不过，在解释这个问题之前，还是让我们了解一下什么是沟通。

沟通是人与人之间的思想和感情及信息的交换，是将信息由一个人传达给另一个人，逐渐广泛传播的过程。虽然不同的人、不同的时代对它有不同的诠释，但是其中一个重要的内涵，即：沟通其实是人们对美好的向往。

六意又发问道："既然是人们对美好的向往，那么左右人们向往的又是什么？"

老夫子说："告诉你，六意。左右人们向往的是能量！"

"每个人都有能量，但能量多少不一样，是吧？"六意说。

是这样，仔细琢磨，还很有趣味呢。

人体小宇宙，就能量而言，有人说"北方天一生水，人之精"，主肾能量强弱。"南方地二生火，人之神"，主心能量强弱。"东方天三生木，人之魂"，主肝能量强弱。"西方天四生金，人之魄"，主肺能量强弱。"中央天五生土，人之意"，主脾能量强弱。

人在心中充满愤怒甚至是仇恨的时候，肝火能量太过旺盛，必须用肾水泻消过强的肝火，这会使人身体的能量受损，导致某一局部问题的出现。对沟通而言，身体能量均衡十分重要。均衡意味着内心平和。过强或过弱的能量都不利于沟通。

"那么，在明确了什么是沟通之后，我还要搞清楚的是人为什么沟通呢？"
六意说。

我可以告诉你，沟通是为了解决问题，那些你所困惑的问题。

沟通的三准则

沟通的三个准则，贯穿于你的沟通始终。

哪三个准则这么厉害？

准则一：认识自己，自我需要沟通。

认识自己，自我需要沟通。

"什么？""六意"不解地问。

老夫子："下面我来给你讲一个故事。"

一家公司招聘营销总监。报名者经过第一轮初选，进入复赛的只有五人，结果却在复赛现场出现了六个人。评委台上，总裁问："哪一个不是应聘者？"这时，排在后面的一个人应声道："先生，我第一轮就被淘汰了，但我希望再给我一个机会，让我阐述一下我自己。"总裁笑着问："你没和我开玩笑吧？"这人答："我掌握了很多财富，我本人就是财富。请相信我，这不是玩笑话。"总裁更不解了，问："何出此言？"这人说："我工作 10 年，在 20 家公司工作过。"总裁说："这么跳槽，我不欣赏。"这人说："不，这 20 家公司先后倒闭了。"总裁说："你真是。"这人说："相反，我认为这是我的财富。我只有 30 岁，值得庆贺。"接着说："从这些家的错误和失败中，我学到了很多东西。很多人只是追求成功的经验，而我更有经验避免错误与失败。"最后，这人看了一眼总裁和他背后一个把帽檐压得很低的一位中年男子，不卑不亢地说："我有对人、对事、对未来的洞察力。举例说吧，真正的考官不是您，而是您身后的那个人。"这时，压低帽檐的那个人站起来说："你第一个被录取了，因为我急于想知道我的表演为何失败。"

这是一个被自己放大的自我，但同时又是一个真实的自我。认识自己，要敢想。如果你不想考官给你一个展示自己的机会，那么你就不会最终被录取。

认识自己，就像是给葫芦刨开一个小孔，从小孔中洞见自己的美好，你才能从自我封闭中走出来。这是沟通意识的觉醒。引燃沟通激情，有赖于打开自己心门的举动。

认识自己是一种欲望。欲望是沟通行动的真正意义。认识自己的行动越有力，你实现沟通梦想的可能就越大。

"从某种程度上说，欲望也是一种需要吧？""六意"说。

当然能这么说，人有八欲，八欲是有排序的。因此，心理学家马斯洛提出"需要层次理论"，把人的需要即将对象的欲求分为几个层次。第一个层次是生理的需要。第二个层次是安全的需要。第三个层次是爱和归属的需要。第四个层次是自尊的需要。第五个层次是自我实现的需要。一般来说，受高一层需要支配的个体，持续不断地满足低层次需要。

"是不是所有人都是自我沟通者？""六意"问。

不全是。虽然自我需要沟通，但真正称为自我沟通者的人并不多。这就是人与人越来越冷漠的原因之一。有一部分人其实属于非自我沟通者。

自我沟通者与非自我沟通者的区别在于：

第一，前者指向个体内心世界的发展和完善，后者指向外界，寻找能满足他们需要的对象。

第二，前者受沟通成长动机的激发，后者受到沟通匮乏动机的激发。

第三，前者追求沟通的真、善、美，后者的基本需求未能满足，受到所缺乏的食物、安全、爱和尊重的影响较大。

"六意"说：可以这样理解这个销售沟通准则了。

这个准则重心在角度。换一个角度看自己，就是一个俯瞰自己的高度。在飞机上，你看到的是机翼下面如同键盘的房舍的屋顶和纵横期间的道路，你还看到了什么？深邃的宇宙空间和无穷的想象。换一个地方看自己，就在草原上行走。你会觉得你太渺小了，世界太宏阔了。有一种欲望让你产生自我沟通往往是场景的改变、地位的变化。

准则二：认识工作，没有沟通就没有工作。

工作不同于休闲，永远不要把工作和休闲画等号！

"休闲多好，工作也是休闲该多好，好放松呦。""六意"说。

一看你就没正确理解"工作"！

工作是有报酬的就业。无论是受雇于人，还是自我雇佣，"工作"对大多数人来说，似乎意味着"为钱"而就业。

"为钱而就业就是工作，那么不为钱而溜达就是休闲了吧。""六意"问。

如果把"工作"仅仅看成是一种"谋生"的手段，那么你就错了。事实上，工作承载着诸多的功能和意义。例如让你有新的经验、提供多元化的活动、练就和运用个人技能、提高个人的自尊及声望和地位等等。更为重要的是，工作提供了一个结交朋友、与朋友保持联系的一个平台。从这个意义上讲，没有沟通就没有工作。

在工作岗位上溜达的所谓"休闲"，是对工作的亵渎。在工作中沟通，是为了更好地工作。出发点不一样。前者的出发点是不创造财富，而后者的出发点是创造财富。为赚钱而沟通，远比为休闲而溜达有意义得多。

"人们常说，要劳逸结合。有的人把这个原则用在工作上，做完某一项工作，你爱待着就待着。员工觉得舒服了，效率也高了，领导反而更高兴了。""六意"说。

这是一种沟通手段运用到工作中。只讲休闲的工作不是真的工作。只讲工作的休闲才是真的工作。

不会沟通的人，把工作中的个体做成了一个陀螺般旋转的机器。会沟通的人，会把工作的多样性当成一个沟通多元化的机会，把工作中技能的运用演绎成沟通的运用。

"为什么做工作的人差距怎么那么大呢？我终于懂得了。""六意"说。

老夫子说，这个准则着眼点在于工作。为了工作，你就必须适应其所要求的沟通环境和要求。当微信圈成为企业内部传达命令、传递信息的平台时，你就必须让自己成为微信圈内的活跃人物。企业内部流行一句话：重要的事情说三遍。这已经是提醒你要严重关注这个事情了。不要借口你太忙没来得及看这个微信圈上的事情。重要的事情你没看微信，而这个重要的事情会影响你下一步的工作，你的工作就会变得非常盲目且没有效果。从某种方面来说，没有沟通就没有工作。

准则三：认识周围的人，没有沟通就没有和谐相处。

周围的人，构成你身边小圈子的经线和纬线。

同事是横向平行的线，上下级是纵向垂直的线。两者交叉的点就是你在人际关系中应处的位置。周围的人以你为圆心，和你和谐相处，这是每一个人梦寐以求的事情。然而，要实现这一梦想，没有沟通是万万不成的。

周围的人是你经常沟通的对象。你必须认识清楚周围的人是沟通的哪种类型，看看采取什么办法才能与他们融洽沟通。唯有沟通融洽，才能和谐相处。

销售时这样沟通就对了

"销售时这样沟通就对了"，这是一个命题，不过这个命题的指代物并不明确，它是模糊的。因为读者不知道"这样"到底指的是什么？读者的自然反应是：这是什么样的沟通呢？什么才是对的沟通呢？

以语言为媒介，将头脑中的观念即主观的事实——对的沟通和错的沟通，与其相应的真实准确的状态即客观的事实联结起来，论证出命题的真与伪，这是写作本章的初衷。

首先解决的第一个问题是：沟通是什么？

沟通是人与人之间的思想和信息的交换，是将信息由一个人传达给另一个人，逐渐广泛传播的过程。沟通的是事、思想、人心。

解决的第二个问题是：沟通常见的现象有哪些？

社会结构越复杂、压力越大、焦虑越深、贫富分化越严重，人与人的沟通反而越困难。沟通不良成为一个社会性的问题。沟通的焦虑或恐惧主要来自于自我。缺乏安全感、总觉得自己一无是处、感到无助会让你非常焦虑。

解决的第三个问题是：对的沟通是什么样子？

沟通有对错吗？沟通本无错。"六意"使然。

在"六意"的影响下，对的沟通常被认为是这个样子的：

让你左右逢源的沟通是对的沟通。在职场，不孤单，有很多人支持你、帮助你。在用人上，人才为我所用，为我效力。在管理中，政令畅通，上令下达。在商战中，夺到大订单，赢得大客户。在营销方面，顾客个性需求得到满足。在婚姻上，互相尊重。

解决的第四个问题是：不对的沟通是什么样子？

相反，常常被人认为是不对的沟通的样子是：被动，自闭，拘谨，挑剔，虚荣，短视，固执，猜疑，揣测，偏见，嫉妒这些都是沟通的雷区标点，一旦进入沟通的地雷阵，即使先天条件再好，也会处处碰壁。

解决的第五个问题是：对与不对的沟通的区别是什么？

常常被认为的区别是：擅于还是不擅于。懂技巧还是不懂技巧。

这是论证这个命题的逻辑线索。

你也许要问，"六意"是什么样的人？我要告诉你的是：六意是你的朋友、顾问、建议者、帮助者、保护者，他会时不时地影响你。

真的离不开"六意"。你在看了本章以后也许会这么说。

那么，"六意"又在哪里呢？

"六意"其实就在你的内心里。

每个人内心里都有"六意"，只是你平时没仔细想过这件事而已。

你是否经常觉得不愉快？一个事实是：你动了"六意"的某一根神经了！你内心的他在作怪哩！！！

本章解答读者的诸多疑问，力图将一个活脱的"六意"呈现在你的面前。

人无完人，金无足赤。六意也不是完美的。比如：他是个销售工作狂、喜欢变戏法、喜欢怀疑、打探多余的细节、爱唠叨、担忧、自负、恐惧、爱花钱、只看效果、害怕丢脸、害怕出丑、完美主义者、总是喜欢纠缠细枝末节、不喜欢冒险、处理事情喜欢拖延、懒惰、认为自己天性高贵、抗不住流言蜚语、个性古怪、总认为自己是对的、嘲笑拍马屁行为、性格暴躁、容易发怒、情绪不好一看他脸色就能知道、判断太简单、高傲、把他不喜欢的人评价得一无是处、好捉弄心理素质比较差的人、喜欢发表抱怨、总认为他能按自己喜欢的方式去改变其他人、认为自己能解决所有问题、只听别人所言中他想听的内容，但当你们有意见分歧时，一旦你说服了他，他会最终接受你的观点，和你并肩似兄弟。

本部分试图通过对你内心"六意"的剖析，揭示出你与"六意"博弈的最终结果——这样的沟通才是对的沟通！其实，沟通也是一个双方博弈的过程。

销售离不开让你左右逢源的人际沟通技巧

从小宇宙中跳出来，我们再来看一下你与领导、同事、朋友、家庭成员的沟通，你与客户、爱人、父母、兄弟、姊妹等的交流，是不是变得轻松起来了呢？在沟通的过程中，你会主动运用一些技巧，而这些技巧来自于你与"六意"的博弈。正是基于此，你的技巧的运用就更加使你左右逢源。

打开沟通的密钥，是沟通技巧。这是一种能力，掌握沟通技巧，一切将不再是难事。管理不难，因为沟通到位。职业不难，沟通发力。销售不难，沟通达效。一切不难，因为沟通！

"六意"在很大程度上决定了你对销售的感觉

你可能会问:"六意"有哪些类型呢?

说起来,"六意"有以下类型:自我认识型、墨守成规型、好为人师型、冲动易怒型、行动至上型等等。

"六意"因类型的不同,有适合的职业、岗位选择吗?"你也许会这样问。

那么,我来告诉你:

最适合做销售员的是行动至上型"六意";

最适合做科研人员的是好为人师型"六意";

最适合做业务人员、团队成员的是墨守成规型"六意";

最适合做企业主管或独立创业者的是冲动易怒型"六意"。

按价值观由重要——次重要——一般重要——不重要排序,"六意"的价值排序如何?你可能这样问。

那么,六意的价值排序因人不同,你可以有这样的价值排序:

第一序列:享受、幸福、幽默、情欲、信仰、感恩的心;

第二序列:吃、喝、和谐、金钱、认同感;

第三序列:固定资产、严谨的行为、理想主义;

第四序列:独立自主、婚姻、成功、竞争、肢体的行为能力;

第五序列:健康、经济条件、力量、爱情、情欲;

第六序列:权力、目标、异性关系、友情、高情商;

第七序列:勇气、适应能力、智慧、求知欲、幽默感、创造性;

第八序列:秩序、安全感、平等、忠诚度、责任意识、自我约束的能力、唯美主义;

第九序列:归属感、美丽的外表、信任度、学习兴趣、生活的乐趣、美好的愿望;

第十序列:节俭、传统、生存的意义、利他主义、高涨的热情、精神境界、情感世界的宁静。

当然,你还可以有另外的排序,因你心中的"六意"而异。

排序无所谓优与劣,然而"六意"在很大程度上决定了你对事物的感觉。

销售沟通就是让客户喜欢你

　　我们在人际沟通中常常出现不确定到底说的是什么、表达不完整的情况。这是"六意"使然。由于缺乏准确的信息，我们不能马上对一些模糊的命题或结论做出正确的反应，这就出现了沟通不良。明确的结论，有助于我们对其做出准确的理解。表达完整、明确是沟通的前提条件之一，准确理解是沟通的关键。

　　沟通关系成就、事业。没有沟通，就没有销售。获得领导赏识需要沟通。获得同事认可需要沟通。获得下属敬重需要沟通。获得客户认可需要沟通。

　　沟通内涵深刻。其一是让别人喜欢你。不外乎以下几个因素：你能给他带来好处；你有魅力；你有了解他人的兴趣；你善解人意；你表达出众。其二是说服别人。其三是宽容他人。其四是化敌为友。

　　沟通包括形象沟通、应酬沟通、人情沟通、礼节沟通、语言沟通、关系沟通、心理沟通、事理沟通等等。沟通形象体现沟通者的个人魅力。沟通者的性格影响沟通。沟通者要通晓刚柔之道、方圆之道、进退之道，才能让客户喜欢你。

　　一位有名的门店经理曾经说："有些人生来就有与人交往的天性，他们无论对人对己，处世待人，举手投足与言谈行为都很自然得体，毫不费力便能获得他人的注意和喜爱。可有些人便没有这种天赋，他们必须加以努力，才能获得他人的注意和喜爱。"

　　有的时候，有些人即使与我们偶尔相识，只有一面之交，也能引起我们的注意，使我们喜悦，这是什么道理呢？他（她）能打动我们，使我们善待他们，这又是什么原因呢？

　　他们很得别人的喜欢，使别人对他们产生兴趣。我们在不知不觉之中，便和他们成为朋友。有些人生来就有与人交往的天性，他们无论对人对己，处世待人，举手投足与言谈行为都很自然得体，毫不费力便能获得他人的注意和喜爱。

沟通是自我的人生必修课

　　沟通不是天生就会的。有些人沟通很轻松，有些人沟通有困难，有些人拒绝沟通。要想使你的沟通变得左右逢源，就要把沟通这个人生的课程学好学透。

沟通的是一种情绪，一种心态。人们的心态越来越不平和。尊重、合作、服务、赏识、分享之心皆无。现在，幸福这个词语越来越普遍，但其含义太宽泛了，让人觉得无法抓挠。两个人即使使用同一个词语"幸福"，含义却迥异。有人认为，幸福来自于沟通。也有人认为幸福的底线是良好沟通。前者从幸福的来源进行分析，把沟通视为幸福的基础。后者从幸福的水平线、高位线、低位线来衡量沟通，把良好沟通放在一种中间状态来看待。沟通不良就是幸福的低位——不太幸福。沟通优秀是高位的幸福——非常幸福。

"逢人只说三句话"之人背后的沟通秘密

在现实生活中，你可能经常会遇见一些人，他们逢人只说"三句话"，说过之后不管你再说什么，他们不理睬你，选择以保持沉默的方式对待你。

例如：

甲问："现在一块好点的手机电池，90多元。"

乙答："90多元？"

甲说："90多元不贵吧？"

乙说："也许吧？"

甲说："到底换还是不换手机电池？"

乙说："看它能待机多长时间？"

甲：（沉默地）

分析：甲有心从乙那里得到隐含问题的答案，然而乙还不如他知道得多，信息不对等，造成沟通上的障碍，所以甲在三句问话之后得不到他所想要的，就选择沉默了。因为在他头脑中已牢牢烙下一个刻板印象是：你不知道，再问你也问不出什么。

沉默是对沟通的对抗。为什么沟通的结果是对方的沉默？这样的结果你会接受吗？继续让对方张开嘴巴，必须首先撬开你的嘴巴。你嘴巴里的秘密，其实不是你对这个问题相关知识的了解，而是你对这个问题的态度，这对沟通者来说至关重要。

"六意"调侃道："你说的嘴巴太需要同情，也太需要理解了，因为我也长过这样的嘴巴。"

"老夫子"说："是吗？原来你也有惺惺相惜的时候？"

某公司区域销售经理到一个下属门店去指导工作。

区域销售经理问门店销售长："怎样，过得还好吧？"

门店销售长："这怎么说呢？太累了。"

区域销售经理：我想你坐我的专车，咱们走一走？"

（走了一圈儿，上了一堂体验课。）

区域销售经理：我们两个一样，不要看你待在店堂里，我在汽车里。其实，谁的痛苦大，你还真不见得知道呢？也许你还能偷个懒什么的，在椅子上歇会儿。我就不同了，压力不比汽车轮子的惯性弱。"

门店销售长：经理，我看还是当我的门店销售长吧。

在这个事例中，每一个层次的沟通者所承受的压力都不一样。越往上，沟通者承受的压力就越大。你必须有承受更大压力的思想准备，你才能成为梦想中的你。然而，有很多人并没有意识到这一点。

凡事不能看表面。区域销售经理表面光鲜的背后，其实隐藏着很多不为人所知的秘密，例如为了沟通，要和大客户喝酒，即使过量也要承受醉酒之痛苦；为了沟通，磨破嘴皮子，还要对合作伙伴满脸赔笑；为了沟通，获得大订单创造业绩新纪录，还要降低人格，故意贬低自己，像个小猫、小狗。

"六意"笑着说："宁愿委屈自己做小猫、小狗，一定是利他主义者。"

"老夫子"调侃道："沟通者为什么不能利己一回？"

利己是"高不成低不就"者沟通的症结所在。利己最大的危害是让你的内心失去平衡。失去平衡，让你失去寡欲得到贪婪，让你失去闲适得到紧张。

你是容易沟通的人吗？

什么样的人容易沟通？

俗话说："人微言轻，人贵言重。"权威人士的话容易被人接受，也就是说，非权威人容易成为沟通的受众。

"凑热闹的人容易沟通吗""六意"问。

先来举个例子：舞台上歌手在唱一首歌。这时，台下一个观众喊出"再来一个"的吆喝声，后面同伙的几个人也带头不停地叫好并给予热烈的掌声，带动起凑热闹的人报以真正的掌声。这说明凑热闹的人容易沟通！

"六意"说："还有什么人容易沟通呢？"

老好人容易沟通。相反，脾气暴躁、表现蛮横的人不容易沟通。俗话说"善的欺，恶的怕"，温和、随和、脾气好的老好人容易平和地对待别人的意见和建议，容易沟通，但并不是说人要学恶学横。

有着强烈完成欲的人容易沟通。这类人如果想完成任务没有完成，内心便会产生强烈的不适感。

有"奴役性"的人容易沟通。这类人由于担心不按照提出强制性要求的那一方的想法行事而给自己带来利益的损失，因而不得不顺从对方。

做出"最后承诺"的人容易沟通。最后的承诺中带着某种别无选择、没有后路可走的无奈。在意识到自己这个无奈后，他们往往表现得最容易沟通。

自领压力的人容易沟通。这类人视压力为动力，最有挑战的勇气、精神。

外表形象好的人，易沟通，因为其所散发的能量有吸引力。自己身边的人也是易被沟通的人。

"六意"调侃道："你说的容易沟通，一定是相对而言。"

"老夫子"微微一笑，说："这句话就是说，你是那个不容易沟通的人喽。"

不懂得自我沟通，就无法和别人进行有效沟通。自我沟通的技巧，不能不掌握。如果你追求沟通发自内心，那么必须要做好自我沟通这门功课。对于自我沟通技巧，你要有所认识，还要有所实践，才能真正为自己加分！

◎写一篇"我"的文章，用成功或失败的话为自己下定义。

每个人都容易走向这么一个误区：自己封闭自己。其实这样保护自己是不恰当的。每个人心中都有一个"小我"及一个"大我"。适当地暴露自己的"小我"即心中的"六意"，把有关"六意"的深层信息传递给你的"大我"，这样做无疑能让你更好地了解自己，也更能很好地进行自我沟通。

自己的成功或失败，都是自己所写的"我"这篇文章的答案。何谓成功？何谓失败？成功在哪里？失败又在哪里？如此思维的过程就是在为自己下定义。

◎每天早晨对着镜子中的自己说"我是一个优秀的人"。

镜子折射的往往是一个人的另一面。坚强的人看到自己的脆弱，自卑的人看到自己的自信。有时候现实就是这么富有戏剧性。

你不要觉得自己很没用。如果你能坚持做到每天早晨对着镜子中的自己说"我是一个优秀的人"。那么你就会逐渐让自己变成一个优秀之人。

这其实是心理暗示的结果。

◎多和感觉很自在的朋友在一起聊天。

◎不要类比把自己和别人区分开。

◎塑造一个积极、健康的个人形象。

◎保护自己的个人价值而朦胧或扭曲形象。

◎让心理治疗专家投射出你自己的一个接近真实的形象。

◎不要把自己贴上"逆来顺受"的标签。

第八章

销售路演需要现场演讲沟通

路演活动现场演讲沟通需要准备吗

稻盛和夫说过一句话：现场有神灵，让现场替你说话。

销售现场当然需要演讲沟通准备。对演讲进行认真的研究和精心的组织，是你演讲成功的必要条件。

做演讲沟通要认真做好如下准备工作。

（1）假设你身在现场，思考一下应该干什么。

（2）谋篇布局，想好开场白怎么说。

（3）写好一篇演讲稿。

（4）听取一些人的意见。

（5）明确演讲的主题。

（6）明确演讲的中心内容。

（7）演讲者要站在听众的角度思考可能出现的问题。

（8）抓住听众中带有倾向性的问题。

最重要的是，熟悉讲稿，对内容做到胸有成竹。虽然你可以把你演讲的内容全部写出来，但是，千万不要照本宣科。当你照着准备好的讲稿去念时，你的声音听起来就很不自然，很呆板，你就无法经常与听众进行目光接触。听众喜欢对着他们讲话，也就是说你应该看着他们，讲话充满活力，表明你确实像你说的那样在思考，而不是简单地宣读以前准备好的思想。为了使你的演讲取得满意的效果，而不是照本宣科，你需要进行预演，直到你完全熟悉了演讲的内容，然后，准备好提醒自己主要观点的讲稿。如果你在演讲中，一时找不到演讲稿中的某个准确的措辞或恰当的用语，请不必着急：你只要与听众进行直接面对面接触，就能弥补这一点。

销售路演活动演讲气氛的渲染技巧

经营现场的面子，是造势头。造的其实是声势。造势离不开借势。借的是气势。借的其实是资源。什么可以借？人、财、物、时、事、地都可借。审时度势，借势造势，无所不达。

（1）营造演讲现场心理气氛。

谁更关注销售现场，谁就能赢得客户。

（2）激发现场听众的听和观的兴趣。

抓住现场机会，充分展示自身平台和产品的魅力。

（3）造就现场演讲的气势。

手机销售员在通讯广场露天演出中，唱一首歌后，然后说，大家想不想看到某歌星拿着我们这款手机来到我们的面前？现场很多人都是歌星的粉丝。于是大家齐刷刷地把眼睛投向销售员右手所指的方向看。悬念？悬念？还是悬念？这时，销售员不慌不忙地说："本来著名歌星是准备来到现场的，但由于演出重档，所以没能来到现场。不过，没关系，我们请来了老师的嫡传弟子宋。"现场一片欢呼声。

制造悬念一定要能引起听众的注意。

宋老师的小品很多人都看过，但他唱的歌曲听到的就很少了。这是听众希望听到、看到的。

讲演一开始便作惊人之语的方法之所以能建立与听众的接触，是由于它震撼了听众的思维。这是一种"震撼技巧"，利用出人意料以达到吸引听众的注意并使之集中于讲演题材的效果。惊人的开头有个危险应该避开，那就是过分戏剧化，过分地耍聪明。

听众尤其喜欢听演说者叙述自己生活经验中的故事

销售员叙述自己生活经验中的故事会让客户对你有亲切感。

"五三金典"的销售员在一个大型的图书推介活动现场对读者说："我到过这里，那是十年前，我刚刚从大学校园里走出来，骑着单车实现了我的第一个旅游计划，从北京到乌鲁木齐"，当时我把这里作为旅途第二站。当地报纸的记者拍下了我骑着单车的照片，背景是一个写着"欢迎来到"的大条幅。

这就是他的一段故事。这是最能吸引读者注意力的方式。这种开场白几乎万无一失。它向前迈进，我们紧跟在后，想要知道即将发生什么事情。

听众尤其喜欢听演说者讲述自己生活中的故事。以故事作为开头的开场白有行动感。它们一开始就发生了效果，引起听众的好奇心。听众希望讲下去；想要知道更多的内容，想要发掘出究竟想说些什么。

只要能运用这种说故事的技巧来引听众的好奇心，即使是缺乏经验的生手，也能成功地制造出一个很好的开场白。

成功的演讲从思路清晰的讲稿开始。没有安全感，说话不清晰，表现欠佳，这样你的演讲注定要失败。通过学习使自己能自信、大胆地演讲，你就能为自己创造成功的体验。研究表明口头表达能力直接与准备时间的长短、研究工作做得如何、演练的次数以及在准备演讲稿和直观教具上付出努力的多少有关。无论你在演讲时感到多么的紧张和不舒服，经过认真的准备，你就可以成为一个成功的演讲者。说不定用不了多久，你可能就会喜欢演讲！

学会销售路演现场即兴演讲

无论你准备得如何得当，你最终还是要讲。

讲演其实是在与听众交流感情。一般来说，并非需要什么专门的讲演术，只要自己能发挥自如就会少出差错，话语要简短，多采用些例子，趣闻轶事也能有助于与听众建立感情。讲演时目光一定要看着听众，从中寻找友好热情的面容，而不要理睬那些冷漠呆板的表情。

如你发现演讲出了点毛病，决不要提及它，如遇听众态度冷淡，也不要理睬，要沉着镇静，要显得轻松自如，如不巧把接着要讲的内容忘了，也不要告诉听众（听众是不会知道的，除非你告诉他们），你可重复刚才讲过的内容，以便得到一个思索机会，或继续谈别的内容。即使你感到紧张怯台，也不要慌张，要知道某种程度的紧张反而有利。

请及时推出高潮。你应有一个预定的演说目的，演讲中始终要围绕着此目的进行，演说不要过于冗长，最后要人们把号召付诸行动。

常言道"熟能生巧"，把它运用到演说中，惬意万千的生活将展现在你眼前。

应让灯光照在你的脸上，因为人们希望看清楚你。产生在你五官上的那种微妙变化，是自我表现的一部分，而且是最为真实的部分。有时候，这种表现更甚过你的言语。如果你站在灯光的正下方，你的脸孔可能会产生阴影，如果你站在灯光的正前方，你的脸上一定会有阴影。因此，在你站起来演讲之前，先选定一个能替你带来最有利的光线的地点，岂不是很聪明的行动吗？

生动地描绘你所说的细节和要点

要把举例作为讲演的第一步，原因之一就是要用这种具体化的演讲立即抓住听众的注意力。有些演说者未能一张口便获得注意，多是由于开讲的字句只是些陈腔滥调，或支离破碎的道歉，那是不为听众感兴趣的。

请记住这一句忠告：就从你的事例中间开始，便能立即吸引听众的注意力。

一些开场的句子，很能吸引听众的注意。"从前"是个魔术字眼，它打开了孩童式幻想的水闸，采用这样的人情趣味方式，你能一开口说话便捕捉住听众的思想。

细节本身不具有趣味性。可是，将切题的细节隐藏于具体而光彩灿烂的言语中，却是最佳的方法。事例的丰富细节使听众很容易将自己投射于故事中。总之，你的目的是要听众看到你原先所看到的，听到你原先所听到的，感觉你原先所感觉到的。唯一可能达到这种效果的方法，就是采用丰富的具体细节。

如果你想要清楚地表达自己的意思，应该生动地描绘你所说的要点，把你的想法具体化。著名的美国全国收银公司总裁特森向他的工人及销售人员演讲时说："我认为，一个人不能期望单凭言语，让人了解他的想法，或是得到和掌握住别人的对他的注意力。另外还需要一些戏剧性的补充。最好是补充图片，以图片表现出对和错的两面"。

图表比语言文字更具说服力，而图片又比图表更具说服力。对某一主题最理想的表现方法，就是将每部分配以图片，而文字与语言只是用来与它们配合。

在和人们打交道时，一张图片胜过销售员所能说的任何话。

一家公司的老板聘请画家跟销售员到各个店里走走，悄悄地把店里不妥当的做法素描下来，然后再根据这些素描画成图画。老板把所有的人员召集来，向他们显示他们究竟做错了什么。"

当然，并不是每一种讲题或场合都适合展示图画，但只要能够，销售员就该使用它们，因为它们能吸引别人的注意力，激起听众的兴趣，而且通常能使销售员的意思表达得更加清楚。

若是采用图表，务必令其够大，可以使人看得清楚。而且千万别把这样一件好事做过了头。一长串的图表常常也是令人感觉无聊的。

利用展示物时，请依以下建议，保证必能获得听众的注意：展示物应不使听众见到，直至要用时再出示。使用的展示物应该够大，使最后一排都看得见，当然听众若看不见展示物，便不能发挥展示物的作用了。在讲话的时候，绝不让展示物在听众间传阅。展示一样东西时，要把它举到听众者见得着的地方。记住，一项能打动听众的展示物，强胜十样打不动人的东西，若是技术上可行，示范一下。讲话时莫瞪着展示品，你是要与听众沟通，不是要和展示物沟通。展示物使用完毕，应尽可能收起，不教听众再看见。如果展示物适于做"神秘处理"，则将它放在一张桌上，你讲演时就把它置于身边，并把它盖上。讲话时，多提它几次，这样会引发好奇心，不过却别说它是什么。然后，当你揭开覆盖之时，你早已引发了好奇心。

对销售谈判有可能涉及的一系列问题做假想的练习

不断自我训练，使自己具有应对各种变化的能力。而为了达到这一目的，我们又不得不旧话重提，那就是必须尽量做好谈判前的准备工作，必须具有健康稳定的心理，必须对销售谈判有可能涉及的一系列问题做假想的练习。

所谓假想练习，就是针对谈判过程中有可能出现的一些问题作实况的模拟，找出应付解决这些问题的具体办法。

绝
招
篇

一天，老夫子与三位销售员在一起聊销售大赛中的冲刺。

销售员甲："冲刺的赛场最刺激，一睹销售员最后冲刺选手的风采吧！"

销售员乙："一场销售比赛，看谁能拿到金牌，就在最后冲刺环节。"

销售员丙："扣人心弦的往往最惊险。销售员比赛也是如此。"

老夫子点拨： 销售员的金牌之战，胜负全在最后一搏。比别人先到哪怕 0.001 秒你就赢。最后使出的都是绝招。

第九章

金牌销售员的207个绝招

一天，三个销售员在一起讨论一个话题：自己属于哪种销售类型。

甲说："我是视觉型销售员。说话快、动作快、手脚利落，眼神很阳光。"

乙说："我是听觉型销售员。善于聆听，凡是都喜欢深思熟虑。"

丙说："我是感觉型销售员。说话慢条斯理，动作不急不慢。"

老夫子点拨：销售技巧往往由其销售员类型决定。打造销售技巧之"神"一定会让你们的绝招变得更有杀伤力。

第1招　让顾客实现理想自我

场景抓拍：顾客是一位中等而稍胖的男子。他走进一家服装店。选购衣服时，他看上了一件纵向条纹的衣服。

这是一个耐人寻味的现象：一个门店销售员要认识到这样一个现象的本质，即顾客是把购买的商品看成是实现理想自我意象的表现。

顾客的自我意象是顾客心中比较持久的知觉。常常听到人们谈"大我"和"小我"。"小我"是指实际的自我，而"小我"指的则是理想的自我。"燕雀安知鸿鹄之志"，"鸿鹄之志"是"大我"之理想。更可能与购买行为有关的不是"小我"，而是"大我"。顾客是把购买的商品看成是理想自我的表现。

分析：很多顾客对衣服商品的意象，显然是建立在以大号身材的高大男子的大我意象的基础之上的。中等稍胖的人往往希望自己能变得更高些。高个头是自己的理想。这样，尽管现时还不具备穿大号服装的身材，但是穿纵向条纹的衣服，是可以让人显得高些的。如果是瘦高个的男顾客，那么他的选择很可能是购买横向条纹显胖的衣服。

反面案例：

地点：某服饰服装店

销售导购员给一位胖女士选服装。

导购：您来这件白色横条纹的服装。

顾客穿上服装，在试衣间一试，在大镜子里看到了自己更显臃肿的身材，很失望地走出店外。

顾客的目标意象较为强烈地反映了顾客的理想和希望。不要以为顾客的目标意象仅是商品，其实，在很大程度上讲，顾客的目标意象是顾客使用商品后的样子、状态。

场景抓拍：顾客是一位女性，给其妹妹买衣服，让女导购替试穿一下女上衣。

分析：顾客在为其妹妹或其他人挑选商品的过程中，总怕买小了，还得拿回来换。让销售员试穿，则减少了风险，尤其是家在远处的顾客。顾客有时会对着销售员端详好几分钟，一边喃喃自语："和你个头差不多，我看尺码差不多。"或者说"她不如您脸白，是不是穿浅一点的为好？"这是顾客在努力从脑海中搜寻与目标理想意象一致的商品，她回避的是那些不一致的商品。

【老夫子不愿告诉你的销售奥秘：让顾客实现理想意象的技巧】

（1）请"模特"展示

一般地，商品的形象代言人是名人、明星。这样的"模特展示"，即便是图片上的，也撩拨人心。买商品，就是崇拜一种明星式的生活方式，过一把明星瘾。

（2）允许"先试后买"

试是一种体验。"隔山买老牛"不是体验，当然为人们所抛舍掉。试要试得其所，试得其要，试得其值。

（3）营造五官舒适的感觉

卖场也要有"气"的"场"。好的气场是一种气息的感觉。要养眼，商品摆放的好，眼的视野就敞亮。要入耳。卖场音乐萎靡，相信没有哪一位顾客会支耳静听。要在触觉、嗅觉、味觉及视觉、听觉上有一种舒适的感觉。这样的氛围里，顾客才愿意多停留，停留才有可能产生购买行为。

第2招　让胖顾客的神经不再敏感

场景抓拍：顾客是一胖女人。她走进一家食品店。"啊，您吃食品一定是重量级的。"销售员半调侃式地说，没想到顾客转身走了。

这个现象，提醒门店的销售员不要认为胖顾客就一定是心宽体胖之人。其实，有不少的胖顾客属于易敏人群，易敏是引起猜忌的特质因素。易敏并不为高个体瘦人所专享。

顾客的敏感是顾客心中瞬间激发的知觉。常常见到这样的顾客，听到销售员和别的顾客说一些观点，就盯着销售员看上好半天，以为在谈自己。敏感也在某种程度上成为顾客与销售员交流的一个障碍。

分析：这样的顾客多是被动的信息接收者，不是向销售员先说第一句话的人，而往往是习惯性地听别人讲话，然后分析哪句话是冲着自己来的。这样的顾客把购物看成是一种躲躲闪闪的行为。

满脸绯红的胖顾客神经易敏也易怒。一般来讲，肥胖的顾客更易于感情激动。销售员和胖顾客打招呼需要注意什么呢？满脸绯红的胖顾客神经易敏。脑门上涔涔的汗珠说明其紧张情绪已使其机体处于警觉和紧急状态。这是一种害怕自我形象受到某种威胁和损害的应激反应。购买商品的时候，胖顾客往往会不由自主地意识到自我形象面临着某种威胁和危险，害怕别人骂说自己长得"蠢"。

正面案例：

地点：某化妆品专卖店

销售员给胖女人选化妆品。

顾客看到销售员给她拿的几样化妆品价格都差不多，想比较比较再买的想法改变了，于是从中随便买了两种。

第3招　对爱听承诺的顾客不要妄言

场景抓拍：顾客走进一家食品店。"啊，您不是承诺今天买有赠品吗？"销售员说："不巧，赠品没有了。""怎么会这样呢？"顾客瞅着销售员。

这是门店常有的现象，顾客认死理，一旦获得某种承诺，就千方百计要求得到承诺的满足。

顾客的利益纠结是顾客寻求对方履行诺言的动力。常常是顾客看好了店家承诺能给他带来的好处。这种好处是预期可能实现的。顾客还有这样的看法：即店家承诺的，一定是有足够空间基础的。卖彩电的，如果承诺顾客买一台LED 彩电赠 500 元，那么顾客会认为 LED 彩电利润高，即便让点利，商家还有很大赚头。就是这样的利益纠结造成了顾客与商家之间的承诺博弈。

分析：这样的顾客不甘于自己成为任别人赏赐的地位，而追求商家承诺的同时，还要使自己有面子。

承诺者越权威顾客越愿把其挂在嘴边。顾客会以"你们经理说"为由，证实自己不是瞎说的。这样说的目的，是怕对方不履行承诺。

正面案例：

地点：某书店。

顾客："'六一'儿童节少儿读物打折？我看到了你们店的宣传海报。"

销售员：从六月一日开始，到六月六日，全场八五折。"

顾客："好的。"

她为其子买了好几本少儿书。

【老夫子不愿告诉你的销售奥秘：承诺顾客的技巧】

不要小看门店的承诺。销售员承诺让顾客满意的话，那么这家门店就会声名远播。也别夸大承诺的作用，承诺只有切合实际才能让顾客心动。当然，门店销售员承诺顾客，一定要懂得一些基本的技巧。

技巧 1：能当时办的必须当时办理

一位喜欢听销售员承诺的顾客走进一门店，但对销售员的承诺，顾客有一些不满的情绪在脸上表露出来。

分析：门店对顾客的承诺，也是销售员对顾客的承诺。销售员怎样承诺，顾客非常看重。如果销售员承诺不当，那么顾客心里是不悦的。

对于当时能办的，销售员如果不能当时办理，那么顾客会觉得销售员是以承诺搪塞他。

技巧 2：有办不到的一定要解释清楚

销售员对顾客解释一些门店的承诺有办不到的原因，希望顾客给予理解。顾客愉快地接受了。

分析：门店对顾客的承诺，因这样或那样的原因，有些对顾客的承诺兑现不了。销售员应加以解释。

对于不能办到的，销售员及时解释，相信能得到顾客的理解。

技巧 3：需要处理的问题绝不过夜

一些顾客不喜欢门店的承诺"缩水"，对销售员的承诺"过夜再做"的做法表示不满。

分析：门店对顾客的承诺"不应过夜"，这是对那些需要处理的问题而言的。

需要处理的问题，马上办，不过夜，这是对销售员的一个要求。

技巧 4：不做不切合实际的承诺

一些顾客不喜欢门店的承诺"哗众取宠"，对销售员的"不能实现"而胡乱承诺的做法表示不满。

分析：门店对顾客的承诺应"能够兑现"，否则就会招致顾客不满。

需要指出的是：不做不切实际的承诺，这是对销售员的一个基本的要求。

第4招　堆码商品传递积极的信号

门店销售员堆码商品，传递的信号是什么？是商品的信号。"我又换新位置了，你们喜不喜欢我啊？"销售员堆码商品要讲究技巧。

【老夫子不愿告诉你的销售奥秘：堆码商品的技巧】

技巧 1：选择好商品侧立面的颜色

一名销售员在堆码图书的时候，选择书脊的颜色，搭配好，顾客看着一个劲地说好。

分析：销售员堆码商品，选择商品侧立面的颜色很重要。

以图书为例，书脊可组成汉字、动物图案、花卉图案、建筑图案、车船图案。选择书脊颜色就为堆码出造型奠定了基础。书脊颜色有深有浅，有益于造型中突出显示部分。通常冷色配暖色、深色配浅色，就使图案凸显出来。

技巧 2：选择一、二厘米厚度的商品

一名销售员在堆码图书的时候，选择书的厚度有自己的标准，一个能让顾客说好的标准。

分析：销售员堆码商品，选择商品应以厚度适中为原则。

以图书为例，厚度是影响堆码效果的一个因素。每摞书以每本书的厚度为单位。彼此之间间隙可大可小，根据造型图案而定。一般以不薄不厚为佳。一、二厘米厚度是最佳厚度。

技巧3：垂直堆码以重点商品为塔尖

一名销售员在堆码图书的时候，选择以重点商品为塔尖的堆码状。

分析：销售员堆码商品，塔式是较为常见的。选择商品应以重点商品为塔尖。

以图书为例，塔式堆码也叫垂直堆码，以高度取胜。但无论堆码到多少厘米的高度，以不倒、不坠、给顾客以安全感为原则。塔尖上的书应是主推的重点图书。

技巧4：用灯光等辅助把有创意的侧面呈现出来

一名销售员在堆码图书的时候，选择灯光照射以突出、美观。

分析：灯光突出销售员的创意。

销售员堆码商品，灯光应用好。以图书为例，有个叫山海关长城创意的堆码造型，把城门楼和城墙通过灯光的照射呈现出来，效果就非常好。

技巧5：入口处应设立主堆码造型

一名销售员在堆码图书的时候，在入口处设立主堆码造型。

分析：设立主堆码造型在入口处，能给顾客以重要、深刻的印象。

就图书而言，主堆码造型突出的应是畅销排行榜单图书、热门书、主推重点书、新书。应设在显眼的入口处。

技巧6：在主堆码造型旁设置畅销、重点、新商品展台

一名销售员在堆码图书的时候，在主造型旁设相关平台。

分析：设立主堆码造型，在旁边设相关平台，可以便于顾客取放。

有顾客习惯于从展台上拿样品看，因此，展台上尽量多放一些复本。

技巧7：撤换时间因商品类别及动销程度而定

一名销售员在撤换所堆码的图书造型的时候，对时间的把握到位。而有的销售员则要么太早，要么太晚。

分析：太早撤换掉商品造型，在顾客心中的形象视觉无法形成。太晚撤换商品造型，顾客会觉得缺少变化。

以图书为例，一般地，新书常换为宜，重点书变造型以1～2月为佳，畅销书以3个月更换为宜。

第5招　为商品找到最佳销售位置

销售员在接触到新商品后，要做的一件事就是根据商品的性质和特点，进行商品的分类和集中摆放。

摆放合理，对销售员来说，既是一项日常工作，也是一个任务。因为它能使门店销售有一个很大的提升。对商品进行分类和摆放是销售员接触到新商品后所做的第一件工作，也是实现销售的起点。商品摆放合理可以促进销售。

摆放商品，销售员一定要讲究技巧。

【老夫子不愿告诉你的销售奥秘：摆放商品的技巧】

技巧1：销售员对商品的分类和内容应该十分清楚

一名门店销售员对商品分类和商品内容不甚了解，凭感觉进行分类摆放，结果闹出了一些笑话。

分析：了解对商品分类的相关知识，是销售员必须做到的。了解商品的内容，更是销售员的一个基本功。新旧商品的内容有何不同，厂商情况及商品适用群体，对于这些，销售员都必须了解。

为了更好地服务顾客，销售员应该加深对商品一级、二级和三级分类的理解。如果销售员自己所管理的商品类别是重点类别，那么顾客要让这些重点商品一目了然，就要分好类，摆好架。

技巧2：分类不容易界定的商品可以放在热销的货架上

一位销售员发现有些不好界定的商品，如果放在一个特定的位置上，销量也会翻番。

分析：一些商品，不好界定是暂时的现象。如果销售员灵机一动，往往会收到意想不到的效果。

商品品种繁多，出现一些暂时不易界定的商品，在所难免。问题是，怎样变不利为有利，化不利为商机。

灵活的销售员在处理的方式、方法上与死板的销售员不同。他会将分类不容易界定的商品放在热销的货架上。

技巧3：为商品找到最好的销售位置

一位顾客找医药的书，却在书架上找不到自己想要的书。后来，正在调整货架商品的销售员，把一本书放到某个位置上，这位顾客立马选定她要的就是这本书。

分析：这位顾客在养生书专架上，买了一本《糖尿病的饮食疗法》。也就是说商品《糖尿病的饮食疗法》放到了最好的销售位置上。

从某种意义上说，销售员所做的工作就像一个牵线搭桥的人。但又不全是这个角色。销售员为商品找婆家，但从不希望嫁出的姑娘回家转。销售员为顾客找商品，但希望顾客珍惜之余再来。

商品的位置如何，是商品能否首先出嫁的关键。销售员希望先嫁出的商品，不一定是顾客想娶的商品。真正的销售位置，一定是销售员根据顾客的判断而积累经验不断改进的结果。也就是说最好的销售位置一定是销售员、顾客的共识的位置，比如顾客、销售员视线平行的位置。

技巧4：商品分类应该有条理，有分别，有依据

一位顾客进一家门店，感觉有些说不出来的乱。

分析：商品分类应该有条理。反之，顾客就会觉得乱。

除了有条理之外，商品分类还应做到有分别，有依据。有分别，是指商品有重点、非重点之分，有一般和特殊之分。有依据，是指商品分类是根据行业或国标制定的办法进行分类的。

第6招　好的卖场陈列赢得顾客好感

赢得顾客的好感是门店销售员卖场陈列追求的目标之一。因为好感最终会促使顾客做出购买商品商品的决定，所以如何才能赢得顾客的好感就成为门店销售员技巧的一个展示内容。

【老夫子不愿告诉你的销售奥秘：陈列商品的技巧】

技巧1：认清卖场陈列的概念和内涵

卖场是指比较大的出售商品的场所。按卖场规模划分，可以分为中小型卖场和大卖场。在品牌营销时代，卖场不只是一个简单的销售场所。卖场的功能一方面是销售货品，使我们在这里获取商业利润，但同时，卖场又承担起传递品牌文化的角色。传递品牌文化，卖场要把商品摆放在货架上，把货架放在合适的面积、合适的空间里，而且要摆的合理、摆的艺术，这就是卖场陈列。它的内涵是突出商品美感、营造店面亮点。

技巧2：处理好卖场陈列与赢得顾客好感的关系

卖场是顾客购物之所。卖场陈列直接刺激顾客的感官，这就使赢得顾客的感官认知甚至是好感成为可能。卖场陈列也因此与赢得顾客好感形成了密切的关系。

与赢得顾客好感有关的几个因素如下。

视觉沟通。视觉沟通既包括销售员与顾客眼神上的沟通，也包括卖场海报、经营理念语醒目及展示板的视觉沟通。一颦一笑，传递着销售员的热情和友好。卖场海报、经营理念语醒目、展示板以强大的视觉冲击力吸引顾客眼球。

灯光。灯光的明与暗，映射人们的心情。明亮的灯光让人感性十足，昏暗的灯光让人理性但也容易使人有颓废感。

色彩。卖场陈列暖色调比冷色调更能引发顾客的好感。

音乐。背景轻音乐是提升卖场情调的重要因素。卖场音乐的诱惑有时让顾客无法抗拒置身于卖场。

气味。清新、书香气味让顾客更加感到购书的怡悦。

技巧 3：识别顾客好感的几个信号

顾客也许并不会主动地说："我对你店的卖场陈列和你店的商品有好感"，但是他会用自己独特的身体符号、语言、表情、行为符号给你一些暗示。这几个信号是：

①语言信号。

顾客有好感在成交前，会说："我买这么多有优惠吗？"。

②顾客身体语言和动作行为表示出好感：拿起商品反复翻看，检查细节，盘算后如释重负，言行轻松、友好，与销售员的距离拉近一些。身体前倾。

③表情语言。

顾客面露微笑，频频点头。

技巧 4：赢得顾客好感的几个卖场陈列招数

1. 保持序列感，方便整洁。

如果货架由 1 一直排到 10，那么顾客就会习惯由小数到大数，一直走下去，这就是序列感。如果货架上助学读物摆放的顺序是语文、数学、英语、物理、化学、政治、地理、历史，那么顾客就容易接受。反之就会感觉别扭。保持序列感，方便整洁应成为卖场赢得顾客好感的卖场陈列招数之一。

2. 体现整体性，高度一致。

整齐划一的归类成列，充分利用了卖场的空间，还让陈列整体看上去丰富性和立体感足实。

3. 展示美感，增值商品。

书籍的美感在于其封面设计，也在于弧形或长方体的书脊等。把商品陈列在书台上，摆出这种造型有助于提升顾客审美感。一般放在门店卖场里的显眼位置上。

4. 突出主题，吸引注意。

重点推荐的商品，要摆在货架的与顾客视线平行的位置，而且要突出主题。因为在顾客最容易看到的黄金视野里，顾客更能特别关注，并且取放起来也比较方便。

第7招　一眼识出畅销商品

以图书商品为例，什么样的书才能算是畅销书？

【老夫子不愿告诉你的销售奥秘：判断商品的技巧】

（1）在图书刚上架时判断该书有无畅销潜力即可

一般来讲，绝对量卖得多的卖得好的图书就是畅销书，具体来讲是在顾客中有一定认知度，月销售在 100 本以上，连续销售 3 个月以上，或者在 1 至 2 个月中能销售 300 本以上的图书。

（2）要看图书类别

如果某种专业图书本身的固有顾客群体就只有 3 万人，而在短短几个月就卖出了 2 万册，这也应算畅销书。

（3）其他因素

判断图书有无畅销潜力应加以参考的因素很多，但主要可以分为几点，如书的内容和特点、书的作者、社会的形势、出版社对该书的宣传、自己对书的感悟力和前期顾客的关注力度都是重要判断依据。但在市场竞争十分激烈的情况下，每一个书店都不可能做尽每一本畅销书的销售，而每一本畅销书的销量也不一样。因此，在销售先期，你的经验、你对这本书的敏锐度和该书过去几年的销售情况，以及对市场的粗略判断是你进货的一个基数，同时，要根据媒体的宣传和市场的反馈把握中期添货，在后期时要当断则断，不能因小利而成大错，造成过多的积压。对于那种只能一次性要货的图书更是宁少不多，当然对畅销书转成长销书的则另当别论。

第8招　让顾客感到销售员能知书更会达理

礼仪，是一个人内在文化素养及精神面貌的表现，是人际交往的"润滑剂"。优雅的礼仪还会令你成为一个有魅力、有修养、处处受欢迎的人！

【老夫子不愿告诉你的销售奥秘：礼仪技巧】

（1）着装礼仪

规范的着装：干净、整洁、大方得体。

上下衣：统一着公司配发制服；

鞋：脚穿平底鞋；

工卡：佩戴在右衣领的衣角；

（2）行为礼仪

站姿：站立要端正，不可东倒西歪、伸懒腰、驼背、耸肩，挺胸收腹，面带笑容，双臂自然下垂或在体前交叉。男生：两脚分开与肩同宽。女生：以"V"字型站立。

行姿：行走要稳并且迅速，但不可小跑。与顾客相遇时靠右边走，不可从两人中间穿过，因工作需要一定要从中间穿过时一定要礼貌致歉。与顾客相遇时要点头示礼。与上级或顾客同行时，行至门前，应让他们先行，不能抢先而行，引导顾客时让其在自己右侧，上楼时客人在前，下楼时客人在后。

手势：给客人指引方向时，手臂自然伸直，手指并拢掌心向上。递书给顾客时要恭敬，绝不能漫不经心地一扔，应双手递上。

举止：应禁止各种不文明举止。如双手插入口袋、挖鼻孔、打哈欠、吹口哨、打响指等。

（3）仪容仪表

头发：保持清洁、女生不披头散发；男生不留长发，头发不盖过耳朵。脸：男生不得留胡子；女生不浓妆艳抹，刘海不盖过眉毛。手：保持清洁。指甲：经常修剪，不可留长指甲。饰物：男女生不得佩戴过于夸张的饰物。身体气味：注意身体上的个人气味，养成良好的卫生习惯。口腔卫生：注意口腔卫生，上班前不吃有异味食品。

第9招　应对节日顾客大流量

节日期间，为什么门店成为顾客的消费首选地？是因为顾客有了闲余时间。更主要的是更利于顾客维护自己的消费权益，门店地点固定，一旦商品出现质量问题，立刻就能找上门要求给予退换货的问题解决。

如今，顾客对商品品牌不那么忠诚了，但是对门店的忠诚度却逐日增加。顾客更相信自己对门店服务的直觉，因为门店服务是通过销售员具体化动作、语言而表现出来的。这就不难解释门店节日期间高顾客流量了。

顾客大流量必然对门店销售员服务造成一定压力。如何做到沉着应对，手忙脚步不乱？这需要销售员具有应对节日高顾客流量的技巧才行。

【老夫子不愿告诉你的销售奥秘：应对客流的技巧】

技巧1：改善卖场购物环境，顺畅顾客流。

技巧2：完善导购及信息搜索平台。

技巧3：商店的人气是顾客节日体验的重要方面。人越热闹的商店，顾客越愿意去。这是节日顾客的常态。

技巧4：把为更多顾客服务看成是一件十分愉快的事情。

第10招　有效搞好营销策划

营销策划的根本目的在于保证销售符合策划单位的计划，从而有效地实现预定目标。

【老夫子不愿告诉你的销售奥秘：策划营销活动的技巧】

门店要有效搞好营销策划，应做到以下几点。

（1）通俗性。营销活动主题如果过于晦涩，会导致不必要错误的出现，从而影响到预期目标的实现。有时需要用简单的营销策划主题来代替复杂的营销策划主题。

（2）合理性。营销策划的目标必须是合理的且能达到的。如果目标太高或不合理，它将不会起到应有作用。一般来说，目标应该是富有挑战的，"跳一跳能够够到的"，并且能激励人表现得更好。

（3）战略性。营销是战略规划，它涉及企业的整体经营战略，涉及相关部门的协调一致。助学读物营销策划要提到战略高度来认识，对那些有战略性影响的营销要素要充分考虑，制定长远的营销计划。

（4）前瞻性。营销策划是销售的前期工作，这决定了它的前瞻性。前瞻性是以掌握的情况、信息准确和及时为基础的。一个信息准确的营销策划，可有效避免"当机不断"或"无机而断"的现象。但最好的信息如果过时了，将毫无意义。因此，一个有效的营销策划必须能够提供及时的信息。

（5）经济性。一个营销策划必须经济，必须与其成本进行比较，为了使成本最少，策划应该尝试使用能产生期望结果的最经济的方式、方法。

（6）实效性。评估门店策划效果，方法有很多，最基本的方法就是比较策划前、中、后的销售数据。例如：某店在策划之前的市场占有率为 67%，在策划期间升到 93.6%，而在策划结束后马上降至 50.4%，一段时间又回升到81.3%，这说明此次营销策划活动吸引了新的顾客，也刺激了现有顾客购买更多的商品。策划结束后，门市销售量下降，原因在于顾客减少了门市存货量，市场占有率长时间提高到 81.3%，表明该店有了一些新顾客。在评估中，要尽量多用一些指标来更准确地评价营销策划的实效。

第11招　销售员与顾客交谈口吻要恰当

卖场销售员在服务顾客时该特别注意以下事项：与顾客交谈的用语宜用询问、商量的口吻，不应用强迫或威胁的口气要顾客非买不可，那会让人感觉不悦。

【老夫子不愿告诉你的销售奥秘：交谈的技巧】

（1）要有先来后到的次序观念

先来的客人应先给予服务，对晚到的客人应亲切有礼地请他稍候片刻，不能置之不理。

（2）不宜敷衍了事

营业场所十分忙碌、人手又不够的情况下，记住当接待等候多时的顾客时，应先向对方道歉，表示招待不周恳请谅解，不宜敷衍了事。

（3）在顾客交款后也应注意交谈服务

销售员在顾客交款后也应注意服务品质，要将商品装袋后，双手奉给顾客，并且欢迎下次再度光临。

（4）将注意力集中在顾客身上

有时一些顾客可能由于不如意而发怒，这时销售员要立即向顾客解释并道歉，并将注意力集中在顾客身上，要克制自己的情绪。

第12招　采购要进行预算

预算式采购，是定期概括零售店销售情况，决定采购的时间和数量。这一种方式较为稳健，即类似我们常说的"以销定进"。既能避免现卖现买型采购的临时货源不足现象，又能避免投机采购型采购的滞货风险，成为小企业商品采购之首选。目前，小企业采购采用预算式采购的占到60%左右。

【老夫子不愿告诉你的销售奥秘：预算采购的技巧】

销售员进行预算采购必须讲究技巧。

技巧1：正确认识采购的含义

一名销售员为采购造预算，忽然他想采购到底有何深层次的含义。

分析：销售员如果不懂得采购的含义，就无法把预算采购做到位。

说起"采购"，人们往往认为只是选择购买这一层含义，其实，采购还包含另一层含义，就是担任采购工作的人。虽然现在的采购流程看起来简单了，但还是要求采购人员有一定的知识和技能。

技巧2：经济合理地采购

销售员采购预算，经济合理是他所遵循的一个原则。

分析：销售员如果不懂得经济合理地采购，就无法把采购做成预算式的。

预算式采购把采购与资金节约利用相联系。

技巧3：搜集利好的信息

销售员采购预算，他感到搜集利好的信息对采购十分重要。

分析：搜集利好的信息，可以让销售员预算式采购更有针对性。

就要搜集利好的信息，有选择地采购是预算采购的一个重要方面。

技巧4：有效地减低采购费用

销售员采购预算，以有效地减低采购费用为原则之一。

分析：有效地减低采购费用，可提高预算采购的水平。

预算式采购要与降低采购费用相结合。

第13招　在顾客需要时使用帮助性语言

【老夫子不愿告诉你的销售奥秘：进行顾客帮助的语言技巧】

（1）禁用"不知道""你自己去看""你自己去找""没有"。

顾客需要帮助时，应说"请问老师（同学）要找哪类书啊""我带你去找""我给你找出来"。禁用"不知道""你自己去看""你自己去找""没有"。

（2）顾客有预订商品意向时，应了解问清具体情况或热情引至主管经理处。

禁用"你到底能定多少？""我不知道有没有这么多""我不知道什么时间到货"。

（3）不能立即接待顾客时说"请您稍候""麻烦您等一下""我马上就来"等。

（4）对在等候的顾客说"让您久等了""对不起，让你们等候多时了"等。

（5）当顾客向你致谢时说"请别客气""不用客气""很高兴为您服务""这是我应该做的"等。

（6）当顾客买不到商品时，应向顾客致歉，并给予建议。

其用语是"对不起，现在刚好缺货，让您白跑一趟，您要不要换一种试一试？"或"您要不要留下您的电话和姓名，等货到时立刻通知您，这是我们的电话，有空您打电话来问一下，好吗？"

第14招　整理货架让顾客有新鲜感

【老夫子不愿告诉你的销售奥秘：整理货架的技巧】

以图书为例，销售员整理货架的技巧：

（1）整理书架没有具体的时间限制，在这个过程中，适时调整摆放位置可以促进图书的销售。

图书陈列和管理是书店销售员的一项基础工作。

（2）通过整理书架，把每本图书的卖点展示出来，让顾客有新鲜感，产生购买欲望，是销售员颇费心思的一个环节。

（3）整理书架没有时间长短的概念，应视当日顾客的数量多少而定，随时整理。每天上班的第一件事就是整理书架，把合适的图书放到合适的位置。

（4）整理书架看作是随时都在进行的工作，至少一天早中晚三次。

因为陈列好坏对于图书销售的影响是显而易见的，而且任何书的位置都不是一成不变的，都要随着不同的时间、不同的市场需求而不断地变换位置。

典型事例，广东经济出版社有一套系列书叫《现代企业管理制度大全》，共6册，平时销售量不大。在春节期间，针对节日期间送礼品书的习俗，有人及时把这套书摆成书塔，放在明显的位置重点陈列，结果销量成倍地增长。

（5）书架的整理是一个循环的过程，没有具体的时间限制。除周六、周日销售高峰及重点工作外，其余时间销售员都用在书架的整理及调整上。陈列对于图书销售有着很大的影响。

（6）合理的摆放和日常的调整能使顾客发现以往没有发现的品种，产生新鲜感从而产生购买欲望。

（7）一些日常的图书摆放方法和规范，如左高右低，上小下大，破损商品及时下架等，这都是销售人员必须掌握的。

（8）整理书架主要检查是否有倒架现象或是图书有没有放到原位。陈列美观与否、是否方便顾客选购对销售的影响很大。

（9）变换图书的位置应根据不同类别而定，但不应过频，这样经常来书店的顾客会一时找不到书。

计算机辅助设计的装饰装修类图书开始放在计算机区域，但是销售不好。销售员于是将此类图书调到建筑区域，结果销售明显好转。

（10）销售员应随时整理书架，注意图书陈列的创新，及时变换图书摆放的位置。生活类图书，有时就把做菜做汤的图书交换位置，顾客就觉得有新鲜感。东西再好不能展示出来，就不好卖。

（11）除随时整理外，一个礼拜对书架进行一次大的整理，一个季度进行一次位置调整。反对过于频繁的调换位置，理由是思维定式影响顾客的选购心理。

对因位置的不同造成的销售差异，一位销售员有这样的体会：一次把平时埋在书架深处北京出版社的《维生素全书》挑出来，放到展台上，效果明显，几乎是放几本卖几本。

（12）书架上的图书是卖一本补一本，展台上的图书几乎天天都有调整，尽量展示到货的新书。

（13）反对经常变化图书的位置，而是强调一开始就要把图书放到最合适的位置上，然后就不要轻易变换位置，对于销售员上书和顾客寻找都有好处。

（14）计算机图书消费群体相对成熟，图书在书架上的位置对销售影响不大，销售员要注意在书架前反复寻找的顾客是否需要帮助。

（15）把顾客需求量大的书放在显著位置上，方便顾客寻找。

第15招　把握好进货关就等于成功了一半

会销售就会采购？采购是销售的一个重要环节，采购技巧是销售技巧的上游技巧。

进货的技巧经对每个销售员者来说都是最重要的，把好进货关你就等于成功了一半！

【老夫子不愿告诉你的销售奥秘：进货的技巧】

俗话说：买好才能卖好。有观点认为，80% 都在进货上。

进货要有技巧：

（1）选择时货比三家。

一门店进货时看中一款商品，一定好卖的，一定会火吗？这个时候，它面临的第一个选择是货比三家。

在中国这个市场，仿冒是最具中国特色的。不管哪个品牌的东西，只要款式好，销量好，那就一定能找到仿冒的，所以说要货比三家。

（2）找到价格最低的进货。

货比三家，然后找到价格最低的进货。你能找到价格最低的说明你有一定的经验了。

（3）注意商品质量。

许多东西虽然款式一样，但是质量一定会有区别的，有一句俗语"一分钱，一分货"，因此，你要注意商品质量。

（4）进性价比最高的商品。

不进最贵的，也不进最便宜的，而是进性价比最高的！当你达到这个水平的时候，我相信你的生意一定不错，同时我相信你已经非常热爱这个行业了，只有真正用心的人才会达到这个水平。这个水平要求你要有一双慧眼，能看出产品的质量，一上手能知道是什么货色。能做到这一点的销售员太少了。

（5）用心去进货而不是用嘴去进货。

进货质量的好坏和销售员的用心程度是成正比的，为什么有的人进货就赚钱，有的人就赔钱？你把全部的热情和心思都用在你的生意上，把你现在所从事的生意当作自己一生的事业来做，你的进货会赔钱，没有人会相信！这就是进货的一个最为重要的技巧。

第16招　让业务数据变成可视的图像

大数据时代面对每天产生的业务数据，销售员却不知道如何进行分析。

分析：手工所记的数据和电脑产生的电子数据，是销售员每天都要面对的。以一年为一个经营周期，每月经过销售员统计就会有当月进货、退货、销售、库存的几个数据。每天的销售生成电脑机打销售小票。每次进货或退货会在入电脑后形成到货数据。面对每天或每月的业务数据，不进行即时跟踪分析，就无法使这些数据实现促进销售的功用。

建立柱形图进行分析和 Excel 表格，是通常进行业务数据分析的好办法。这就使业务数据变成了可视的图像。

【老夫子不愿告诉你的销售奥秘：业务数据处理的技巧】

技巧 1：确定好横、纵坐标

销售员在做数据图示的时候，不知道横坐标标示什么，纵坐标标示什么。

分析：是以时间为横坐标还是以销售码洋为横坐标，这是销售员在处理门店商品销售不同时期对比柱形图时所要考虑的。一般应以时间作为横坐标，以销售码洋作为纵坐标。

如果是做库存和销售的柱状图分析，那么也是以时间作为横坐标，纵坐标就是库存和销售码洋。

技巧 2：分析数据要考虑淡、旺季因素

一般地，淡旺季的时间长短决定柱峰、柱谷的波动频率。

技巧 3：销售直线上升，要分析库存是否上升得还要快

销售员常以销售不断增长为喜，却很少以库存增长为喜。因为库存增长远远高于销售的话，就意味着进的货在较快沉积，减少了图书流转次数，增大了

资金占用。

技巧 4：从销售、库存的对比分析中找出调整商品的最佳时间点

调整商品是避免经营上进多销少恶性循环的重要举措。从销售、库存的对比分析中找出调整商品的最佳时间点，是调整商品时间把握的关键。

技巧 5：从某一类商品销售表中找到畅销品种

如果用电脑查，就是调出一段时期的销售情况，确认后进行电脑自动分析，产生销售前 20 个品种的排行榜数据。

第17招　进货要求"适销对路"

过去，一些行业对进货工作的总的要求是"品种对路、数量恰当"。如今，我们追求的是"适销对路"。

【老夫子不愿告诉你的销售奥秘：进货的技巧】

（1）从字面理解"对路"

一双鞋子，那个人穿上很合适，很合脚。这算不算对路？一个人，穿到适合他的一双鞋子，这算不算对路？在这里，鞋子就是商品。那个人就是我们所要接待的顾客。这里面存在着进货的哲理是：前者，只要能穿到他（指顾客）的脚上，这双鞋子就是对路的鞋子。没有人会说你进的这个鞋子不对。后者，不是每双鞋子穿到脚上很合脚，就都会有人喜欢的。

（2）"适销但不一定对路"是现实工作中出现的新问题

对路是针对顾客需求而言的。需求是进货的基础，没有需求就没有市场。围绕大部分顾客的需求，所进行的进货才是对了路子。商店和顾客之间，如果再加上生产方，这三方就构成了一个供需链。供者生产出产品，最终经过终端门店销到顾客手中。

适销是针对销售的适应性而言的。商店陈列没有某个商品门类，而你想放一两件孤零零的商品，是不被顾客重视的。除非你进到足够多的品种支撑起一个新的门类。因为顾客没有足够的供他选择的余地，通常也不会有好的销量。

（3）怎样看"对路不一定适销"

有需求的商品，但不一定是销量好的商品。有一个人需求的商品可能会是冷僻商品，放上一年两年也不会有其他人问津，这样的商品，你能说它适销吗？

这种"对路但不一定适销"的现象在现实中常常出现。

（4）"适销对路"为何比"品种对路、数量恰当"更科学

适销对路比之品种对路、数量恰当还是科学得多。这是因为"适销对路"兼顾需与销于一身，一肩挑两家。

（5）"适销对路"的品种、数量关系解读

适销的基础或支撑是数量多而不是品种多。对路的基础或支撑是品种全而不是数量多。

（6）"适销对路"是更科学的提法

没有"需"与"求"就没有市场经济。但"需"与"求"不仅在字面上存在着细微的差别，在具体的应用或语言实践方面同样不能完全相互替代。在商品市场中，就生产者、门店和顾客三者之间，经历了从"供求关系"到"供需关系"的演变过程。同样，商品进货也从"品种对路、数量恰当"演变为"适销对路"。这个演变包含着丰富的逻辑关系和思想内容。只有正确地认识其中隐含的逻辑关系，准确地把握其核心思想，实践起来才能真正"到位"。

第18招　POP广告是无声的推销员

在现代生活中，POP广告逐渐进入我们的视野，百货商场、超市、餐厅、流行服饰店经常可以见到形式多样、色彩鲜艳、内容简洁的POP广告。近几年来，它也广泛地应用于门店的各种营销宣传活动中。

POP是英文"Point OF Purchase"的缩写，意指"在购买场地所有能促进贩卖的广告"，也可以解释为"店头广告"。POP广告既是无声的推销员，也是卖场的引导员。它可以代替推销员将商品的特点、内容以图文并茂的形式及时地传达给顾客，以促进销售。

因此，凡是在店内外能帮助促销的广告，或其他可以提供商品相关信息的服务、指示、引导等的标示，都可以称为"POP广告"。

如今，将POP广告引入到卖场宣传中来，不仅能够快速传递商品的有关信息，使卖场的布置一目了然，极大地方便顾客进行自行选购；而且，它还具有强烈的"视觉传达作用"，可以刺激顾客的购买意愿。

目前，低成本、有效、直接的POP广告在门店宣传中已从次要地位上升为

主要地位，并成为现代开放式卖场的主要营销媒介。

广泛用于门店的 POP 广告种类有以下几种：

1．招牌 POP：招牌 POP 包括店面、幕布、旗、横（直）幅、电子字幕。招牌 POP 的功能是向顾客传达企业的标识、传达企业销售活动的信息，并渲染这种活动的气氛。

2．招贴 POP：招贴 POP 类似于传递商品信息的海报，招贴 POP 要注意区别主次信息，严格控制信息量，建立起视觉上的秩序。

3．悬挂 POP：悬挂在卖场空中的气球、吊牌、吊旗、包装空盒、装饰物统称为悬挂 POP，悬挂 POP 的主要功能是为卖场营造活泼、热烈的气氛。这是用于商品销售较为常用的一种 POP 宣传方式。

4．包装 POP：包装 POP 是指商品的包装具有促销和企业形象宣传的功能，如附赠品包装，礼品包装，若干小单元的整体包装。

第19招　为你的店铺起个好名字

有的时候，人们对于店铺的名字不太重视，有的甚至没有名字。门店的名字其实十分重要。因为销售员所在门店的名字是一张实用性、艺术性很强的名片。

你想你的店连个名字都没有，别人怎敢进你的店呢？除非是老顾客，知道你的店卖什么。

其实店铺无论大小，有个好名字有利于赢得顾客。

好的名字，顾客很容易记住。因此，销售员要对店铺的名字给予充分、足够的重视。为你的店铺起个好名字，你将受益无穷。

第20招　门店外观设计应做到现实与内容相结合

（1）店招设计

在店招设计时，一定要考虑三点：第一，要有视觉冲击力。第二，要能给顾客带来良好的心理影响，即人们常说的悦心。能够给人带来美感的东西，人们很容易记住它。第三，要适应时代的变化，有强烈的时代感。

店招设计时，想到用哪些材料呢？铜质字华贵一些，烧瓷字永不生锈。材料不一。效果各异。

（2）店标设计

美国一家商业银行的标志由双 S（Service "服务" 和 Security "安全" 的两个首位字母）构成，美国大众认为它很有亲切感和安全感，日本人说它是与电脑有关的公司标志。看来，店标更能体现出一个地区的社会价值观。因此，在设计店标时不要只考虑形式，更要考虑到内容，尤其是其文化价值和思想内涵。

（3）店铺正面设计

因为人们的视觉习惯，所以很精明的商家都把店门设计得富丽一些，来吸引人们的眼球。门框设计以不锈钢设计为佳。除了店门之外，门店正面橱窗设计也很重要。随着时代的发展，简洁、通透的、落地的大玻璃在门店的正面，更能吸引人们的目光。

（4）停车位

实体门店一般按当地城建规划与店前马路牙子保持在 2～3 米的距离。有的地方新修大道后，开轿车来购物的顾客明显增多，这就对店前停车位提出了新的要求。原则上店前应分自行车位和轿车位。停车位是衡量门店对顾客提供的便利程度有对大的指标之一。这也是实体门店店外设计细节之一。

第21招　店铺内部设计重在细节

（1）休息椅、餐厅等设施

商店对顾客贴心不贴心，其中一条就是，要看有无休息椅、餐厅等设施。但休息椅一般数量要适当。当然，休息椅要与门店定位相协调。

（2）室内空气质量

从室内空气质量，可以查考其清新度、舒适度及健康环保状况如何。为解决城空气不清新问题，可以在营业大厅安装几个换气扇，并派专人负责管理。

（3）卫生间环境

要有可供顾客使用的卫生间。可把艺术画栏搬进卫生间。

（4）安全出口

商店要有消防安全通道，且有顾客逃生标志。要符合消防达标要求，通道宽且消防器材全。对没有安全出口是否符合安全要求，这其实也是个重要的问题。每个商店都应认识到安全第一的重要性。

（5）采光效果

采光效果要好，采光好的店，感觉敞亮。采光效果是光线明亮度高不高的判断标准。通透应该是商店现代气息的特征。

（6）购物提示标志

商店要有购物提示标志，标注经营哪一类别的商品。以三层为主的实体店。如经营的是和音像制品，可做如下设计：一楼经营社会科学类、自然科学类及综合性。二楼经营儿童读物、文体用品及音像制品。三楼以文化教育、助学读物及工具书为主。顾客一般喜欢看到购物标志，因为这样的标志让顾客感到亲切。对于他们来说，商店的第一印象很重要。商店要想让顾客有一个良好的第一印象，就必须在细节上做足文章。比如在购物标志上，可以做得讲究一些，文化气息浓一些。购物提示标志要求有要明显、醒目。

（7）服务项目

一般地，商店在主营服务项目之外，还有延伸服务项目，如代查代找、预订商品及送货上门、免费提供手提袋等。总之，服务项目要全面。从某种程度上讲，门店卖的是服务，服务能让顾客感到商品物有所值。

（8）商品的合理摆放、陈列

商店要能合理摆放、陈列商品。商品的合理摆放、陈列，主要是看整齐与否、对顾客吸引力有多强、顾客认可不认可。商店要使商品陈列好，必须要醒目。

（9）收银员业务处理速度

门店几乎都配有验钞机。收银员扫条形码、在 POS 机上处理、收款、验款、出小票及找钱给顾客等的速度要不快不慢。因为顾客希望在收款台前不要等的时间较长，最好一二分钟就都搞定了。总之，不希望前面有长长的队伍，但如果确实必须得等，顾客一般也会自觉排好队。其实，收银员业务处理速度主要考查门店人员有多熟练。

（10）客流控制

门店要利用入口、出口及主通道、多条副通道来疏导客流。顾客观点：常常感觉门店不但在入口方面重视，对出口则也要重视。在出口处写上"欢迎您再来"，效果就很好。客流控制考查门店秩序如何。不同时段的客流量也是需要考虑的。

（11）营业时间

门店在中午一般也开门。营业时间最好保持在一个相对稳定的状态。营业时间是便利与否的衡量指标之一。

（12）商品分类牌

商店进行分类，有明显的商品分类牌，但随着形势的发展，个性化商品分类正在成为一种趋势，因此，商品分类坚持传统与现代相结合。对商品分类，其实并不是越花哨越好，有的店分类牌太多太细，反而不能给顾客一个鲜明的印象的暂存。商品分类牌可考查顾客选商品好找不好找。

（13）销售导购的设置

商店要有专职的销售导购，顾客看到销售导购太热情，反而觉得不好意思了。但离开导购还不行。销售导购的设置是一方面，而销售导购的水平高不高，是另一方面。商店要提高导购人员水平。

（14）品牌数量

商店品牌数量是顾客选择购物的余地有多大的参考指标。

（15）品种

商店多赞成"二八定律"，即80%的品种支撑20%的商品销量。品种齐全与否，可以看出商店货源充足与否。商品适销对路、品种合理，这句话应该说"到什么时候都不过时"。

（16）新品上架

商店新品上架及时，反映在销售上有一定增长。新品上架反映新品更新速度有多快。门店应从新品上架抓起。

（17）预订

商店多开展商品预定。商店还要考虑预订的顾客满意度有多高。

（18）布局

商店结构布局要力求合理。布局的合理性有多高？商店需要考虑。布局不合理的，应该马上调整。

第22招　陈列商品要醒目

销售员要使商品陈列好，必须要醒目。

销售员怎么样才能使所陈列的商品做到醒目、引人入胜呢？

（1）销售员应该做到那些能够反映门店经营特点的代表性商品要放在明显位置陈列，让顾客一眼就能看到。

（2）顾客拿放商品，销售员要给以帮助。

（3）销售员要使陈列商品醒目，还要做到按商品性质、类型分好类目。

（4）陈列的商品还要配合时季。应季的商品要突出陈列。过季的商品能够处理的尽可能处理掉。不能处理的放在不明显的位置上即可。

（5）销售员对商品陈列要做到醒目，还要讲究艺术性。把商品的色彩、美感、造型、品质等要素都要充分表现出来。

第23招　不要让店堂里显得不太紧凑

店堂里显得太不紧凑的情况一般出现在面积大的卖场里。

由于经营面积大和大卖场所追求的宽松、休闲的文化氛围等的因素的影响，顾客在店堂里感觉有架、有柜，商品却没有和架、柜的增加同步增长。于是就觉得空间感太散太不紧凑了，货太少了，或货怎么没有上齐呀。

相反，顾客更喜欢小店货堆成山的感觉。如果销售员对卖场增加一些销售员道具，增加一些 POP 广告板、海报、条幅、布帖、及时贴、标志牌，顾客的感觉就大为改变，因为什么呢？因为销售宣传在影响顾客。

对于商品，如果确实过少，就要及时添进上架，如果不是这样，可以尝试改变一下商品陈列。

第24招　商品陈列必须讲究章法

销售员讲究商品陈列的章法，目的在于最大限度地给顾客提供方便。尽管商品种类很多，但你要是摆放不讲究章法的话，顾客可能会觉得太杂乱了，下不去脚。谁还会耐心地选商品呢？

还有，有些商品不见得赖，而是你摆放的位置不恰当。兴许，你挪一下位置，销量就多起来了呢。

好的陈列是一种无声的宣传。好的陈列增加销量。

在商品陈列上，销售员要有好眼光，即突出陈列，分辨主力商品、非主力商品、次要商品，分辨重要位置、一般位置、最差位置的好眼光。

第25招　利用好新产品展示台

门店的新产品展示台，一是出现在互联网的平面上，一个是出现在卖场的非虚拟环境中。

在后者中出现的新产品展示台，一般设在卖场的突出位置。

展台陈列技巧：

（1）发挥出作用。展台起到的作用是让客户了解门店新产品生产情况，扩大宣传。我们都知道，新产品是非成熟产品，它必须走向市场和客户，接受市场和客户的检验，它必须广而告之，家喻户晓。

（2）集中陈列。一般新产品不要混杂在非新产品里面，要单挑出来集中陈列。

（3）配合陈列。配合新产品的宣传，可以陈列一些纸质宣传资料。

（4）代表陈列。如果新产品花色品种多，可以选择一些有代表性的花色品种陈列。

（5）突出陈列。注意要力争做到突出产品特点。

（6）设标陈列。要注意设鲜明的标志，让客户一眼就能看到。

第26招　收款台要有安全保障措施

收款台被认为是卖场的心脏。

收款台的功能越来越多。现在的收款台多是扫描商品条形码，输入商品购买数量，出购物小票、收款、找给顾客零钱、打包商品，而不仅是简单的收、付款。

收款台要则：

（1）收款台的设置要和卖场的整体设置相吻合，自然和谐。

（2）收款台有的较高，前面竖放透明性强的玻璃板。为的是顾客能看清收款员收款情况。也有的收款台相对低些，收款员坐着就能收款。

（3）一般大商场采取收款员站着收款的做法，收款台也相应高些。

（4）商场不论大、小，收款台都要求质地要好，牢靠、结实，装置、结构要符合安全要求。

（5）有些商场，还要求收款台旁边要有一个销售员负责打包兼顾安全。

第27招　合理利用店堂内的经营空间

当销售员越来越多地把目光投向提高卖场档次的时候，你是否想到合理利用店堂内的经营空间呢？

店堂内的经营空间在给顾客提供方便的同时，也在创造财富。

经营空间设计技巧：

（1）精细计算。有一些搞得不错的门店，已经精细到计算每平方米面积的商品销售额是多少。

（2）利用好经营空间，最好还是在开店之初就做好门店整体布局。

因为好的整体布局，往往是充分考虑到经营空间合理利用的。如果整体布局不合理，要改变经营空间不合理的状况，会消耗较多的钱、物等，而且改出来不一定使店堂美观。

第28招　色彩在商品陈列中的应用

色彩在商品陈列中能起到画龙点睛的作用。说它能画龙点睛，是因为色彩赏心悦目。

什么样的颜色能够赏心悦目呢？

答案是：搭配得法的色彩。

举个例子：服装设计构图讲究色彩搭配，那么服装店商品陈列也要考虑色彩搭配的应用。

色彩搭配的原则是冷色彩配暖色彩，冷色彩配暖色彩。

第29招　及时补货

补货是进货的补充，也是销货流程的延续。补货要及时，否则，就容易出现断货的情况，这是销售员应该注意的。因为不能及时补货所造成的断货，实际上也等于减少了销售。销售员对于补货不能及时的解释一般是这样的认为：因为要考虑采购路费、车费、油费和人员抽不出空儿等原因，所以销售员采购商品的周期被拉长。应该今天就应补货，结果延到一星期之后，甚至是一个月之后。有的时候，可能对销售员来说是影响不大的，但更多的时候，销售员是以大订单流失为代价的。因此，做经营的要及时补货，以满足客户需求为目标，思想上不懈怠，行动上不犹豫。

第30招　搞好类别结构调整

不同商店的经营有着各自的特色，商店要发展不但要靠机遇，更要靠勇气和信心。与大城市的书城不同，设施相对较差的商店，顾客流动率偏低，在经营中提高适销品种的比率、搞好类别结构调整是很重要而且必要的做法。

在提高适销品种率、充实有销路的品种方面，要求适销率要达到65%以上。"如果达不到，就要运用调货手段进行调整。"从进、销、存、调、退、运、结等业务流程来看，"调"意味着调剂。而现在所说的调货，与先前传统意义上的调货是有区别的，即现在的调货是退货加上进货，是对现有品种、类别结构的一次或大或小的调整，是一种将一般陈列品种、类别结构趋于合理以及提高适销率的手段。那么对于商店的结构调整，又有哪些方面呢？调整一般结构主要根据的调整周期而定。商店可以充分利用调货手段，改善连锁店一般经营结构的调整，加快周转速度，提高流转水平。但要注意不要出现刚上架又被下架的情况。

商店一味追求宣传，以为把自己说得越好，牌子就越响，过于注重牌子的包装，甚至不惜透支品牌资源。事实上，品牌的基础核心是实力、是产品质量及到位的服务。靠玩"高价"只能在短时间内占到便宜，而群众的眼睛是雪亮的，当广大消费者通过实践证实你的产品确有虚假成分时，却会给该品牌造成长期的负面影响，所以，有远见的销售员是不会玩这种小把戏的。

第31招　促销之前要准备充分

促销是刺激顾客在一段时间内在同一家门店多多购买商品的一种经营手段。促销可以吸引新顾客，改变顾客结构，影响商品的市场占有率。促销前的准备很重要，而且要充分。销售员必须把促销方案做得尽量详细一些。促销时间段一般要控制三个星期为佳。在促销方式选择上，要区别是免费提供给顾客样品，还是优惠券、赠品；是让顾客免费试用，还是让顾客抽奖。是在销售现场组织陈列和表演，还是举办展销会。总之，在促销之前的各项准备工作，一定要搞细致。有备而来才能胜券在握。事前的充分准备，再加上销售员现场的灵感，相信销售员是很容易获得成功的。

第32招　把商品的价位定得尽量低些

做经营，不仅要说话和气，而且还要价钱公道，价位尽可能低一些。你对每一位顾客，不论童叟，都应面带笑容。对于购货多有不便的顾客，你只需要对方打来一个电话，或是托人捎来一个口信，你就能满足顾客对商品的需求，送货上门。销售员把商品的价位定得尽量低些，相信会赢得更多顾客的。但你要注意，千万不要打价格战。虽然在短期之内，打价格战会刺激顾客购买，但已有愈来愈多的事实证明了：打价格战，会降低你所经营的商品销售量，降低你所经营的商品的市场占有率，因为它是在告诉人们，只有价格战，交易才合适。降价停止，顾客会很快地对销售员避而远之。

第33招　熟记相关资料

与商店经营有关的资料很多，一般地，商店都要指定专人加以保管。商店经营决策，最佳的依据，其实是商店内部的经营数据资料。经营数据资料，主要包括：销售额、利润、费用、库存、人均销售额、市场占有率、存货周转次数等等。还有一些资料如：商店产品资料、产品说明书、客户资料库、经营机构名录、销售员计划书、合同书、经营工作总结、经营人员手册等等。上述这些与经营有关的数据、资料，销售员皆须认真研讨和熟记，同时，销售员还要收集一下竞争对手的广告、宣传资料、说明书等等，并要对这些商店外部的资料研究和分析，从而做到知己知彼。

第34招　先做优秀的调查员

在成为一个优秀的销售员之前，你要成为一个优秀的调查员。你必须去发现、去追踪、去调查，直到摸准顾客的一切，使他们成为你的好朋友为止。一种商品在某个区段出现短缺的情况。需要这种商品的顾客可能会东奔西跑，四处寻找。同是一个顾客，他跑十处店，就造成有十个顾客买这种商品的假象。同是一个顾客，他在同一个店去十次，就造成商品好卖的假象，没有卖过此商品的也上货来卖。销售员都进货、添货，结果呢？商品都积压了。为什么？这是因为销售员没做调查，把顾客的个别需要当成普遍需要了。因此，销售员要先成为一个优秀的调查员。

第35招　薄弱环节要增强

不了解客户的需求是企业容易出现的"薄弱环节"。每个企业可能都存在这样的"薄弱环节"。有的企业能知道自己的薄弱环节，因而能够积极地调整方向和思路。有的企业却不能，情况越来越糟。认清企业的薄弱环节，有助于对症下药。这是企业始终处于强势的关键。对销售员而言，其实，薄弱环节不是出现在商品价格上、商品的质量上，不是你的员工出了什么问题，而是出现在对客户的态度上。一些销售员常常在强的环节找原因，或者认为客户不合作，实际上客户并没有什么错。问题出在没有了解客户及其需求上。因此，销售员十分有必要了解客户并满足他们的需要。

第36招　竞争对手的信息你究竟了解多少

作为销售员，你要知道经营同样商品的店家有几个？他们是处在哪些方位？他们是靠近商业区？还是居民区？是靠近工厂、学校，还是政府机关？他们是和你店同样的规模吗？是小型店，还是中等店？还是大型店？是实体店还是网店？他们有员工几人？他们一天流水有多少？他们进和你店相同的商品是从哪一级进的货？有没有价格上的优势？其实，这些就是你要了解的竞争对手的信息。这些信息对你来说重要吗？古语说得好"知彼知己，百战不殆"。这些信息十分有助于你击败你的竞争对手，你说它对你重要不重要呢？还是问问自己吧，这些对你十分重要的信息，你又掌握多少？

第37招　与客户进行攀谈讲究策略

对客户进行攀谈，这是销售员的规定动作。与客户进行攀谈，这是销售员逐步掌握客户需要的重要阶段。在与客户进行攀谈时，销售员应注意多运用中性化、开放化的攀谈话题。而不要谈那些马上令客户动容变色的话题。还要注意，攀谈内容要精简、提炼，攀谈之前的准备工作也要做好。攀谈前的准备工作主要有收集整理客户资料，并对重点客户和潜在客户进行分析。因为销售员的攀谈往往是建立在自己的判断基础上的，所以客户不见得想听这样的攀谈。不过，销售员的攀谈往往使客户得到了一个充分倾诉的机会，客户会充满信心地参与攀谈。其实，这正是销售员所期望的。

第38招　让顾客能摸到实物

有一部分顾客在购买商品时都十分认真，都带有一种研究的心理。对这种顾客，在向其提供的服务中最好加上一项：让其能摸到实物。有一次，一个推销员向一位客户推销卡车，他向对方推荐了载重量为 2 吨的卡车。对方却对这种车能否装下 2 吨货表示怀疑，当场没买。第二天一大早，推销员敲开了顾客的门。顾客问："是你呀？这么早什么事？"这位推销员指指身后的卡车说："先生，今天一大早，我用卡车去装了2吨砂石来了，请您看看，您要不要亲自上来试试看（让顾客亲自动手操作）？"顾客见此便说："那么我就上车试试。"顾客亲自操纵后，感觉很好。推销员又让他开到场地，将砂石倒下检查，果真是2吨。于是这位顾客当场付钱买下了车。

第39招　拿出一元钱放在透明的袋子里

北方某家药城500名服务员天天挂人民币上班，消费者不满意服务可随意取走。走进这家医药城可以看到，里面所有员工左胸上都挂着一块黄色的"顾客服务牌"，上面写着这句话。服务牌的下端，吊着一张面额一元的纸币，用塑料包着挂在衣兜上。消费者如果对销售员服务不满意，就能得到一元钱的"赔偿"，而且这钱伸手可得，因为它就挂在销售员胸前。从今年春节开始，上级就发出通知，要求所有员工都要佩戴这样一块"服务牌"，并拿出一元钱放在透明的袋子里，每天别在胸前。如果钱被拿走，员工必须马上再从自己口袋里掏一块钱填补。该药城每天两个班，共有500多员工人人都要这样做，否则，要接受罚款。

第40招　实体店服务质量要过硬

无论商店规模是大是小，服务都是最重要的。服务的内涵就是质量和速度，这是最基本的东西，不能有半点含糊。

实体店顾客问询少，这时就需要销售员有很好的观察力。一般来说，来店的顾客中，没有明确目标的人比较多，也就是闲看的人多。因此，在推荐时要把握好节奏，找到恰当的时机。顾客购买一般先是浏览，目的就是看看有没有自己感兴趣的。这时他们只是看而不会去拿。如果看到浏览的顾客动手去拿看时就要注意了，这说明他有意向购买。这时主动上前问询、推荐，效果最好。另外还要注意对顾客的问询要回答得体、有礼、贴心，实事求是。对于初次来书店的顾客，销售员更要积极主动地为顾客口头介绍，包括书店的特色、陈列的位置、阅读时要注意的问题等，要给顾客留下良好的第一观感。

第41招　让顾客满意而归

顾客是每天商店营业的唯一理由。要让进门的每一个顾客满意而归。

（1）把最好的服务给顾客

切忌把私人生活带入工作。对于顾客来说，他们进入商店后，并不关心你是否今天在上班路上遇到了哪些麻烦，也不关心你这个月是否被评为最佳销售员。他们要的只是最好的服务。

（2）不要让顾客觉得自己被放在了次要位置

销售员不要聚集在销售台周围。在店里顾客很少的时候，销售员往往很容易聚在一起闲聊。但是，即便谈论的话题跟销售有关，在有顾客进门的时候一定要立即停止交谈。因为这种交谈会让顾客觉得自己被放在了次要位置。他们一般不会阻止这样的交谈，而是离开这里去别的门店。

（3）一定要向顾客问候一声"您好"

即便店里人很多，很忙碌，但在每一位顾客踏入店门的时候，销售人员一定要问候一声"你好"。在问候顾客的同时，你能收获两样东西：首先，问候能让顾客知道有人等在那里可以提供服务，也让他们觉得销售员对于他们的到来感到高兴；其次，问候还能阻止偷窃行为的发生。当那些企图行窃的人意识到有人知道他们的存在时，他们往往会停止偷窃计划。

（4）让每一位顾客拥有自己的空间

有些顾客一开始会很友好，但一旦销售员试图再进一步接近他们时，就会感觉不舒服。

（5）不要打断顾客

无论你多么急切地希望向顾客表达出自己的观点，一定要等到顾客说完之后再说话。要知道，顾客在发表意见的时候，也就意味着他们正准备购买。

（6）迎合顾客

轻松随意的口吻也许对某些顾客适用，但另外一些人也许更欣赏正式点的语气。一个优秀的销售员不应该只拥有一种风格，而是应该能够熟练驾驭任何一种推销方式。

（7）具备职业眼光

顾客的最终选择受很多因素的影响，因此，销售员要学会控制那些能够控制的因素，诸如个人仪表以及店铺环境等。让你的着装搭配你所销售的物品。如果你卖的是服装，那你自己一定要穿着整洁，还要搭配所售商品的风格。

（8）展示所有商品

销售员要倾听顾客的想法，并帮助他们挑选他们认为需要的物品，而不是你认为需要的物品。

第42招　团队生合力

构建最强大的团队是企业所需。作为一个企业的决策者，都面临着如何建设自己团队的问题。怎样建设团队？这似乎是不那么简单的。人各有自己的长处，同时也各有自己的短处。现在企业之间的竞争，与其说是技术力量的比拼，还不如说是团队之间的较量。如果一个企业拥有一支强大的团队，那么也就拥有了战无不胜的资本。能够在开创销售员自己的霸业，多是因为企业打造了一支强大的有合力的团队，作为自己坚强而有力的后盾，才使企业声名远扬。好的经营团队如同握紧的拳头，这样的拳头才有搏击力和战斗力。

第43招　规划好收银台

收银是销售的成交出成果阶段，服务技巧如何影响到顾客的回头率。

设置收银台，收银员要考虑的是：位置在哪里，占多大的面积，多高合适，要什么功能。一般来说，收银台应在门店进门口的位置，是靠左边还是右边，具体就要看门前道路的方位走向，要让收银台的正面夏避太阳照晒，冬避北风直吹。除此之外，还要考虑收银员在收银台要能看到卖场更多的地方。综合考虑这些因素，就能很快确定收银台的位置了。

收银台占地多少合适？一般地，100平方米以内的门店，收银台的面积控制在1.5～2平方米为宜。超过100平方米的门店，收银台占地应该在2～3平方米左右为宜。超过500平方米，就要启动2台收银机，这样收银台的位置自然也要大一些，但最好不要超过 6 平方米。

收银台最常见的是 "L" 型的，1.5 平方米的收银台，长度可为 1.5 米，宽度为 1 米，台面的宽度为 0.4 米左右即可。收银台的高度，一般应该和写字台的高度相当，大约 0.8 米左右。因为这个高度是顾客有亲近感的高度，如收银台过高则会给顾客一种隔阂和距离感。在具体功能设计上，要考虑放置电脑或者收银机、电话、刷卡机，还要有 2 个抽屉。在收银台的下面，在考虑人员伸放脚之外，还要利用空间储存门店营业所需的办公用品。

收银台的背面墙壁上，是门店的黄金墙面位置，可以做门店的排行榜。这样不但起到了装饰作用，更重要的是起到了宣传促销的作用。收银台出口处一般放置饮水机或者空调。这样使出口处位置感觉宽敞些，也方便工作人员进出收银台。

第44招　认清成功并不是偶然的

销售员对自己的成功往往自谦地说是 "瞎猫碰到了死耗子"。果真如此吗？其实不然。销售员的每一次成功都不是凭的运气，不是偶然的。有的销售员抱有 "守株待兔" 态度的话，即便是有运气，也不会降临到他的头上。对于销售员来说，一次赢得的大订单相当于半年经营收入的情况，可能会遇到，但这不是一个偶然发生的故事。获得大订单的原因是学习、计划、销售员自身的知识和技巧这些因素的综合运用。经营在某种程度上讲，是知识、能力等的运用，但是并不是用在任何人身上都有效果。只有把被实践所证实的经营理念、方法用在积极者身上，才能产生效果。

（1）开始不成功也要继续努力

当你一开始经营就失败了，怎么办？有的销售员选择了放弃。也有的销售员选择了继续努力。后者的选择是对的。销售员绝对不要放弃经营，因为成功经常就在失败的另一侧。失败代表的恰是销售员已经在正确的道路上了。可能随着你失败次数的增加，相应地，销售员的努力的时间也长。有朝一日，销售员是终会成功的。因此，销售员不要怕不成功。最重要的是在开始的失败后不气馁，在精神上不要萎靡不振，要鼓足勇气。振奋精神，图强奋进，争取成功。在这方面，已有大量的事例证明了这一点。有不少商界名人都是从开始的失败的阴影中走出来的，如今取得骄人的成功业绩。

（2）超然面对失败

俗话说得好，"失败是成功之母"。面对销售上的失败，销售员确实是没有多大必要裹足不前，悲观失望的。销售员是应该鼓足勇气，重振内气，让销售从失败的阴影中彻底走出来。因为这样的超然面对失败的态度，是一种非常自信的表现。而有了这样的自信，销售的问题就非常容易解决了。超然面对失败，这是销售员应该具有的心理素质。因为你要让大家相信你，你就要不考虑一时的失败。你就没有理由悲观，你就没有理由不自信。但你的失败给你更多的是思考，重新认识自我，找出失败的原因。从这种意义上，这样的思考是对你有益的，对你的成功是有益的。

（3）方向一致才能取得成功

在销售的过程之中，销售主管会遇到自己观点和理念与其他人不一致的情况。如果你不讲究方式方法，员工就会有抵触情绪和心理波动，认为你的想法不合实际，而领导者也指责员工思想保守。由于销售主管每天都会接触到一些前沿观点和资讯，而员工就是领导交代什么就干什么，没有时间接触一些东西，信息量明显不足，好像信息对他们用处不大，因此领导者与员工的水平有明显的区别。这是现实存在的，好像还不能水平相近。虽然如此，领导者和员工还是有一些共同语言的。那就是和门店发展一致的目标、一致的方向。领导者和员工要朝着这一致的方向去努力。

第45招　要重视品牌经营

品牌经营的实质是诚信经营。诚信是企业文化的题中应有之意。从这个角度来看，诚信更像是门店的名片，一种特殊的名片。诚信，顾名思义就是诚实和守信。诚信是企业除品牌、管理理念、人才素养之外的又一种文化元素。诚信代表的其实是道德规范和秩序。市场秩序的建立有赖于企业道德的规范。人没有道德不能算好，企业没有诚信不能立业。销售员要牢记：你具备诚信，你就会拥有消费市场。你能竭诚地为消费者着想，你就会从他们那里得到回报，你这个诚信的企业就能产生的社会效益和经济效益也大。从这个意义来讲，诚信不仅仅是企业的普普通通的名片那么简单。

品牌经营的技巧：

（1）卖商品"品牌"

曾几何时，销售员卖的是供不应求，如今是商品品牌的时代，供不应求的现象不多了，代之以商品的相对过剩。在商品相对过剩的情况下，销售员卖的应该是商品的品牌。说起品牌，这是某种商品区别于其他商品的明显标志。以服装为例，流行的样式，各厂家都能做，也都会做。但是贴上厂家自己专属的牌子，售价就看出明显的不同来了。品牌是企业的无形资产。有了这笔资产，企业就能够使自己在激烈的市场竞争形势中立于不败之地。因此，销售员要重视商品品牌建设。要加强广告宣传树立品牌，要以真诚的服务和全面的行动打造名牌、叫响商品名牌。销售员走出一条名牌名品的门店良性发展之路。

（2）成为焦点

倘若销售员能够使自己成为代表自己门店形象的一个代言人，让顾客铭记在头脑中，经久不忘。那么，这个销售员就会有成功的可能发生。因为，这个口碑往往是对门店综合性特征的评价和概括。销售员自身的优势或者特点浓缩成一个口碑，这个口碑就成为了焦点。一旦某个口碑在顾客的头脑中扎根，要改变它将是一件非常不容易的事情。对于销售员来说，要抢在竞争对手之前已经"拥有"某个口碑时，企图再把同一口碑作为自己的"焦点"是白费力气的。对于销售员来说，最重要的特性是"快"。如果你的对手拥有了某个口碑，那么你就会付出更大的努力但还可能不会实现成功。

第46招　要重视时间的经营价值

企业要追求的价值体现了企业的价值观。企业要追求哪些价值呢？是社会价值？经济价值？时间价值？员工价值？团队价值？经营领导者的价值？都对。因为它所回答的角度是不同的。对于销售员而言，最有价值的东西莫过于时间。因为从时间里面可以挖掘出最大的经营价值。销售员的时间，你大致可以划分为两种，即有效时间和无效时间。有效时间才更能挖掘出非常大的经营价值。无效时间产生不了价值，而且还有可能让销售员精疲力竭。因此，销售员都应该认真地了解和选择自己的客户，这样做的目的是最大限度地减少时间可能出现的无效或者失效的状况。

（1）经营时间要方便客户

客户需要商店经营的时间是相对固定的，因为如果销售员随意变更经营的时间，客户来了却遇到了"铁锁大将军把门"，给客户带来了极大的不便。但商店的经营时间也要灵活一点。除了要随着季节更改经营时间外，还要在客户没挑够所需商品的时候，适当延长时间。有些设在居民小区的经营网点的时间就关门晚些。经营时间的设定要一切为了顾客，从满足顾客需要出发，根据客户情况的不同而不同。经营时间在经过经营方研究决定后，要以标志牌等形式展示出来。有些门店不惜使用造价相对高些的铜制标牌并挂在店门明显的位置，以使经营更加规范。

（2）朝九晚五的时段是黄金时段

对于销售员来说，时间宝贵。但不是所有的时间都宝贵，否则的话，销售员一天24小时不吃不睡都应该超负荷工作，就真正成了一个机器，而不是一个人，更不是一个销售员。其实，对于销售员来说，一天中朝九晚五才称得上是经营的黄金时段。因为这个时段是销售员最佳的交际时段。如果你需要到政府一些行政部门办事，这个时段，这些部门的领导都在，而且人在这两个时断精力最旺盛，处理事情的效率最高。销售员不要在这两个时段里做些无足轻重的小事。像写书信等行政工作完全可以留到夜晚再做，绝对不能占用朝九晚五的时段做这类事情。

第47招　沟通有技巧

沟通的范围很广，既有销售员与客户之间的沟通，也有销售员在所经营的团队内部成员之间的沟通。沟通有什么作用呢？沟通的作用在于改善企业内部、外部的人际关系。对内有助于团队和谐，对外有助于拓宽经营渠道。因此，销售员要高度重视沟通。在重视沟通的同时，销售员切记：更要掌握沟通的技巧。说起沟通的技巧，你会想到很多，但是你知道沟通的技巧核心在哪里吗？沟通技巧的核心就在于要能够主动地适应对方，自己还要能够适时地做出让步。沟通的技巧是在实践中得出来的。销售者也要多多参加沟通实践，不断总结出新的沟通技巧来，不断改善商店的环境。

第48招　将培训进行到底

如今，面对销售员的培训很多，有系统内部的，如大集团公司的内部培训。也有面向社会的，如面向销售员或即将走上销售员岗位的零散群体。在大一点的企业里面，经营管理培训作为一种激励机制写在企业销售计划里，作为制度要上墙。无疑，旨在宣传现代销售理念的培训确能起到聚人心、鼓士气、促员工的作用。而且，如果建立并完善了这种激励的机制，那么就非常有助于使销售主管和销售员能够保持较为持久的工作热情，对提高每一名成员的工作能力，也是大有裨益的。建立了现代企业制度的企业更应该多多地组织一些对企业成员的培训。

第49招　激发员工荣誉感

销售主管不光要考虑到自身的荣誉感，还要考虑到团队中的每一个销售员工是否有荣誉感。一个团队不可忽视的财富之一就是荣誉感。荣誉感会起到什么作用呢？它能够让企业的每一个销售主管，每一个销售员都会产生非常强烈的向心力。这种向心力，能够在商战中发挥自己优势和作用。荣誉感在现代社会日益严酷的竞争中能够让销售主管、销售员迸发出异乎寻常的战斗力来。这种荣誉感不是体现在个人的成就那么狭隘，而是集体荣辱与共的集体荣誉感。但真正的集体荣誉感，是有一定的产生源的。那就是经过严格的正规的训练，具有积极进取的永恒之心的团队里面。

第50招　利用"知恩图报"心理搞好经营

在销售上，"知恩图报"表现为一种较为普遍的消费心理。销售员一方无欲施恩，让利顾客，顾客一方是知恩图报，奉上大笔钞票买回商品，心理上才感到如释重负。销售员正是看中了顾客这种心理，广做"善事"。

第51招　先发才能制人

先发制人为什么受到销售员的青睐？先发为什么能制人？先发怎样才能制人呢？这些都是销售员需要思考的问题。当一个处于"领导地位"的销售主管总希望把任何能对其构成威胁的销售员扼杀在"摇篮"里。它通常采取"先发制人"式的打压或是收购，使自己始终处于领导地位，始终立于不败之地。俗话说得好，"商场如战场"，销售员的自身地位会随着形势的变化而变化。因此，销售员总会有一种不安全感。其实，并不像理论意义上的那么平稳，尤其是对在行业里摸爬滚打多年的销售员而言。因为总有销售主管会霸气地保持领导地位。所以谁能先发，谁才有可能处于领导地位。

第52招　关注细节与销售目标之间的关系

销售是一件尽心尽力的活动，你必须关注于每个细节和自己经营目标的关系，注意"蝴蝶效应"，因为，表面上看上去毫无关系的事情，很可能是有联系的。比如节省会议费与销售利润实现的质量。这些细节能影响顾客做出购买决策。这些细节对销售员来说，意味着克敌制胜。销售员在与对手的"作战"中，抓住细节不仅可以扭转战局，也是你战胜对手的关键。销售员对细节反应要灵敏，在销售目标制定上也要表现出在细节重视上的眼力。细节有助于改善竞争关系。对内可加强经营体系建设，对外可很好地挖掘发展渠道。你如果不会关注对方的细节的话，那么就意味着你不会做联系，就无法有效沟通。

第53招　在市区中心经营也要注意布局

销售员所在的卖场在市区中心的话，一般认为是不错的。市区中心的地段特点一般是繁华的商业区，附近有百货公司最佳。相对文化区（一般分学校、影剧院两种情况）而言，商业街门店云集，商业活动频繁，门市销售量大，赢利多，每一块地盘都是"寸金之地"。市区中心多为市区商贸文化的中心地段，且人口密集，居民文化水准高，顾客层次多，购买力比较强，需求量较大。但也是市场竞争最为激烈的地方。市区中心的门市部也要注意合理布局。市区中心的门店配置和建设的重点应放在综合门店上。这种门店的特点是门类比较齐全，品种非常丰富，分类管理比较到位。

第54招　不要放弃竞争的机会

竞争的机会，对于销售员而言，意味着什么呢？是意味着成功？还是意味着失败？都有。竞争的激烈程度对销售员又是构成多大威胁呢？当市场竞争不激烈的时候，门店的销售员相对而言是风平浪静。但在面对激烈的市场竞争的时候，一些门店的销售员就变得手足无措。销售员也注意到，有一些门店却能够敏锐地从竞争中发现前所未有的机会，并牢牢地抓住它。对那些不能很好地抓住市场竞争机会的门店来说，机会失掉了是遗憾的，因为有些机会可能永远不会再来。因此，门店的销售员要切记：你千万不要放弃竞争的机会。有机会就一定要抓住它。

第55招　再坚持一下

为什么说销售员要再坚持一下呢？最困难的时候往往是转机来临的时候，胜利往往在于再坚持一下，再坚持一下，说起来容易，但是做起来难，有的销售员确实看不清楚前面要走的路有多远，你让销售员坚持一下，再坚持一下，他会接受吗？实际上，再坚持一下，往往是在胜利的征兆凸现出来的时候的思想动员。前面看到目标就要实现了，销售员应告诉自己和自己身边的人，再坚持一下，别松劲。这样的鼓励口号就非常管用。如果前方还遥不可及，那么就难说服销售员身边的人了，更别说说服销售员自己了。胜利在望的时候，再坚持一下，相信销售员都能有收获。

第56招　综合性或专业门店都要考虑顾客构成

　　经营门店的综合性服务项目比较全，分布又合理，这有利于顾客就近购买商品，也有利于缓解人流往复、交通拥挤的状况。随着时代步伐的加快，专业门店也已崭露头角。在市中心设专业门店，拥有的顾客是专业顾客。但无论是综合性门市部，还是专业门店，都要考虑顾客构成。若该区人口比例为工薪阶层占40%，机关单位20%，集个体户占20%，流动人口占20%，说明工薪阶层所占比例大。工人顾客是中心门市部主要顾客群。他们分布比较集中、数量大、成分复杂，其中，青年工人是顾客主体。工人顾客一般具有的文化水平不高，挑选商品比较大众化。

第57招　对经营门店设计要着眼细小处

　　细小处，体现出销售员的细心与体贴周到。一是灯光。没有足够的照明，用眼会很疲劳。这种不舒服的感觉会影响顾客的视觉和购买的情绪，甚至左右了他再次光临的概率。二是货架的制作。不要使用金属或玻璃而宜用木材。木材有一种亲和力，同时还要考虑日后的变化和发展。三是通道。经营门店通道，包括主通道、次通道，在一个平面上要通盘考虑，形成回路。没有区别，顾客在一个大面积的门店容易迷失方向。四是地砖的光滑度和颜色。地砖不能用滑的，在地砖颜色选择上，既不能沉闷，又不能太花里胡哨。五是收款台的选择。收款过程必须是透明的。让顾客看得清清楚楚。

第58招　制造购物"紧张"的氛围

　　你见过这样的场景吗？在城市抑或城镇，一些商场、超市的销售员在门前的广告栏上写有"每人每天限购××件"字样。这样的限购措施往往很有效。限购在某种程度上刺激了顾客的购买欲望。因为顾客往往怀有这样的心理：越限购，说明商品购买越合适，一是价格合适，二是商品合适。每人每天限购多少件，一般是在销售员促销某种商品时的一种策略。它制造了一种"紧张"的氛围，让购买商品的顾客有了一种购买冲动。一台 32 寸的液晶电视 888 元，你听到过这个价格吗？若每天限购一台的话，排队购买的人该有多少？而幸运者只有一个。销售员在制造购物"紧张"的氛围，也在为自身利益增添砝码。

第59招　超市班车免费接送顾客赢在"民心"

虽然人们并不在乎花上一两元钱坐公交车到超市购物，但多次购物之后，顾客不禁为路费算个小账了。顾客会有这样的想法：同样买一件商品，如果家门口就有超市的话，何必还要到几里地以外的超市去买呢？而一些超市的销售员为了能扩大服务半径，想出了许许多多的妙招。其中，超市班车免费接送顾客就是妙招之一。现在汽车燃油费很贵，超市派班车接送顾客，图的是啥？赢得民心呗。民心有了，超市就火了。不少地方的超市由小到大，由起步到兴旺，都是用了此招后见效的。超市班车免费接送顾客赢在"民心"，在某种程度上讲，"民心"就是销售员的"财富之源"。

第60招　赢得商品专营

商品专营是销售员要尽力争取的权利。获得商品专营的主要形式是包销。通过包销，可以获得较为优惠的进价。但包销必须有一套健全的销售网络。包销本身能提升销售的形象。包销，有利于顾客加深对商品的进一步认知。有的在所见包销的商品上还贴有特殊的标志。获得商品专营的形式有授权。获得商品专营还有一种形式，常常被忽略，那就是由集团公司设立分公司、总代理或者是分公司（总代理）。其实这也是商品专营的一种。

第61招　不要断生意

门店销售员在做每一笔生意的时候，是否想到断生意？假如，你与对方做的是长期性的生意的话，你还会想到断生意吗？你认为当前这笔生意不值得做，就认为应该断断生意了。其实，你的想法是很幼稚的。你的生意断了之后，谁还有可能和你做生意呢？尤其是做长期性的生意。因此，在你做出断生意之前，你是一定要三思的。你断生意将会给对方带来哪些不利，对自己又有什么好处。你是否从长远眼光看待你一时的"失"，在与长期的"得"比较中，你一时的"失"又处于什么样的程度上。门店的销售员要懂得这样一个道理，那就是：精明的销售员不会断生意的。

第62招　让必要的压力迸发自身的活力

有的销售员认为：压力大，动力就应该大，完成任务的情况越好。其实不然。只有当销售员在适中的兴奋状态时，销售员才能够把工作做得最好。当一个人一点儿兴奋都没有时，也就没有做好工作的动力了。相应地，当一个人处于极度兴奋时，随之而来的压力可能会使他完不成本该完成的工作。因此，销售员应认真把握这种特性，在适当的时间做合理的工作，完成合理的任务。过高的压力不利于工作，过低的压力也不利于搞好工作。销售员应该给自身不同、有效的适当压力。让必要的压力激发销售员自身的活力，激发销售员做好工作的热情。

第63招　要学会应对危机

不要重商机而轻危机，更不要手足无措地面对经营危机。从这个意义上讲，危机更像是魔鬼训练。危机虽然是经常存在的，但如果你还没有是在经受魔鬼训练的思想认识，难免会惊慌失措。危机常在，而魔鬼训练启发出来的智慧，每个门店和销售员不一定都有。你如果是一个优秀的门店销售员，通过魔鬼训练能够启发出化险为夷的智慧，还应该能够在危机中寻求到商机。事实上，所有危机皆酝酿商机，你如果遭遇的危机越大，那么说明你面对的商机越大，这个经营的真经可以说颠扑不破。

危机的几种情况：①顾客拥挤；②突然停电；③顾客偏激者；④自来水管崩

裂；⑤天花板坠落。

危机处理办法：①安抚顾客；②疏导顾客；③机动灵活。

危机防范措施：

（1）做好设备日常维护。

①每天早晨开业后检查UPS是否接通电源，指示灯是否亮，下班后关闭电源。②检查款机及防盗门是否与UPS连接。③每周一早晨将款台及防盗门电源关闭后，检查UPS是否正常使用，保障款机及防盗门在切断电源后正常使用15分钟。

（2）做好人员安排。

①疏导顾客，具体位置人员安排如下：防盗门口2人；出口1人；入口：1人。②销售员对现场人员进行合理安排，重点位置安排人员，具体位置如下：安全出口1人；款台有款员1人、销售员1人；营业现场主通道2人。③销售员依据"疏导顾客路线图"安排销售员快速做好顾客疏导。

（3）重点部位的人员安排及制度制定。

①款员每日上岗前应检查必备用具是否完好，每个款台都应准备《紧急情况收款登记本》《紧急情况收款收据》。

②停电及电脑收款程序出现异常时收款流程：款台可以用款机正常收款15分钟；销售员应及时为款员安排临时助手1名，对顾客准备交款的商品由临时人员在《紧急情况收款登记本》上登记，要求各项填全；款员负责核算商品价格并开具《紧急情况收款收据》一式二份（一份交顾客，一份留存）并加盖印章，要求：只填写总数量及合计价格，收款，找零，提示顾客出卖场路线；在电脑收款程序正常后及时按《紧急情况收款登记本》上的明细录入电脑，并请临时助手符合后在《紧急情况收款登记本》上签字。

第64招　成为销售的"王者"

你要是能够在激烈的市场竞争中，做得比别人高出一筹，那么你就理所当然地成为王者。销售员要敢于说这句话"我要成为销售的"王者"！强者始终想着超越。弱者始终想着躲避锋芒。强者才会更强，弱者也会更弱。销售员应该比别人做得好。记住：最重要的是你要坚信比别人做得更好，你才能成为经营上的"王者"。

第65招　销售起步，要做到心中有数

因为起步对任何事情来说，都应是一个美好理想的开始，也应该是一步一步平稳进行的。销售也应该平稳地起步。小的销售项目的开始即小的销售项目的起步。小的销售项目的开始之前，销售员应该认真考虑助你平稳起步的几个问题，如销售哪些东西、销售哪些东西"挣钱"，这是一个关系到你的生意的起点的大问题。又如：你销售的商品怎么样？你的目标顾客是什么样的顾客？你向你的目标顾客提供了怎样的商品和服务？你打算为你所经营的商品或服务制定了哪些标准？对这些问题能否准确回答，会直接影响到销售员是起步平稳还是步履蹒跚，这些一定要做到心中有数。

第66招　占先机比占天机更重要

俗话说"天机不可外泄"。占得能够比天还要大的机会固然重要，但占得先机更有过之而无不及。准确把握消费市场未来的变化动向，并且掌握其走势，抢得经营先机。你如果这样做了，那么我就可以对你说，你的机会成功率是50%。你如果不是这样去做的，再大的天机也会失去，因为机会对每个人都是公平的，你有的机会别人也有。因此，销售员要把抢占先机放在第一位，提到应有的议事日程上考虑、行动，不要有丝毫的懈怠。对先机的懈怠实际上是对经营成果的懈怠，有许多门店正是因为这个原因而业绩不佳。但也有一些门店吃到了"抢占先机的甜头"，取得了骄人的经营业绩。

第67招　销售要有"激情"

如果你是一个年轻的销售员，那么你的优势就有可能是"敢于冒险。敢于挑战"。因为你想闯一番属于自己的事业，所以你就对自己的未来充满激情。没有生活的激情，你的生活可能是一潭死水。有一个给别人打工卖服装的年轻人，毅然放弃了这份工作，自己单挑独斗地做起"床罩"的生意来。她的话很简单：

"我爱能给自己带来激情的销售工作"。她做"床罩"销售是无店铺销售。这是销售的最原始阶段：上门推销。当一笔生意做成后，她自己可以独享这笔收入了。这对她来说是"富有激情"的。这样的激情对于销售员来说无疑是非常有效的。

第68招　看准小商品的"钱"途

有人把那些做小本生意的人称为"蚂蚁商人"。"蚂蚁商人"给销售员的启示在于，对门店销售员来说，不能期待一口吃个胖子，不能动不动就想着搞大买卖，要从态度上转变为"利小的买卖也要看得起"。可能越是人家忽视的小商品，越有经营的空间。买卖无论大小，只要能赚钱。莫看商品小，销售起来更没有思想包袱，这可能就是优势。船小好掉头。你没有思想包袱，没有顾虑和担忧，认真去干，更能放开手脚去干，你是能够获得理想的收益的。看准不起眼的小商品，善于发现别人尚未注意的市场缝隙。销售员是大有"钱"途的。

第69招　谋求"赢利"

销售，谋求的是什么呢？你的回答应该是"赢利"。从简单的字面上的理解，"赢利"是"获得利益"的意思。更有深一层的理解是："销售"强调的是过程，"赢利"强调的是结果。你或是换一个角度这么说："销售"是"赢利"的基础，而"赢利"是"销售"最终的目标。下面有一个问题，就是：你怎样才会使你的企业从"经营"走向"赢利"呢？你可能这样说：找市场！那么有市场就一定能赢利吗？回答应该是不一定。原因就是这样的简单：正确的方法，没有用在正确的时间里，或者是没有用在正确的地方，还有另外一种可能，就是你压根就没有掌握好销售的方法。

第70招　建立销售的劳动耗费指标

我们都知道，任何一种商品都有劳动耗费。销售的劳动耗费不仅取决于销售的难易程度、商品本身的复杂程度，而且还取决于销售的劳动效率。一般门店用人均劳动生产率指标来核算销售的劳动效率，但这不全面。应该用劳动耗费指标与人均劳动生产率指标共同评价劳动效率。劳动耗费与劳动生产率指标之间存在反比例关系，即劳动耗费越大，劳动效率越低。劳动耗费越小，劳动效率越高。劳动耗费与商品销售额指标之间存在正比关系，即商品销售额越多，劳动耗费越大。商品销售额越少，劳动耗费就越小。建立销售的劳动耗费指标，有助于提高销售的劳动效率。

第71招　不断烘制新的"蛋糕"

有人把销售员所面对的市场形象地称为"蛋糕"。"蛋糕"被竞争者瓜分已是不争的事实，各地情况不同之处在于竞争者数量不同。相应销售员的角色定位也不一样。有的销售员把自己定位在"抢"市场的形象上。其销售靠的是"抢"占市场的冲击力。有的销售员把自己定位在"发现"市场上。其销售靠的是发现他人没有发现到的潜在市场的洞察力。有的销售员把自己定位在"创造"市场上。其销售靠的是创造他人认为是不可能的市场上，比以上两种情况要复杂得多，也难得多。这是由于创造市场是在烘制新的"蛋糕"。其实，能够不断烘制新的"蛋糕"最重要。

第72招　销售出新章

谁都想销售上能有更新的起色，但是你是否想过在销售上出台新的章程呢？如果没有，那么你就要在这个环节做做文章了。有的销售员在商品推介会上，亮出了新章程：销售员销货，采取限量和零利润。销售员在出台新章程之前，要做好一些必要的准备工作。比如说新章程的理论依据、出台原则、出台后反响预测。出台的新章程如果要冒特别大的风险，销售员可要慎重从事，在论证了可行性，补充了一些能够最大限度地规避风险的条款后，方可出台销售出新章程。除以上的做法，新章程的出台，要注意选择好适宜的时机。最好能获得发布新章程的理想平台的支持。

第73招　老的销售经验不要忽视

有的销售员不注重吸取前人或健在的老前辈留下的宝贵经验。其实这是错误的思想，在行动上也是有害的。难怪年轻人销售上会失利。为此，年老的人对年轻人发出了善意的忠告。年老的人对销售员会说，"年轻人，遇事应冷静一些，应多多考虑一些不利的方面"。老的经营经验，其实正是从无数次的失败中改进的产物。老销售经验的作用在于让年轻人少走弯路，少付出损失。因此，销售员在销售中可以请年老的人组成"智囊团"，随时随地地为销售出谋划策，既能获得销售上的智力支持，又能使年老的人受到尊敬，发挥出自己的余热。

第74招　一心一意

对销售员来说，三心二意是很难高效率做事的。不论销售员的领悟能力如何，也不论销售员做起销售来雷厉风行，别人难以匹敌，这些其实都应该是一个销售效率的问题。在你的日常销售工作中怎样才能使效率得到充分的彰显呢？销售员要懂得，最实用、最重要的方法是聚精会神经营、凝神聚力突破。销售员如果三心二意，就绝对不会也不可能换来高的销售效率的，即便你是销售的天才也是不行的。如果不是这样的话，将精力与时间聚焦在时下所做的事情上，就能够生发出能量的聚焦效应。高度专注、高度投入，提高效率最简单最有效的秘诀，在于高度重视、高度投入。

第75招　销售要有明确要求

销售员要明确销售的要求是尽自己的最大可能使顾客的需求得到最大的满足。还要进一步明确：销售是两个效益的统一，这应成为销售的目的，而不是缘由。销售是架起商品与顾客的由价值向使用价值转换的桥梁，这体现了销售的介质性。销售是从顾客导向出发的，这体现了销售的针对性。销售是使每一种商品都走向成熟期、旺销期，这体现销售的时间性。销售要敏锐地抓住有价值的市场信息，并且灵活运用这些信息，这体现了销售的灵活性。销售要对每个顾客类型进行细分，这体现了销售的细分性。销售要对采取多种多样的手段，才能解决顾客问题，这体现了销售的多样性。

第76招　销售要有特色

什么是商店的销售特色？商店在商品销售、服务方面所形成的特点就是商店的销售特色。具体地说，商店的销售特色究竟是什么呢？商店的销售特色，其实就是力求全面、力求专业、力求新奇、力求精当、力求特色。那么，不同商店该具有什么样的销售特色呢？销售类别和备货品种全在大卖场应该是亮点。专类品种全应该是专业商店的亮点。新品多应该是无论大卖场还是小卖店都应具备的，但在中等规模的卖场中更应该是亮点。精品云集也应该成为专业门店的亮点。服务特色是所有门店都应该具有的。销售员应该开展多种服务项目，解决不同顾客的不同需求。

第77招　决策正事业成

往往一个销售决策，就决定了一个产品的生命，所以销售员要正确决策。销售员的决策对路，那么销售员的事业才会有成。无论销售员想干什么，或者销售员正在干什么，如果是销售员的决策出了问题，那么销售员所付出的一切，就会落个"竹篮打水一场空"的结局。有好多事例说明了这一点。销售员要切记：

决策对销售员来说是非常重要的，决策正确，事业才能成。

第78招　制定好销售指标

考核门店的销售质量和销售水平的主要指标就是销售指标。像商品周转量、费用量、人均劳动生产量、利润量、差错量等，都是销售量的相关矢量。销售量大，商品周转量、费用量、人均劳动生产量、利润量、差错量就大，销售量小，商品周转量、费用量、人均劳动生产量、利润量、差错量就小。门店制定销售指标主要依据是以下几个方面：上期销售量实际完成情况；上期比前一年同期增减情况；本期销售量预测情况；进货、到货及库存情况；社会商品零售额预计增减情况；顾客购买商品周期变短或拉长的情况；一些特殊因素的变化情况。

第79招　销售要有新点子

对销售员来说，要时不时地想出新点子来。别人做炸鸭脖，你是不是可以卖鸭肝、鹅肝、鸡肝？你卖羽绒服，别人的填充物是南方的灰鸭绒，你是不是可以用北方白洋淀产的白鸭绒？或者是白鹅绒？如果销售员在防寒服的填充物上都用毛片，那么你是不是可以考虑用棉纶？你如果不比别人多些新点子，那么你就会处处被动，你经营再好，充其量也只是个追随者。销售员要敢于出新点子，那些新点子在销售实践中会成为金点子、银点子、铜点子。因此，销售员要对新点子给予高度重视，不断创新思维方式，不断创造出财富来。

第80招　要有把销售做到国外的想法

把销售做到国外去，对销售员来说，这不是天方夜谭。有好多销售员有这种想法，但是羞于启口。为什么呢？一是怕有崇洋媚外之嫌，二是怕说了也实现不了，给人以话柄。其实，你大可不必这样。你不要怕，你应该像《疯狂英语》的创始人李阳那样，敢于把"想法"说出来。说出来人们更会理解你。把经营做到国外去，温州商人这么说，也这么做着。我们不能不佩服他们，佩服能有这样好的全球化眼光。销售员要把眼光放远，哪怕是 1 毫米，也是一个思维能力的突破。把经营做到国外去，你有这个目标，你就会不断蓄积你的实力，有朝一日，你就会成为跨国经营的大鳄。

第81招　人无我有、人有我优、人有我全

有的销售员把自己的销售经验总结为"人无我有，人有我优，人有我全"。

"人无我有"，说起来非常简单，但做起来十分不易。菜农种大白菜，如果某一年大白菜看涨，那么第二年菜农蜂拥而种大白菜，而也有的菜农种萝卜。最后，种萝卜的卖了个好价格，种白菜的却因都种的是大白菜而菜价大跌。这就是人无我有的典型例子。某菜农种的西红柿比别人的好，这是人有我优的典型例子。菜农不但种萝卜，还种青椒、芹菜、西红柿等。收菜的一到品种齐全的菜农那里就不走了。原因是这里的菜齐全，最后把这里的菜都收走了。节省了不少路费，也便于整车运输。这就是人有我全的例子。

第82招　让闲散资金升值

销售员的资金一般来说都能派上用场，但也不能排除有闲散资金的可能。有的是对投资抓不准，有的暂时不准备投资。这样一来，就会形成闲散资金。闲散资金最容易等值或贬值。销售员应该让闲散资金升值，但要慎重。销售员一般是把闲散资金存入银行，以定期存款为主。根据自己的收入情况，销售员可在每年的不同月份，存入整存整取存款。以后可在存款到期后调整数额重新存入周而复始形成一个3～5年的循环周期，这样，当你到用款高峰时，会有雄厚的资金保障。物价上涨的话，银行也会对于3年期以上存款进行保值。有条件的，还可以购买同期的基金，会更好一些。

第83招　借鸡下蛋

如果销售员的门店是非常小的"一穷二白"式的门店，怎么样做才能打开局面呢？对于这样的门店，要学会借鸡下蛋。对于小门店而言，一个"借"字里面其实是蕴藏着无限的玄机。不要怕别人挣大头，替别人加工挣到的加工费固然很少，但有了这样的滚雪球式的积累，销售员才会做大。租借卖场的柜台自己卖货，也是借的方式。借的选择余地大，"生蛋"的规模也会扩大。每天有很多事情等着销售员去做，如果不考虑"借"势工作，那么销售员就会觉得很费力。因此，销售员要树立"借鸡下蛋"的理念。学会联合，沟通，确保能借到"鸡"，借到"好鸡"，这样才能"下好蛋"。

第84招　用针点破销售关键

"见缝插针"在门店销售中的运用，要处理好时机的选择、地点的选择等因素。见缝插针的情况在销售中常常会遇到。某个社区没有医院，于是有人就想到开一家社区医院。社区里的居民喜欢在住宅楼的阳台养些花儿。于是有人就想到为花培土，从而也搞出了名堂。看来，只要有商机，就会有回报。你可能见到的是"缝"——很小的商机，你只能用小的手段——"针"去做销售，但是越小越有优势，你的成本很低，你只用一根针而已。你抓住的"缝"其实是销售商机的关键点位。你用"针"针对这一关键点位加以点破，问题就容易得到处理了。问题会最终按照自己的想法得以恰到好处地实现。

第85招　扎堆也有利可图

"扎堆"销售的情况，在城市比较普遍。往往在城市的一条街上，都在销售五金电料。而在另一条街上，又都在销售服装面料。在其他的街上，则出现了"扎堆"销售的酒水街、水果街、熟食街、海鲜街、日用品街、蔬菜街、旅游酒吧街。"扎堆"其实不是什么坏现象。现在的顾客希望自己的选择余地要大，价格要便宜。要"货比三家"、价格便宜就要到商家"扎堆"的地方去。要价格便宜，也要到商家"扎堆"的地方去。"扎堆"销售的商家也要注意有自己的特色。

第86招　口头介绍也要讲究实际效果

销售员在自己的工作岗位上，要处处留意顾客，做他们的贴心人。为顾客及时提供介绍商品的口头介绍。对于初次光顾的顾客，销售员要积极、主动地向他们介绍门店的特点，商品的特点，要对顾客解疑答问，要给顾客留有好的第一印象。口头介绍方式方法很多。比如：介绍门店新产品，介绍商品陈列摆放的位置，介绍使用商品需要注意哪些方面。口头介绍要坚持实事求是、有一说一、有二说二的原则，不言过其实，不哗众取宠，不敷衍塞责。销售员做口头介绍，要讲求实际效果，要使销售员的口头语介绍能打动顾客，使顾客满意地消费，满意而来，满意而归。

第87招　不做兔子的尾巴

门店缘何像兔子尾巴——长不了呢？销售员注意到：只要某一行业赚钱的秘密被披露出来，就有许多门店趋之若鹜。但为什么门店上马之后，又趋于平静甚至又仓促下马了呢？规章制度不严格，目标规划缺乏长远打算，这些原因使门店的经营没有秩序，发展前景就十分暗淡。在质量检测工序上做表面文章，凭个人主观想象来做商品质量的宣传，加之良好的信誉、信用理念没有树立起来，这些都使得门店像兔子尾巴——长不了。一些门店呈一两年还行，三四年红火，五年以后就走向了衰落的发展轨迹，这样不行。销售员要以质量求生存，以信誉求发展，决不做兔子的尾巴。

第88招　谈判是有技巧的

谈判技巧是销售员必须掌握的。

（1）最后通牒

最后通牒，即谈判人员以退为攻，用中止谈判等理由向对方施加压力的方法。经验证明，当双方的谈判目标差距很大又僵持不下时，一方向另一方声明"谈判即将破裂"，或以退席等撕破脸的方式"恫吓"对方，常可迫使对方做出某种妥协。不过，谈判员对"最后通牒"的策略不要轻易使用。即使确有必要采用，亦需注意如下几点：使用的前提条件是对方已有过激言辞、失礼举止；自己表现的程度必须控制在合法、合情、合理的范围以内，不可如对方一样因情绪或言辞过激而陷于被动。

精髓：谈判人员以退为攻，用中止谈判等理由向对方施加压力的方法。经验证明，当双方的谈判目标差距很大又僵持不下时，一方向另一方声明"谈判即将破裂"，或以退席等撕破脸的方式"恫吓"对方，常可迫使对方做出某种妥协。

（2）按兵不动

这是一种在谈判处于紧张气氛时，一方以长时间的或"沉默"，刺激有成交诚意但性格急躁的对手，用以迫使对方采取实质性让步行动的方法。运用此技巧的前提是，头脑清醒，忍耐力要强，情绪要平稳。不管对方讲了什么或怎样坚持只要对方不做实质性让步，绝不重开热烈的讨论。

精髓：在谈判处于紧张气氛时，一方以长时间的或"沉默"，刺激有成交诚意但性格急躁的对手，用以迫使对方采取实质性让步行动。

（3）软硬并施

即运用谈判人员"软""硬"角色的科学搭配开展工作，推进谈判进程，以达到预期目的的方法。这种技巧的特点是，以讲究策略、显得"易于"谈判的主谈人扮演"白脸"，以坚持我方原则和条件，扮演"强硬派"的配角充当"红脸"。在谈判中，通过一软一硬角色的交相配合出击，对对方宽猛相济，软硬兼施，以期实现谈判的目标。采用此技巧，不仅能够明显地增强讨价还价的能力，而且左右逢源，能使对方不易于找出漏洞。

精髓：有唱"白脸"的，还要有唱"红脸"的，这是为达到谈判目标必不可少的。

（4）暗度陈仓

即通过与谈判对手的私下接触，采用各种形式增进了解、联络感情、建立友谊，从侧面促进谈判顺利进行的策略。

精髓：打仗要在正面佯攻，而让精锐部队在侧面包抄，最终达到夹击的目的。谈判何尝不是如此呢？

（5）各个击破

各个击破技巧在谈判活动中主要有如下两种表现：用对方成员之间的矛盾实施"反间计"；使谈判对手失去联姻争夺主动权的能力。在两家或多家公司与销售员进行交易期间利用诸谈判人员既是朋友又各事其主的关系实施"反间计"，或加剧各公司的竞争，或增进谈判代表私人之间的感情，制造对销售有利条件，使谈判结果能如销售员所愿而成交。

精髓：要善于分段突破，一口一口吃。

（6）规定洽谈期限

如能将规定期限技巧与心理攻势配合使用，效果会更好。这是因为，迫于规定期限压力的谈判者，心理上常有一种机不可失、时不再来的念头。在对心理攻势不断增加其紧迫感的同时，略做让步，常使谈判者萌发死而复生的希望，从而欣然接受对手的条件。

精髓：把期限压力给别人的同时也给了自己。

（7）价格陷阱

价格陷阱是卖方利用商品价格的频繁变动和人们不安情绪所设的圈套，而有经验的谈判者大多会在此大做文章。

这种技巧之所以能够行之有效，是因为商品价格看涨，使许多人产生了"早买比晚买划算，多买比少买划算，越早买、多买越划算"的心理。价格陷阱策略提醒我们的谈判人员在作为买方代表时，不要轻信花言巧语。要在冷静全面地考虑赢亏之后再采取行动；作为卖方代表采用此术要慎重，不到主客观条件齐备时不要盲目使用，以免买卖不成反破坏了自己门店的形象。

精髓：价格陷阱，呼唤商业理性。

（8）挤牙膏

每次经济谈判活动总少不了讨价还价，小门店更是如此。但有经验的谈判专家向来忌讳一次性让步的幅度过大。正确的做法是，无论买方还是卖方要尽量争取不让步。即使让步也要一次让一点而且越让步子越小。在谈判中，如果遇到的谈判对手恰是这样一位富有经验的老手，就要采用"挤牙膏技巧"一点一点地迫使对方妥协，使谈判朝着对自己有利的方向发展。谈判者必须深知，在讨价还价过程中，任何急于求成或表现豪放性格的做法都是不可取的。

精髓：采用"挤牙膏技巧"一点一点地迫使对方妥协，使谈判朝着对自己有利的方向发展。

（9）以柔克刚

在谈判中有时会遇到盛气凌人、锋芒毕露的对手，他们的共同特点是刚愎自用、趾高气扬、居高临下，总想指挥或控制对方。对这样的谈判者，以硬碰硬当然可以，但往往容易形成双方情绪的对立，危及谈判终极目标的实现。多数情况下，谈判方对咄咄逼人的对手所提出的要求，可暂不表示反应，而是以己之静待敌之动，以我之逸待敌之劳，以平和、柔缓的持久战磨其棱角，挫其锐气，挑起他的厌烦情绪，伺机反守为攻，夺取谈判的最后胜利。

精髓：以平和、柔缓的持久战磨其棱角，挫其锐气，挑起对方的厌烦情绪，伺机反守为攻，夺取谈判的最后胜利。

（10）兵不厌诈

以虚代实、虚实结合的"兵不厌诈"战术，是源于我国的《孙子兵法》，讲的虽是军事问题，至今在谈判活动中却已为国内外专家所经常使用。

运用"兵不厌诈"之术所制造出的情景中，既然有假的成分，难免会有所暴露。所以，如果对方使用此种策略时要善于辨假识真，揭露其"诈局"，使对方陷于被动。

精髓：运用"兵不厌诈"之术所制造出的情景，既然有假的成分，难免会有所暴露。所以，如果对方使用此种策略时要善于辨假识真，揭露其"诈局"，使对方陷于被动。

（11）以攻为守

这是一种在谈判中以不断质询的办法，有效地提问，从而使自己的利益得到保护和实现的方法。有一点需要说明，主客双方在洽谈中的提问，有时也并不完全是什么问题，而是通过一连串的"为什么""怎么样"的方式做出回答或解释。然后透过这些答辩，从中搞清楚对方弱点、比较易于让步或妥协的环节，判明对方的关键性问题，以备销售员选择进攻方向，发起进攻之用。

精髓：攻你一拳，看你怎么接招，通常你仓促之间所出的招数会破绽百出。

一连串的"为什么""怎么样"让对方防不胜防，让销售员做好进攻路径选择，一旦发起进攻岂有不胜之理！

（12）放长线钓大鱼

有经验的销售员会想办法知道对手的需要，因此，尽量在小处着手满足对方，然后渐渐引导对方满足我方的需要。但销售员要避免先让对手知道我方的需要，否则，对手会利用此弱点要求我方先做出让步。因此，我方不要先让步，或不能让步太多。

精髓：大鱼不容易上钩，但如果诱鱼以饵，放长线，让对方搞不清楚我方的底牌（需求）何时能见到而先让步，那么就会成为我方"钓"到的"大鱼"。谨记：我方不要先让步，或不能让步太多。

第89招　销售策划中要注意的几个问题

（1）要注意营销策划的一般要领

以门店策划作者签名售书为例，有的店在店门前，打出横幅"《笨花》演绎原生态生活"。看得出来，策划者是仔细地读了《笨花》这部长篇小说后有感而发，认认真真地策划出了横幅张挂这种方式和相关语句。但是还没能真正掌握作者签名售书的要领。问题在于以下几点：首先是主题不明确。如果这个店是把"《笨花》演绎原生态生活"作为签售主题的话，那么其倒像是书评或一般广告语，而不能算作是整个签售活动的主题。主要原因在于你写主题语时没有对所策划的活动进行概括，或者将最重要的提出来，以引起顾客的注意。还有你写时没有考虑所面向的顾客范围。事实上，你写出的主题语往往让顾客莫名其妙。《笨花》是作家的新作，人们对《笨花》了解的不会很多，有的甚至不知道《笨花》是谁所写。因为你面对的顾客不单单是文学爱好者。所以可能让顾客感到不清楚的地方，你都要从他们的视角思考一下，解释清楚。其实作家铁凝的名气比《笨花》要大得多。如今，作家铁凝又新当选为"中国作家协会主席"，其名字应该说是家喻户晓了。其次是缺乏时间表达。因为顾客除了对"谁"来签售感兴趣外，还对在"什么时间"来签售感兴趣。此外，还有其他事项如"地点"等也要点明，但不要喧宾夺主。由上述事例可以得出销售员策划的一般要领：要考虑"何时"，对销售员时间一定要表达清楚；考虑"何地"，交代好销售员地点；考虑"何人"，对销售员活动或事件的中心人物及其影响程度加以确定。考虑"为何"，实际上是考虑销售员活动的主题是什么；考虑"如何"，就是考虑销售员的具体安排、做法是什么。

（2）要策划出销售员的特色

销售员策划得好不好，在很大程度上取决于能否策划出销售员的特色来。元宵节期间，团圆是中国人的传统。某店抓住人们这一心理，在卖场二楼布置出一个充满温情和人文氛围的"全家福摄影专场"。凡在元宵节期间（正月十五、正月十六两天）来购书满一百元的顾客，都能获得由该店所赠著名摄影师拍摄的全家福一张。一家几口都来购书并照全家福的特别多，一下子使这两天的销量飙升。这就是销售员特色和魅力所在。笔者认为，如果要策划一个销售员活动，应迅速判断它的价值点在哪里。这个价值点应当是体现出时新、异常、趣味性。如果不注重从价值点上突出销售员活动的特色，那么销售员活动就会流于表面。如果动动脑筋，变换一下销售员的表达方式或角度，那么销售员活动肯定会显示出它的特色的东西来。特色的挖掘，要求销售员策划工作者要尽可能多地掌握多方面的知识。

（3）要防止销售员策划小题大做

"小题大做"的现象在销售员策划方面经常会出现。一方面，销售员策划工作者生活的圈子太小，一些发生在身边的小事往往被看得非常重要，而很少再深层次地去想，很少从全局衡量一下。另一方面，想制造些"噱头"，借以创造所谓的"卖点"。某店举办"科技兴县"专题展销活动，策划者为吸引顾客的视线，将活动主题设计为全国科技兴县专题展销。定下了这么高的调子，准备的应该是非常全、品种非常多，但是事实并非如此。该店只准备了二三十个品种。理由是预备那么多的品种也销不了。这倒也是事实。不过，这样做就是"小题大做"了。顾客是不会认可的。因此，销售员策划工作者一定要考虑实际，注意不要抬高主题，实际的价值能有多大，主题也应达到多大的程度。否则，即便销售员活动的实际非常有价值，也淹没在虚夸的主题词里了。

第90招　不可不讲的八大营销艺术

（1）学会倾听的艺术

你如果是一名销售员人员，你就必须学会如何倾听。倾听什么呢？无外乎是来自顾客的声音。但你可要注意了，你倾听的价值应该是发现顾客话语中的"潜台词"。这样，才不会使你与市场、利润和自身的成功脱节。

（2）笑的艺术

有的书店规定，销售员要微笑。甚至对笑应该露出几颗牙齿都有明确的规定。应该说笑确实需掌握好火候、气氛，讲一些艺术的。根本的一点就是笑得自然，发于内心。

（3）猜测顾客真实意图的艺术

一个牌局，一旦对方被你看穿底牌，那么他只能束手就擒。现代销售员人员，为了解顾客真实的购书意图，常隐藏自己，以局外人身份若无其事的方式探究顾客的虚实。

（4）让顾客信服的艺术

过分地夸张某种商品的好处，让顾客反而不自信自己的判断、感觉，一些顾客确实有鉴赏的能力，更希望自己的判断能让更多人包括销售员的认同，而不是被动地认同销售员所夸张的那些东西。于是，顾客反感的情况就出现了。这样更难让顾客信服。

（5）给顾客送小礼物的艺术

每到节假日、店庆日这些特别的日子，销售员员常会给顾客（客户）送上一些小礼物，"礼轻情意重"，往往我们无法用言语来表达的深情，可以借助小礼物。小礼物是我们表达情感、联系彼此的一种很美丽的媒体。但给顾客送小礼物时应该有所考虑，你选的礼物既体现着人的品位和情谊，也关系到收礼顾客是否高兴接受。我们有的门店不管顾客职业、特长、经济收入，也不管顾客年龄、兴趣爱好、季节及双方关系，给知识分子、机关干部、工人、农民等等千人一物，很难达到理想的效果。

（6）赞美顾客的艺术

赞美顾客，一定要真心实意，而千万不能虚情假意。如果不是实事求是地赞美，那么不但起不到与顾客沟通的作用，反而还会影响销售员人际关系的顺利进行。

（7）入乡随俗的艺术

销售员要做到到什么山头唱什么歌，入乡随俗。

第91招　怎样设计好销售员活动

现代营销学告诉我们：一个产品最终价值的实现与否，其实是在这一产品最初的构思设计、制造中就开始孕育了。这在某种程度上说明了销售员构思设计的重要性。销售员活动是销售员的外显形式，那么，销售员怎样设计好销售活动呢？

（1）我们需要什么样的销售员

我们需要什么样的销售员呢？这对门店来说是一个十分现实的问题。我们能够感觉到销售员大致是个什么样子？销售员是有形的还是无形的？有人说，你认为1加1应该等于2，而他认为1加1永远大于2。这大于2的部分就是销售员。因此，销售员实际上是商品之外的人与服务的销售增值。销售员是无形的资产，同时又是有形的数值。

我们需要的销售员是我们知道所有的流程和缘由，而他人只能是隔岸观火，不明底细。销售员的最佳境界是让我们的需求（卖出去）与他人的需求（买进来）完美结合在一起。我们要进行的是与购买方面对面的活动。

某县门店经理常常想，县店门店的销售为什么不如城市门店。"是什么原因才出现这个差异呢？难道只是因为城市居民消费水平高？"他到城市门店里看了看，回来后立即把一些新书放在书架的中低层。结果，小学生进店后都抢着要买这些。原来，看起来最惹眼的地方，只是大人们的眼光，却正是孩子们看不到的盲区。不同的，要根据顾客群来选择，陈列到合适的位置上去，这样方便顾客选购是肯定无疑的。

某市门店经理有感而发，他说，选择那些有利的事情做，这就是我这个店所需要的销售员，不做什么，也是"我们需要什么样的销售员"这个问题的延伸。

（2）在科学性原则上把握销售员的方向

销售活动成为销售员与顾客心灵交流的平台，不但需要销售员在一个基点上站稳脚跟，而且还需要销售员在科学性原则上把握销售员的方向。这个基点就是以顾客为中心。科学性原则体现在两个方面：一是要实事求是，从客观销售环境出发，详细地掌握情况，从中引出正确的结论。二是要用科学的方法进行研究分析。在此原则基础上，把握销售的方向。有的门店销售人员说，开发团购市场是销售方向。还有的门店销售人员表示，他们的销售方向是开发妇女儿童市场。不管方向如何，都应遵循科学性原则。更有门店销售人员一针见血地指出：当我们发现问号的时候，其实就已经找到了方向。

（3）莫让销售活动设计当成负担

成功举办艺术节这样的销售活动对门店来说是综合性考量。除了设计能表达自己的展台，还要有参展人员、销售文本、销售活动等一系列手段的搭配组合，才能在艺术节上取得良好的效果。销售设计是为了取得预期的销售的目的。因此，销售内容应该是必要的，而不是可有可无的。故在进行销售设计时，应注意取舍。销售员设计本身是一种行为艺术，有一定的趣味性，销售员莫把销售设计当成负担。

（4）销售员如何找好活动设计的理由

销售活动策划设计是否能够有效地引导操作？这是人们十分关心的问题。为此，销售活动策划设计的理由要充分，有说服力。如何才能找到活动策划的理由呢？我们要注意以下几个问题：

有什么样的理念就有什么样的销售员活动设计理由。

你的销售活动设计取决于你的销售理念。销售员理念是因，销售活动设计是果。销售活动设计上的每一次突破，都离不开销售理念的突破。销售员如果在理念上不能有所突破，有所创新的话，那么就不会有销售活动内容方法上的突破。现在，销售活动方案缺乏创新的现象很多，从某种程度上说，与销售活动策划设计者没有做到真正跳出以书店为中心的模式有关。方法设计上的落后，究其实是销售思想、销售观念的落后。在设计销售活动时，改变传统的销售员观念，充分认识到以顾客为中心，关注销售活动的独特性是最为关键的。因此，销售人员要切实在销售中转变观念，创新销售设计方法，发挥出自身的作用。要充分认识到好的销售活动是实施买卖双方互动、相互交流、共同维护持久关系的过程。努力营造一种和谐、宽松的销售活动的氛围。要充分认识在新时期建立一种新型的买卖关系的必要性和重要性。要能够建立一种平等交流、相互尊重、互赢共进的买卖关系。

创新销售活动设计方法，应先创新销售思想。为此，要增强销售员意识。只有切实做到以新的顾客观、新的销售观、新的买卖观等新的理论、观念来指导销售活动设计，才能科学、合理地规划好和设计好销售活动。

把新理念打回原形。新理念的实质是思维。把销售做好，就要用新的符合当时当地，符合时代要求的新思维去思考销售员。销售员要贴近市场，贴近环境，去做新的菜谱，必然要跳出旧的思维模式，采取新的方法以期上升到新的理论、思维。

（5）要从顾客实际需求出发去设计销售活动

"为顾客的需要设计销售活动"，与其说是一种理念，倒不如说是一种具体的销售行为。销售策划者在活动设计时，心目中要装着顾客，就能"为顾客的需要设计销售活动"。这就需要销售策划者要充分地了解顾客，坚持以顾客为本，尊重顾客，欣赏顾客。对顾客的知识基础、兴趣爱好和内在潜能有充分的了解，对顾客在购买时可能出现的情况要有充分的估计，这就是了解顾客。了解顾客，还要对顾客已有购买知识和新购买知识间的联系进行分析，并且努力寻找销售的最佳时机。要根据掌握的情况形成多种对策预案。使所设的销售起点与实际的顾客购书起点相吻合。这就是"因顾客而设计"。

从顾客的实际需求出发，去搞销售活动，就是"心目中装着顾客"。为此，在销售活动设计之前，要考虑以下一些问题：

顾客对什么最感兴趣？什么时候对销售活动反映最积极、购买最投入？最喜欢什么样的销售活动方式？

顾客是否已经具备了进行新的购买所必须掌握的知识信息？

顾客对产品有什么想法？哪些需要销售策划者对顾客进行引导？

选择设计行之有效的销售方式方法应据此进行，还要在销售中不断调整并优化活动设计，以期真正满足顾客的需求。

（6）销售活动设计更要体现出自我

销售策划者是销售资源。销售策划者假如在销售时仅把自己作为进行销售活动设计的工具，而忽视了自我在实施销售方案中的优势作用，其销售设计肯定会不切合实际而理想化，这样不仅自我的资源价值得不到体现，而且会影响销售效果。销售时勿忘自我，注意体现自我，发挥自身优势，要努力彰显销售人个体独具的个性魅力。在销售设计过程中得以张扬，努力优化销售活动设计，逐步形成较为成熟稳定的销售风格。因此，在进行销售预案设计过程中，我们倡导"三问"，一问我的销售预设是否有效。二问销售有没有比这更有效的设计，三问对于我们来说，怎样设计最有效。让销售策划者在反思中不断调整自己的销售预案，使销售有思想、销售内容与人（销售者、顾客）合一，进入销售的最高境界。以期在销售活动设计中展现最好的自我，不断追求整个销售员设计的有效与完美，提升自己生命的质量。

（7）销售员活动设计要注重创新

每天的太阳都是新的。销售活动设计亦是如此。由于每一次销售活动设计所处具体情况和经历的过程都是不相同的。每一次都应是唯一的、不可重复的，因而也是丰富、具体的。因此，新的销售活动形式应该是丰富多彩、灵活多样的。销售活动设计要因时、因地、因人制宜的。因销售主题、活动内容、销售者能力水平的不同而异，力求各具特色，充满创造性。事实恰恰相反。我们调查发现，很多销售活动设计似乎是千篇一律，这样销售活动设计既没有标新立异的鲜明特色，更没有一丝一毫个性的张扬，吸引不了顾客，效果很差。销售活动设计的创新在很大程度上源自于销售活动准备工作的创新。要注重从销售准备工作开始渗透新理念，体现新思想，融注新方法，才能准备好，设计好有特色的销售活动，才能使销售活动充满活力。

（8）销售活动设计要做的基础性准备

新销售理念下的销售活动前的准备工作是动态的、发展的。要根据顾客需求的变化，不断调整自己的预设性、准备性的设计。

常言说，有备无患，不打无准备之仗。要设计好销售活动，必须要有所准备。这主要包括知识准备、心理准备、情况准备、物质准备。知识准备：知识素质储备。销售者应做有"识"之人。具体来讲，"识"的素质应是：一要看得"准"。包括销售调查与预测、辨别真假销售信息、推理判断等，都必须突出一个"准"。二要看得"深"。分析研究一个问题，既知其表，更知其理，能够掌握事物内在因素，掌握其规律性。也就是透过现象看到本质。三要看得"广"。看问题无深度，就无法看到事物本质；若无广度，也就无法把准时代之脉搏。"广"的意思在"全"，就是全面地看问题，看背景，看主流，看发展。四要看得"高"。见解要有独到处，高于一般。心理准备：主导型心理素质的培养。销售者要能主导活动全过程。情况准备：各种复杂情况下的预案准备。物质准备：POP 广告物料等的准备。

（9）销售者的职业操守

无论做任何事，我们都要设身处地去为他人着想。正如孔子所言"己所不欲，勿施予人"。身为一名尽责的销售人员，应要有职业操守，不要只为赚取更多的盈利，而硬将顾客不需要或品质差劣的推荐给他。试想，如果你也遭受这种待遇，滋味又会是如何呢？销售即做人，将心比心是上策。

（10）销售员对目标顾客的把握

选择什么样的目标顾客作为门店的销售对象，并且针对这些顾客选择什么样的销售策略非常重要。许多门店的销售活动不成功的一个重要原因可能就是这种做事不看对象了。市场销售就是针对目标顾客运用销售策略的过程。

（11）强化销售主题

销售主题是强化销售的外在表现力的一种重要手段。它是创造商品价值不可缺少的一部分。销售主题在销售活动设计中占有举足轻重的地位。我们有必要在销售活动设计中，根据客观需要，不断创新思维，使销售主题更准确、更生动地反映活动中心，更成功地做好销售活动设计。销售活动设计者，以恰当好处的销售主题提高销售的外在表现力，对销售活动的整体效果，无疑起到了点石成金的作用。要真正成功地发掘出销售主题，须注意以下几个方面的问题：

要与设计者自身条件和设计者所扮演的"教练员"的角色相结合。

要与整个活动追求的效果及氛围相统一。

要与书店的风格和特色相结合。

要与领导要求及设计条件相结合。

不断提高销售的主题表现力是销售活动设计的必由之路。

（12）怎样设计好每一次销售活动

①明确销售活动设计的目的

总体来说，任何销售活动的目的只有一个就是以客户为中心，但具体每一次活动，小的目的就有深层次的差异。有的活动是一次盛会，有的活动是一个展示平台，有的活动是一扇窗口，有的活动是一个文化节日。这些细小的目的一定也要明确。

②把握销售活动设计的内容

大一点的销售活动可分为几个或十几个主题的活动。为确保主题活动成功，销售者会组织目标顾客进场，组织相关机构到场等等。这些都是销售的内容，一定要把握好。

③讲究销售活动设计的技巧

把提炼销售活动设计的主题放在首位。口子开得小，主题控得深。分清主次，详略得当，把活动交代清楚。活动设计的结构和语言不要套路化。活动的题、文要相符。活动要体现人的活动和思想。活动用词表达要跟上时代，符合规律。主动了解领导意图，才能设计好销售活动。多斟酌几遍，完善才会有成效。

（13）提高销售设计有效性的几种策略

"在鸡蛋还没孵出小鸡之前，请先别数有多少只小鸡"。常常有人会对销售设计者这么说。这从一个侧面说明了销售活动设计者不光要设计好具体步骤，还要切实提高设计的有效性。下面介绍一下提高销售活动设计有效性的几种策略：

①新的策略

所谓理念，是一个人所具有的准备付诸行动的信念。它既是一种观念，也是一种行动。

有人曾说过，新的销售理念有个共同点，那就是扎根在销售人员的想象力和创造力以及随着技术进步不断涌现的各种机会。新的销售理念的内涵包括以下几点：

A．新的顾客观

每一个顾客都可以买到称心如意的。不同的顾客购买不同水平的。顾客的购书是一个有意义的增殖的消费过程。顾客可以选择自己喜欢的方式来购买。

B．新的销售者观

销售者是销售的策划者和开发者，不是销售活动的被动的执行者。销售者是销售活动的组织者、引导者和合作者。

C. 新的销售评价观

评价目标不是一元的，而应是多元的。评价的方法不是单一，而且是多样的。对销售的评价要关注销售结果，更要关注销售的过程。

要关注销售水平，更要关注买卖双方在销售活动中的表现出来的情感与态度，帮助顾客认识自我，建立信心。

D. 新的资源观

销售者本身就是销售资源。销售者应跳出封闭，创造性地进行销售。利用和开发身边的销售资源，使销售内容贴近顾客贴近社会。

思路新——构思新颖、实用高效的销售思路。

手段新——重视现代化手段的运用。

②趣的策略

要点是：启动活动时引发顾客兴趣；活动过程中保持顾客兴趣；活动结束时提高顾客兴趣。

③活的策略

要点是：销售方法灵活；把销售工具用活；把顾客激活。一是培养顾客，二是凝聚顾客。

④实的策略

要点是：活动内容充实；合理确定活动内容的广度和深度；明确销售的重点和难点和关键；合理安排销售时间先后顺序；注意销售与顾客读书生活的关系；活动目标落实。

⑤美的策略

要点是：

A. 风格美

如：有的销售活动设计是"办老百姓的文化节日"，以其鲜明、美好的大众风格赢得了广大顾客。

B. 氛围美

如：某大型销售活动贴近"读书、文化"这一主题，联系新闻媒体"海陆空总动员"，大造声势，形成了舆论氛围的美。

C. 感受美

如：某销售活动期间还搞了"捐建乡村社区馆"活动，使公众感受到销售者美的心灵。

第92招　经营门店靠推手

一个门店从开张到屹立不倒，甚至成为名牌门店，销售员究竟扮演什么样的角色？

在外人看来，销售员有着一定的权力和地位。这涉及销售员的形象和门店的形象问题。常有顾客听销售员说，这事您找我们销售员吧。销售员是一线决策者。

如果说商品形象就是形状（形体、体积）、款式、色彩、图案、结构、质地、功能、设计观念、知识技术含量、人文精神、独创性等方面，那么销售员形象则内涵更丰富。

商品有名牌、非名牌之分，销售员其实也有名牌、非名牌之分。但人们往往重视商品品牌的宣传，却很少有企业为名销售员投入广告进行宣传。品牌是内外形象的标志。商品和人的形象的聚合，构成了门店品牌的重要支撑。

门店形象上升为组织形象，包括了两大层面：其一是精神文化层面的。门店的组织宗旨、指导思想、基本方针、目标，十分重要。门店经营管理哲学、行为生活基本准则，也十分重要。门店的组织精神、风气、精神状态等；门店道德观、价值观乃至审美观等；门店对社会公众的基本认识及态度、情感等这些，都是必须清楚知道的。其二是制度文化层面的。可进一步细分为工作制度、特殊制度。工作制度如决策制度、会议制度、干部制度、营销管理制度、行政管理制度、财务管理制度、技术和质量管理制度等。特殊制度如廉政监督制度、评议员工制度、民主对话制度、岗位责任及检查监督制度、销售及售后服务制度等。

门店形象常常和门店的经济效益相联系，这其实也是门店追求的。两者的统一是门店的目标。销售员应是门店目标的有力推手。

第93招　销售员的预测技巧

（1）有效控制经营风险

小门店的销售员为什么要有效控制经营风险呢？小门店与大门店相比，抗经营风险的能力如何呢？小门店与大门店相比，抗经营风险的能力很强，就是因为小门店各个环节都要精打细算，否则是赔不起的，所以稍感有风吹草动，马上警惕起来。但大门店有没有必要有效地控制经营的风险呢？大门店面对经营风险，一般也应有一套较为完备的风险预警机制。更重要的不光是手段，而应是切实执行，落到实处。大门店接二连三的失误，也会葬送大门店的前程。因此，大门店也要有效地控制经营风险。

（2）加强经营预测

销售员的眼力一般很尖锐。能从经营的第一步已出现的情形，预见到第二步、第三步的情形。这种眼力就是销售员必不可少的预测力。经营预测一般是在调查之后，行为发生之前。否则，就是"马后炮"。经营预测，是运用科学的方法，对占有的资料、信息等，进行科学分析、缜密研究、正确测算。对经营未来形势进行预见和判断。做经营工作，销售员不能盲动，否则，会造成直接经济损失。顾客对商品的选择性越来越强。销售员必须常琢磨顾客的需要，并要对商品经营进行科学预测，才能了解和掌握有关市场需求的最新的发展趋势，这样才能不断使门店的经营水平得到提高。

第94招　销售员要成为多面手

销售员为什么要成为多面手？销售员成为多面手，这是由竞争的日益激烈造成的。初次创业的销售员，往往要不断改变所经营的商品，经营某种商品不行了，转而经营其他类的商品，有时是跨行业经营。这样就需要销售员成为多面手。跨行业经营，需要销售员要具有跨行业经营的最基本的知识和技能。这就是说销售员起码要做个"专家"。光有专行不行呢？不行。销售员需要在"专"的基础上做"博""杂"的文章。我们呼唤专家更呼唤杂家。如果你没有条件做杂家，那么你最好安心做个专家。否则，没有一业精通，也就没有了自己安身立业之本。没有了自己的经营资格。

第95招　不要轻易批评别人

任何人有了错都不愿意自己承担。100次的错误中，总有99次是不肯自己认错的。因此，批评只能使对方竭力掩饰自己的错处。对喜欢批评别人的销售员，别人给他的回应几乎是 99% 的否认和辩解。这说明批评有它的局限性，虽然有时管用，但很多情况下是没有效果的。批评的次数多了，对方对你产生了反感。这是逆反心理在起作用。

诗人白朗尼说："一个伟人决定一件事情，必是先从他自己的内心交战开始的。"如果你要指责别人的错误，你还是先从反思自己为好。

施以批评的一方往往是没有深知对方对某件事为什么这样做。弄清楚后，自然会得到谅解，产生同情、宽宥和恩惠来。那么你可以换一种方式，何必是批评的口吻呢？如果你用暗示的方法解决的效果就好些。不妨一试。

第96招　保持耐心面对挑剔的客户

客户的情况千差万别。有的客户对销售员的商品特别挑剔。对这一客户群，销售员不能有丝毫的不耐烦情绪，要耐心对待她们，做到"百挑不烦，百拿不厌"。销售员如果站在客户的角度思考问题，对这一客户群也就理解了。这一群体凡事都求精致，其实不光体现在购买商品上。她们在购买商品上的表现是：要求商品是最新到的货，反之，就认为是销售员卖不动的或是客户挑剩下的，如果自己买了就太傻了。还有就是要求商品是最好的，没有任何瑕疵。一般地，这类客户买苹果都是买商人摆在水果摊上最高、最上、最外边的苹果买，因为她们认为对方不可能把差苹果摆在最好的位置上。

第97招　使别人喜欢你

（1）对人要诚恳关怀

最关心自己是人类的天性。你拿起一张团队合影，你的眼光最先注意的是谁？无疑是你自己。但你不去关心别人，谁肯来关心你自己。

你不要以为人家听了你对于自己的申诉，别人就会关心你。事实上，别人并不会对你关心。因为你没有关心过别人。

你一生也许交不到一个真挚的朋友，因为你不关心别人，只关心你自己。

你的诚挚关怀，能打动人心，使他们怀着热诚来帮你的忙。世上没有一个人不喜欢受人诚意赞美。

忠告：千万不要只专求人家对你关心，而不肯转而关心别人。

（2）给人留下良好的第一印象

"笑脸"比任何工作都易发生效力，它充分表现了对人的好感，但笑脸不是凑出来的。只有"诚意的笑"才是一种无价之宝，它能使你获得很大的收获。

做事，以兴趣为前提，兴趣一至，心中闷气全消，笑容也自然而然地浮现在我们的脸上。

忠告：销售员每天对走进门店的顾客都要微笑。

无论在什么样的境地，只要我们有一个愉快地心境来生活、工作，我们就给人带来愉悦和好感。要记住：如果我们拥有一种愉快的心情（如：想着买彩票中奖），即使环境不好，我们也会安然面对。美国前总统林肯说过这样一句话：人的快乐与否，完全系于他的思想。他想到快乐，就快乐了，想到烦恼，就烦恼了。我们常讲要和气生财，意思是一个不会微笑的人，不配做买卖。因此，你要得到顾客欢迎，你要永远露出笑容。

（3）使人同意你的方法

方法就是不要与人争辩。尽可能避免与人冲突。争辩永远不会使你达到目的。因为即使你争辩胜利，也不能使人衷心感服，他对于你的胜利，必将怀着满腔妒火，仍旧努力根据自己的论调，寻求改变你的良策。

忠告：不许争辩，喜欢争辩对于一个销售员来说，是不应该有的。

第98招　让员工踏实为你而干

（1）满足员工的心理要求

人家为你服务，为你效劳，你想一想，他图的是什么？人都是有一些自私的。当你给予了他所爱好的，他就情愿为你干。

美国杜卫博士说："人类生来最大的希望，无非想做一个出人头地的人物。"被人尊崇。就是"好胜心"和"想做个出人头地的人物"的心理。

满足他的心理要求，你就引发对方的好感，而达到你所期望的目的。

林肯说："人人喜欢听称赞的话。"威廉·詹姆斯也说过，人类天性，人人渴望被人尊崇。人人亟须的恰是"被人尊崇",销售员如此,销售员也是如此。因为他们都是人。

忠告:谁能对"被人尊崇"的心理加以满足,谁就能将任何人的心抓在手掌里,成为一个为人所敬重的人物。从另一个角度看,有进取向上的心,是在应该恭维。

(2) 赞扬和鼓励

一个销售员如果一个星期、两个星期,没有得到一声赞语,他对于手头的工作,就会心灰意懒,不会十分起劲了。

销售员在给予销售员以物质上的享受外,对于这种称颂赞扬的心理上的食粮也不可或缺。

两者区别:称赞不是阿谀。一个是出乎于心,一个是别有用心。

第99招　进门三相

"相",即观察。"进门三相",是说顾客进入店堂后,销售员应观其相貌、衣着及言谈举止,揣测其购买心理,从而做出有针对性的接待、服务,促使其做出购买决定。一般而言,进店的顾客可分三类"相":一类有确定的购买目标。此类顾客进门急、步伐快,直奔某个商品货架,看摸商品仔细,主动提出购买要求。二类无确定的购买目标。此类顾客常缓步进店、随意游逛,看商品不很仔细,也不急于提出购买要求。三类浏览参观看热闹。这类顾客多是谈笑风生结伴而行,进店后东瞧瞧西望望,爱往人多热闹处跑。

相应的策略如下:

对有确定购买目标的顾客,应抓住他临柜的瞬间马上接近,轻声热情地打个招呼。如果是开架式销售,顾客可直接看、摸、挑选,销售员无须出示样品,也不要催问顾客;若是柜台式销售,当顾客凝视或问及某陈列商品时,应主动出示样品,请顾客查看,做适当介绍,并观察顾客的表情,必要时可为顾客当参谋,表达出对顾客的善意、诚意与尊敬。切忌"王婆卖瓜自卖自夸",以免顾客厌烦、疑虑;也不要一味催促顾客做出购买决定。有"三相经"的销售员,火候掌握得恰如其分,生意十有八九能做成。而销售员过度热情、急于销售,顾客则容易产生逆反心理,到手的生意也会泡汤。

对无确定购买目标的顾客，销售员不要立即接近，应让其随意观赏，当他较长时间把目光集中于某个商品并流露出感兴趣的神情时，再打招呼，并主动介绍商品，强调该商品的优点，激起顾客购买欲望，促成生意成交。

对浏览参观、看热闹的顾客，销售员不要急于招呼，要留意观察其动静，当他突然停步观看某商品时，或在店内转了再转回来看某商品时，销售员再上前热情接待。对看客不能冷落、不能轻视，因为看客是买主的前身。服务水平高的销售员往往能和看客做成生意，让"稀客"变成"常客"。

第100招　了解顾客的心思

很多人从大学里求得知识，但他们从没有学到怎样去运用了解人的心思。一次，一位母亲带小孩去买书，到了一家书店门店，向一位女销售员丢了一个眼色，说："这里有一位小先生，想买一本书，请您和他谈谈。"那个女销售员会意，故意一本正经地说："萧先生，您买些什么呢？"这孩子觉得自己身份高了许多，就提起脚跟，十分老到地说："我要买一本自己看的书。"于是，女销售员暗下商得小孩母亲同意，从书架上拿下一本书，说："这本书好吗？"孩子点点头。

这名销售员的做法契合了"人人喜欢出人头地"的心理。威廉文特说："人类天性中最重要的心理，就是喜欢自我表现。"要把这种心理应用到商业中去。譬如：你想发表一个意见时，不要直接说出来。最好设法使这意见让对方自动说出来。那么他自会按照这个意见，高高兴兴地去做了。

忠告：你要使人情愿，必先使人觉得需要，你能这样去做。四海之内，人人可以成为你的朋友。否则，你就要到处碰壁，永无成功希望。

第101招　要保持顾客的心理满意水平

顾客要使自己买的更值，就希望销售员能够提供的让渡价值最大。销售员这样做了，就能保持顾客的满意水平。销售员相信自己的产品是保持顾客满意水平的必要条件。这份信心会传给销售的顾客，如果销售员对自己的商品没有信心，顾客对它自然也不会有信心。顾客与其说是因为销售员说话的逻辑水平高而被说服，倒不如说顾客是被销售员深刻的信心所说服的。顾客的满意水平实际上是一种感觉状态的水平。销售员应该以适当的成本，来使顾客的满意水平得到保持。由于顾客的满意水平是上下波动的，门店的销售员就应该动态跟踪顾客的这些不断发生的变化。

第102招　假定顾客已经购买

假定顾客已经同意购买是一条经营之策。如果假定你已经同意购买，势必使你不得不正视目前的假设。当销售员提出这样一种假设的时候，你感觉你在做一道选择题，而非判断题。这道"选择题"还是个"单选题"，即：虽然选项可能不止一个，但答案唯一。当顾客在做"单一选择题"的时候，销售员假定顾客已经购买了，销售员变成了顾客的"参谋"。经营人员可对顾客说："请问您要哪一款手机，带指纹解锁的还是不带指纹解锁的？"或者说："请问是现在拿还是明天拿？"此种问话，只要求顾客从两个选项中选中一个。不论顾客从中选择哪一个，其实都是销售员的胜利。

第103招　帮助顾客挑选商品

消费是顾客主要的目的。但消费的多少会因顾客的个体差异而有所不同。有的顾客易受外界因素如销售员的态度、销售员方式的影响。而有的顾客不易受外界因素的影响。有一些顾客看到自己所要的商品后，在几分钟内迅速完成交易。但许多顾客即使有意购买，也不喜欢迅速成交，他们总要东挑西拣，犹豫徘徊，拿不定主意。这时，聪明的销售员就要改变策略，暂时不谈交易的问题，转而热情地帮对方挑选货品颜色等。帮助顾客挑选是经营之策。这个问题解决了，销售员的销售问题也就解决了。要知道，不谈交易只是暂时的，获得更好的销售成绩才是目的。

第104招　利用"怕买不到"的心理

　　有些东西，人们就怕得不到，买不到它。因此，就有销售员抓住人们这种心理，开了月球大使馆，卖起了月球上的土地。虽然，几乎成了闹剧，但给人的思维拓展也还是有的。销售员可利用这种"怕买不到"的心理，来促成交易。销售员可以对顾客说："这种化妆品只剩下最后一个了，短期内不再进货了，你不买就没有了。"或者说："今天是优惠价的截止日，请把握良机，明天你就买不到这种折扣价了。"俗话说，过了这个村就没这个店了，你不买就是你的损失了，而你买了，在优惠期之后，面对高的价格，你就有一种说不出的自我满足感，你也许会说买的就是值。

第105招　先让顾客买一点试用看看

　　先买一点试用看看是经营之策。顾客想要买你的产品，但又对产品没有信心时，可建议对方先买一点试用看看。尝试其实是最好的宣传手段之一。耳听不如眼见，眼见不如亲用。一般试用的商品，是消费者没有见过的新产品，还有一些是实际销量没有达到理想销量需要促销的商品。只要你对产品有信心，就不怕消费者试用后不买。这一"试用看看"的技巧也可帮顾客下决心购买。能够让顾客买一点试用，顾客一般也会通情达理地接受销售员的这种方式，接受产品，而且还可发生这样的效用：顾客会推荐他的亲朋好友也来买一点试用，从而扩大了经营方的消费群体。

第106招　欲擒故纵

　　欲擒故纵是经营之策。"欲擒"是销售员的动机，有哪一个销售员不希望走进店面的时候都能购买到自己需要的商品？而"故纵"就是手段了，故意"激"你一下，让你犹豫不决的神经动一下儿，而这一动，你可能就下定了决心。有些顾客天生优柔寡断，迟迟不作决定。这时，你不妨故意收拾东西，做出要离开的样子。这种假装告辞的举动，有时会促使对方下决心。这一招在运用中要适度，因为你的收拾东西的举动有可能激怒准顾客，认为你是无礼之举，而会拂袖离去的。这些都是销售员必须要考虑清楚的。这样，销售员才不会在假装告辞的举动中出现行为过度。

第107招　学会做反问式的回答

反问式的回答，是销售员在面对顾客对某种商品询问时，恰好顾客问到的商品没有而做出的机智回答。这种回答的技巧在于反问顾客从中找到共识而促成交易。不妨举个例子，当顾客问："你们这儿有大红沙发垫吗？"经营人员在此时不能告诉顾客说没有，而要反问道："很抱歉！我们这儿没有，不过我们有深灰色、青绿色、粉红色的，您看在我这儿的已有颜色里，您相对喜欢哪一种颜色呢？"这种反问式的回答也叫反语规劝。它是在正面劝说不一定有效的情况下而采取的处理顾客问题的方法。反问式的回答，不在于话多，而在于话精。只要能让对方听懂你的意思，这就可以了。

第108招　言语表达也要务实

经营中离不开交际。经营要务实，交际也要务实。交际中的务实体现在言语表达过程中。交谈的主题范围，要不受对方控制。交谈的方式，要使用得当。这些都是言语表达务实的要求。言语表达务实，其实就是务对方之实，看对方是属于哪种类型？是善言辞者？还是不善言辞者？如何判断对方属善言辞者，还是不善言辞者呢？介绍一法试之。一般地说，善言辞者，一开口说话声调就富于节奏感，给人的感觉是爽朗而且活泼。而不善言辞者，在开始说话时，就让人觉得声音低沉而浑浊，好似在打探别人的情绪似的。对于前者，要表达直接。对于后者，要委婉一些，便于接受。

第109招　对顾客说他们想说的话

销售员对顾客说他们想说的话，首先须知顾客想说的是什么？你要换位，从对方的角度思考思考。尽可能想顾客的真实想法和说法，以便你能从中找到共同语言。其次，要从体态、神情等印证顾客是否真想说什么。一个亟须某种商品的顾客，他不说话，销售员也会猜到的，因为他的焦急、困惑的神情是装不出来的。再次，要对顾客说他们想说的话。当销售员向顾客推销所经营的商品时，销售员要说顾客们想听的话，您自己想说的话要正中顾客下怀。销售员要清楚顾客所需要的是什么，并且针对顾客的需要，说些他们想听的，而非生硬地向顾客推销您所经营的商品。

第110招　鼓励顾客及时提示自己的不满意

销售员能够做出这一举动，自身也要有勇气。如果从最大可能地保证顾客"零流失"的角度想，付出勇气也是值得的，顾客不把心中对销售员的不满讲出来，销售员就不知道自己究竟错在哪里。销售员应该把顾客的抱怨看作是提升自我的机会。鼓励顾客及时提出自己的不满意，方式较多，如：顾客免费投诉电话、专门的客服人员，顾客意见卡和社会专题调查问卷。在顾客还未提出不满之前，防患于未然，这最好。最后，需注意的是，销售员过多地表述，愿意倾听顾客的不满意，这让顾客感到难为情，顾客可能会出于礼貌或无奈，说满意之类的话，其实"满意"不是真心话。

第111招　找客户最感兴趣的话题

销售员在与客户交谈沟通时，一定要找客户最感兴趣的话题。应该说，大家都关心的就是客户最感兴趣的话题，当然也是你最感兴趣的。有了这些话题，你们在交谈的时候，才能有共鸣发生。为此，销售员要多读一些有关经管、销售员方面的书刊，特别是每天须阅读报纸，对国家、社会、行业发生的新闻、大事及要事等要有所了解。销售员要注意：一定不要造成与客户无话可说，出现"冷场"，既使自己闹得非常尴尬，也使客户闹得非常尴尬。说找客户最感兴趣的话题时，刚开始时话不要多，更不要打断客户的插话。要给客户留出发表看法的时间，并尽可能让客户多说。

第112招　打电话更要讲究语调、语气、语感

作为一名销售员打电话推销商品，你一定要从语调、语气、语感方面注意打电话的技巧。先说语调。语调应该是动听一些。销售员的情绪好坏也可能产生渲染效应，影响到客户的情绪好坏。尽量不要把不好的情绪带到话筒里的交谈中。如果你今天情绪不太好，你要试着在自己面前放一个小镜子，你不要一脸愁容，你笑着回答，你的情绪就不那么低落了。其次是语言。人从口腔里呼出来的气流不同，给人听觉感受就不同的。谁也不愿意接收到语气刺耳的电话。再次是语感。语感要靠长期培养。该提速时说话节奏要快，反之则慢。不能自始至终一个语感。这是经营的要求。

第113招　说好接待客户的第一句话

先说一句话，这体现的是主动。第一句话怎么说呢？不同客户不同对待。还要注意语言简练、亲切、自然。对老年人。一般要称呼"老大爷"或"老大娘"，而不要称呼"老头"或"老太太"。要体现出尊老爱幼。说好第一句话还要记住不要讲"您买啥"，而应该说"您需要什么，我帮您找"。或是"您想看哪方面的商品"？"需要""想看"都有尊重对方的意思。对方不买也不会觉得尴尬。"帮"带有把自己当成顾客的贴心人，把对方的困难视为自己的困难，帮助解决之意。对想买但一时拿不定主意的顾客，你要注意说话的语气、声调。要注意语言、表情和动作协调一致。

第114招　要练好接待顾客的基本功

对于销售员来说，要练好接待顾客的基本功。什么是接待顾客的基本功？就是要分析顾客的职业、年龄特征、兴趣爱好、文化水平、购买力和选购心理上的特征等，从中总结出规律性的东西。比如，对文化水平较高的顾客，接待时要尊重，言简意赅。对文化水平高的顾客，接待时要耐心，多说话。当然，并不是所有场合都适用，销售员要注意场合。还要注意对特殊顾客的特殊处理。如对残疾顾客，要把商品拿给他看并提供尽可能的帮助。对急性子的顾客，说话要短，处理迅速。对慢性子的顾客，说话要多一些，但要适可而止。

总之，面对各种各样的顾客，销售员拿出相应方式来接待好每一位顾客。

第115招　门店的"安全库存"动态调整

"安全库存"与"库存安全"是两码事。"库存安全"是指库存商品物质形态的稳定，是静态的。而"安全库存"则是始终处于动态的调整过程中，是指一个相对安全的库存程度，而这个程度却不易达到。有人可能要问了，零库存岂不更好？那样也无论安全不安全了。事实上，物流中心零库存只是理论层面的，现实情况是大部分企业、商店几乎都选择了一定量的库存。

所谓安全库存真的很难达到，能达到的，也只能是找到一个或多个尽量可靠的供应商与客户，根据市场信息及时安排自己的库存，再加上一定量的抵消市场不确定因素的库存（根据自己的经营产品服务以及自身资金情况决定），以能达到一个相对安全的库存程度。

第116招　猜测客户真实意图

销售员猜测客户真实意图，其实就是研究客户的目的究竟是什么？在表象背后的真实的东西是什么？在问题得到解决之后，才能进一步针对不同客户的特点，采用不同的方法。通常，有明确购买目标的顾客，直接到商品货柜前买某种商品。这类顾客视线相对集中不漂浮，脚步轻快。没有明确的购买目标的顾客，视线散漫，脚步缓慢，精神放松，但对销售员的态度很敏感。销售员要是表现出不耐烦，没有明确购买目标的顾客就会未买而离去。销售员要是无所谓，这类顾客还可能继续停留观看商品。销售员要善于猜测普通客户、特殊客户的真实意图。

第117招　销售方式要方便顾客

销售方式的最基本的方式是坐店售货。坐店售货又分闭架售货和开架售货。这两种方式各有利弊。前者有利的方面在于商品相对而言是安全的，不易出现商品污损和丢失。但弊端也很大。主要是顾客自由选购不方便。后者有利的方面在于顾客自由挑选商品，但也有不利，即：商品损耗相对而言会大一些。因而，开架售货的商品盘亏率要比闭架售货的商品盘亏率要高得多。销售方式还有流动售货、送货上门等方式。流动售货可扩大顾客面。送货上门可扩大目标顾客的需求满足率。销售员无论是采用开架售货、闭架售货，还是流动售货、送货上门都要做到最大限度地方便顾客。

第118招　恰到好处地向无明确目标的顾客推荐

如果你留心观察，就会发现销售卖场中人很多，但无明确目标的顾客相对比有明确目标的顾客要多得多。也就是说有闲心看商品的顾客居多。细心观察，你还会发现，他们要能够购买商品的话，要慢慢腾腾地经过以下几个动作，第一步是浏览。浏览的目的是想看看有没有自己感兴趣的商品。此时他们只是看，并不动手去拿。但当他动手去拿的时候，你可要注意了。此时顾客已经在做第二步了。当他有问营业人员有关商品的知识的时候，说明他的确考虑购买的事了。这时候，销售员就要行推荐之责了。此时推荐往往也最见效。对顾客问循的得体答复，最终也会促成成交。

第119招　吉祥数字让顾客心有所动

吉祥数字的应用，能够让销售员获得意想不到的收获。如果你的商品的定价有"66"或"88"或"58"这类的吉祥数字，那么顾客就有可能心有所动。如果你的商品的定价中有数字"4"，那么有的顾客就会尽力避免选择此件商品。因为有些数字可能产生某种"暗示"，从而对一些较为敏感的顾客心理上产生一些不良影响，甚至是心理负担。而有些销售员为突出所推荐的商品，常常拿出一些商品做参照物。比如：一个电吹风的价格是58元，销售员就选另一个牌子只有一个的电吹风的价格定为44元。那么顾客更愿意掏出58元来买电吹风。抓住顾客的这一特殊心理，销售员用好吉祥数字，定能让你的销售更上一层楼。

第120招　质量与服务勿倒置

销售员对顾客的服务，只是销售的一个方面。最重要的，你还是要看自己所销售的商品怎么样。许多销售员对服务情有独钟，在摸清了顾客"金钱消费就是服务消费"的某些心理后，在"优质服务"上大做文章，并把它视为赢取顾客口碑的唯一途径。销售员没有看到的是其所经营的商品三天两头被顾客拿回来调换。销售员的服务固然好，但商品质量不过关，也是"赚"不到好口碑的。因为大多数的顾客还是更看中商品质量的。

第121招　为特型顾客量身定做

顾客常有这样的困扰：脚太大，商场没有找到足够大的鞋子来穿。身体太胖，没有找到足够大的衣服穿。怎么办呢？精明的销售员从顾客的牢骚话里找到了商机。那就是为这些特型顾客量身定做其所需的。不单是鞋子，还有服装。特型顾客的需求也是一种需求。尽管它的需求面很窄，但只要找对路，你是一样会有收获的。对这些特型顾客，最好为其建立顾客档案。随时进行售后回访，了解顾客新的需求。因为为这些顾客提供"量身定做"服务的商家并不多，所以这些顾客往往成为这些商家的忠实顾客。定期回访，能加深与特型顾客的感情。还要印一些宣传单在人流量多的地方发放，进行广告宣传。以便让更多的特型顾客知道商家能提供什么样的服务。对特型顾客要按其情况的不同进行分类，确定不同的服装、鞋子款式。

第122招　贵在和气

和气贵不贵？说不贵的人一定不会懂得和气与生意的关系。说贵是因为和气带来了大的订单，给销售员带来了丰厚的收入。和气既是中华民族传统美德，又是门店经营活动中应始终贯彻的原则。在门店经营中，所面对的客户有通情达理的，也有傲慢无理的。面对后者，难道就不跟他们谈吗？这不是销售员的作为。你不要去考虑对方是如何如何的傲慢无礼，和这样的客户谈我会很没面子，其实经营就是要赚钱，只要能够有钱赚，就不要考虑对方是怎样的不好。越是这样的客户，你越不要生气，你要笑脸面对这类客户，但你要注意，你的和气应该是发自内心的，否则，笑起来会很难看。

第123招　永远有礼貌地和顾客说话

其实，永远有礼貌地和顾客说话，这是对销售员职业道德素质的最基本的要求，但是销售员一般都能坚持一时，却往往不能做到永远。这是因为人很容易将发生在其他地方的不良情绪不知不觉地带到经营场所。因此，销售员一定要加强自制力。不管顾客对你说了什么不中意的话，你都要不怒不火。因为你要懂得他们才是你经营上的衣食父母。他们可以对你永远地说不，有时就因你的几句话。销售员要让顾客永远有满足感，就要永远地为他们多提供有礼貌的文明服务。还要注意，要经常多做一些超出顾客期望的合理的增值服务，让顾客与销售员的距离更进一步，让顾客满足感更强。

第124招　经常联系老顾客

老顾客，不是指年老的顾客，而是指对门店的商品有需要，并希望与销售员交朋友的顾客，他们希望与销售员建立一种特殊的购买商品的关系。这部分顾客也经常被称为"忠实顾客"或称为"基本顾客"。销售员要不断加强与老顾客之间的联系。一方面，了解顾客之所需，另一方面多多听取他们对门店经营工作的意见和建议。有时候基本顾客所需要的商品当时由于客观上的一些原因不能马上解决，销售员注意要耐心地向顾客解释清楚原因，要让顾客能够谅解。成立老顾客俱乐部，定期召开老顾客联谊会或者恳谈会，建立老顾客档案。这些都是加强销售员与老客户联系的很好形式。

第125招　识别"回头客"

如果一个人走在大街上，引得路人回头不断，那么此人大概是人才出众。回头者愈多，人愈出众。门店也是如此。许多"回头客"青睐哪个门店，哪个门店销售就好一些。销售员识别"回头客"，必须掌握识别顾客的一些基本技巧。

销售员识别"回头客"的技巧：一般，回头客会对你笑并凝神看着你。

顾客走进一门店，凝神并对着销售员笑。销售员一下子就判断出他是店里的回头客。

因此，门店应该对"回头客"多看一眼，厚待一层。

第126招　用关心的口吻请顾客消消气

店里难免遇到销售员与顾客吵架的事。作为店的管理者应该提前做好预案，对员工进行培训，规范其言行，教他们如何处理棘手的情况。尤其是作为吵架当事销售员的领导或同事，劝架者所说的第一句话至关重要，因为，吵架的顾客往往会根据劝架者的第一句话判断劝架者的"立场"：他是公正的，还是向着对方的，并据此做出进一步反应。一上来就指责并埋怨顾客在自己店里大吵大闹、影响了店铺生意是最常见的（譬如"你这样到我们店大吵大闹，会影响我们的！"）殊不知，这是最不可取的。就因为这第一句话，顾客很容易分辨出劝架者的立场——销售员的帮手，顾客自然会做出激烈反应，哪里能听得进良言相劝呢？"第一句话"说不好，只能使局势越来越糟糕，激化双方矛盾，及时消解顾客的怨气、使事情协商解决就成为一种奢望。劝架"第一句话"如何说？

有三种策略，供管理者参考：

第一种，用关心的口吻请顾客消消气。可以从关心对方的身体出发，用友好的语气、关心的态度拉近与顾客之间的关系，让顾客不再生气，继而对自己产生信任感。可以说："这位大嫂，请您先别生气，身体要紧。有什么事您跟我说。"如果能接着送上一杯热茶，就更好不过了。

要注意，一定要用尊称，要表现出足够的礼貌与诚意。

第二种，用和缓的语气"责怪"自己同事。无论如何（即使是争吵是由顾客引起的），销售员与顾客当众发生争吵都是不对的，它影响到的是当时在场的所有顾客，甚至包括这些顾客的亲戚朋友，若是再被媒体报道，其影响就更大了。很多商店、商场在"员工守则"或工作规定中都把"禁止与顾客发生争吵"列为第一条就是出于这个原因。可以说："××，你怎么能和顾客争吵呢！有话不能好好说吗？大嫂，您先消消气"

要注意，"责怪"同事的目的不是指责同事服务中的不足，而是为了解决与顾客的分歧和问题，万不可因此引发顾客更多的不满；当然，也不能"话里有话"，隐含讥讽，激怒此时比较敏感的顾客。

第三种，暂不表明态度，请当事双方到办公区处理。如果销售员服务无可挑剔、引起争吵的原因在于顾客，可以暂不表明态度，用友好的口气制止双方进一步争吵，请顾客先到办公区调查处理。可以说："大嫂，您先别生气，请您跟我来，我们把事情经过了解清楚，让销售员解决好么？

请注意，尽快使顾客离开争吵现场，避免事态进一步恶化，并避免影响其他顾客购物是非常重要的。如果销售员做不到这一点，销售员要及时出面。发现问题要首先检讨自己的错误，例如，说一句：对不起，给您添麻烦了。

第127招　即使是等待顾客也要做好准备工作

等待是一种心态。等待顾客需要的就是一种不急不躁的心态。这好比钓鱼，不能耐下心来，就钓不到鱼。虽说把顾客比作鱼有些不妥，但是作为销售人员不像钓鱼者那样，一无所获就会成为必然。因此，销售人员要培养一个等待的心态。

等待顾客千万不要忘记思考顾客的想法。等待顾客千万不要忘记接待顾客做好准备。准备要保证顾客随到随能享受到接待服务。

销售员随时做好迎接顾客的准备，是为了能及时抓住和顾客打招呼的时机。

在商品交易行为之前，为方便顾客买到称心如意的商品而做的各种准备活动，成为销售员在接待顾客之前的准备工作。准备商品、宣传广告、商品陈列以及咨询、培训等活动是其主要内容。

小刘是一家服装门店的销售员，她每天都在认真重复着这样的接待顾客准备工作：（1）商品的整理和检查；（2）营业工具的准备；（3）搞好营业场所卫生；（4）服装和仪容的检查；（5）准备接待顾客。

有人说：即使是等待顾客也要做好准备工作。

小刘在顾客走后的再次等待顾客的那一段时间里，感到有些寂寞，有些难耐。时间也好像缓慢下来，越过越慢。接下来的准备工作，将抹掉些许的寂寞。

做好再次等待顾客光顾的准备工作，她把店面地板上的纸屑打扫干净，然后是整理货品。在这项工作做完以后，她开始制作简单的宣传品。在画宣传纸上的图案和花边时，她的心中油然而生的一种情愫是：接待顾客的记忆是美好的等待顾客也是美好的。

第128招　闲暇时要表现出忙碌的样子

闲暇时，销售员千万不要成为"大闲人"。销售员要使自己忙碌起来。一些顾客往往对工作忙碌的销售员产生好感。一个重要的原因就是：他们往往把销售员和企业的形象联系起来。敬业的销售员是企业无声的广告。反之，如果顾客透过玻璃窗，看到里面的销售员闲散无为的样子，往往会认为这个企业纪律松散、不成体统，不值得合作。

第129招　门店销售员必须讲求自己的站位

站位对门店销售员来说十分重要。许多顾客是根据站位观察出销售员的身份来。销售员必须讲求自己站位的合理性，掌握一些基本的技巧。

（1）站在店长位的外侧

站位正确是对门店销售人员的基本要求。店门两侧的站位一般是值班店长喜欢选择的站位。值班店长面向店门是对顾客最充满敬意的站位。那么，销售员要站在哪里呢？要站在店长位的外侧。这为了给顾客打开门或搀扶一下老年顾客方便一些。

（2）站在店门的两侧更靠近店门的位置

如果销售员站在店门两侧，多是出于引导顾客进店的需要，那么应尽量站在更靠近店门的位置。

（3）背对收款台或服务台位置

一般地，销售员站位要在背对收款台或服务台的位置。

（4）保持稳重的站姿

恭候顾客的站姿，又称"等人的站姿"或"轻松的站姿"。当销售员在自己的工作岗位上尚且无人接待时，大都采用此站姿。

需要注意的是：双脚可以适当叉开，两脚可以相互交替放松，并且可以踮起一只脚的脚尖。即允许在一只脚完全着地的同时，抬起另外一只脚的后跟，而以其后脚尖着地。双腿可以分开一些。肩、臂应自然放松，手部不宜随意摆动。上身应当伸直，并且目视前方。头部不要晃动，下巴须避免向前伸出。

非常重要的一点是：叉开的双腿不要反复不停地换来换去，否则，便给人以浮躁不安、极不耐烦的印象。而当有顾客来的时候，销售员的双脚就不要叉开了。

（5）情况允许时可采取柜台站姿

当一个销售员长时间持续不断地采用基本站姿之后，他的身体再好，也难免会感到疲惫不堪。在情况允许时，正确采用柜台站姿，便可使销售员稍作休息。

注意几点：

①手脚可以适当放松，不必始终保持高度紧张的状态。②以一条腿为重心的同时，将另外一条腿向外侧稍稍伸出一些，使双脚呈叉开状。③双手指尖超

前轻轻地伏在身前的柜台上。④双膝要尽量地伸直，不要出现弯曲。⑤肩、臂自由放松，在敞开胸怀的同时，一定要伸直脊背。

第130招　在告示牌上做出花样

不可否认，一些城市大街小巷的门店告示牌是以搞怪来招摇过市的。如果仔细分析，这类告示牌具有一定的共性。

一是使用一些特殊符号。将完全不着调的词组，或是数字、英文共同拿来使用，这是一种仿制和挪用流行文化的现象。例如一家家居用品小店的告示牌写：m居。"m"代表英文"my"，中文意思为"我的"。用单一的中文来结合措辞似乎也并无什么新异，但像这样来个中西结合，就会特别引人注目，带给人们非常规的文化想象。

二是将店铺实际地址牌号进一步放大，以此吸引顾客进店。像"71号服装店"、"No.52酒吧"都是将店铺实际地址牌号进一步放大。在方便顾客轻松寻找到门店位置扩大了宣传的同时，也在与顾客所玩的智力游戏中成功"出彩"。

三是突出经营内容。像"面爱面"、"OK厅"、"爱眼"、"我爱我家"，其直白的字眼，告诉了顾客这里的经营内容是什么。因为其具有较强的针对性，所以受到了很多商家的追捧。

四是以"奇"立异。突出一个字"奇"。什么没听过，想不到的字眼都可以从广告牌中找到，像类似于"吼一吼""黑店""新浪漫主义"等广告牌，也许人们看过后完全不知所云，更是对经营内容一头雾水，但是商家不管，图的就是好玩，至于真正的内容还得顾客自己进店转后才清楚。

五是以"价"立异。有一家餐馆索性就将自己的菜单摆上了告示牌匾，远看密密麻麻一片，近看什么"肥牛套餐25元"、"蒿子秆4元"更像餐厅报价单，但如此一来顾客也就大可在价格上放心地进去享用美食。

六是以"礼"立异。如有的门店的告示牌上写"进店就送豪礼""每日中奖进店的前10名顾客"。以这些独特的手段来吸引顾客，无疑会增加进店的顾客数量。

第131招　初次见面的称呼礼仪

如果对对方身份一时看不出来，那么可以按惯例称男士为先生，称女士为小姐、夫人或女士，熟悉后可在前面加上姓。

知道对方职务或职称的称呼礼仪时，销售员不妨直呼顾客的职业名称，也可以加上姓。比如："钟律师""李公安""马编辑"。

需要注意的是，有些强调个性或自我意识比较浓厚的顾客，对称呼的要求比较苛刻。这类顾客讨厌被列入"各位顾客""大众""诸位"等概括性的语言范围内，他们希望自己能作为并被当成一个独立的个体。销售员对这类顾客要称呼全称。

第132招　切勿两眼直视顾客

这对于销售员尤其是新销售员来说，是必须上的一课。缓解顾客的紧张感，销售员的两眼很重要，尤其是当顾客刚刚进门的时候，切勿两眼直视顾客。销售员应尽可能不要正对着顾客。最容易让顾客放心的姿势是：身体斜向顾客，继续手头上的工作，只保持脸部正视的姿势。

一个故事说：一位到某工厂实习的大学生，他第一次在厂会上登上发言台，向与会者致问候时，他想好的开场白不知跑到哪儿去了。惊慌中，他用颤抖的声音说了句："大家好，再见！"人们莫名其妙，面面相觑，见其满脸绯红，不知所措，不由得哄堂大笑。他一阵冷场，但换来的不是镇静，而是脑门上渗渗的汗珠。当他下意识地掏出"手帕"揩汗时，台下又是一阵哄堂大笑。这是为什么呢？经一位工友暗示，他才发现自己手里拿的不是手帕，而是一只袜子——啊？！真该死！大概是昨晚洗脚时，不知怎么鬼使神差地把袜子装进衣兜了。他想避开几十双眼睛，慌乱中一抬脚又踢翻了发言席旁的暖水瓶。

在众目睽睽之下，人容易产生心理紧张。俗话说：眼睛能把人看毛躁了。

场景抓拍：

在开门的瞬间，顾客意识到有一双眼睛在死死地盯着他，于是转身离去。

分析：很多顾客上门购物时，都多少会有一些紧张的感觉。销售员会是什么样的人？他们会怎样对待我呢？是否会因为一句不可恭维的态度搅得我一天心情不好？因此，顾客再开门的瞬间就怕看到销售员可怕的眼睛。如果遇到了，会及时逃避走出店门。

反面案例：地点：某成人保健品专卖店

顾客在开门的瞬间，和销售员四目相视。

导购：

顾客：（无声地离开了）

顾客的这种胆怯心理，不是少数人的问题，而是大多数人都程度不同地存在，其比例相当高：在青少年顾客中大约占80%以上，而在已经工作多年有一定阅历的人当中差不多也占50%以上。这不能不说是一个问题。

有些顾客转身离去的紧张情绪也有表现，即足将行而趑趄，过于拘谨、紧张。

第133招　选择好打第一声招呼的时间或时机

何时打第一声招呼是销售员必须要注意的。打招呼的时间选择其实也是促进销售时机成熟的基础工作之一，不容忽视和小视。顾客进店，往往先要拿眼睛环视一下店堂的商品，而不是先寻找导购。当顾客的视线进行到过一半的扫描商品的程序之后，开始想导购会是怎样的服务态度这个问题了。此时是销售员"现声"的绝好时机。

场景抓拍：

顾客走进店门，站在了店堂里。而且视线已扫描了过大半的店面时，突然对肃然的店面警觉了起来。以为自己走错了门店。

分析：很多顾客上门时，常常有走错门的感觉，因为销售员的第一声招呼声没有适时响起来。顾客的心理是有预期的。顾客希望听到的第一声招呼不要太早，也不要太迟。

反面案例：

地点：某品牌服装专卖店

走进店门的顾客开始站在店堂里，眼睛环视四周。

顾客：有人吗？

导购：（未应答。）

顾客：（无声地离开了。）

"说话要注意时机"，这是提醒你注意说话时所处的时间、地点和周围的情况，不要违背、超越具体时境对你的限制。

"在那种情况下我该那么办。"说话行为与说话时境必须保持统一，这是一条不可违背的规律。销售员和顾客打第一声招呼也要遵循这个规律。

第134招　认真考虑第一句招呼语说什么最好

第一句招呼语说什么最好？应该说是最合适的才是最好的。近乎废话的招呼语不但不能"先声夺人"，而且还会让顾客反感。不知如何说起的招呼语，让顾客无法应答。因此，最合适的招呼语一定是顾客应感兴趣的。

通过思维的形式，找到对方最感兴趣的问题和结论。这样，销售员的第一句招呼语才不会给人以"无话可说"的感觉。

导购技巧，在很大程度上是思维的技巧。思维是在表象、概念的基础上进行分析、综合、判断、推理等认识活动的过程。

场景抓拍：

顾客走进店门，站了几分钟，原本兴致很高，不想销售员的一句话，让他很扫兴，顾客于是扭脸出去了。

分析：很多顾客上门时的兴致很高，但是为什么仅仅几分钟就判若两人了。这难道不值得销售员反思吗？要知道，有时恰恰是销售员不经意的一句招呼话"浇"灭了顾客的购买欲望。而销售员往往自己报委屈：招呼语都是店里要求背的。但是，每句招呼语用在何种合适的情况下，确是锻炼销售员智慧的，这也是店里的要求，而你没能运用自如，恰到好处，就是你的错了。

反面案例：

地点：某手机销售门店

导购：先生，买手机吗？

（注：顾客听后，往往无语。顾客认为你说的是废话。他可能心想：来手机销售门店不买手机难道来看你导购的？当然，顾客不会直接告诉导购："是的，我要买手机，卖一个给我吧。"于是，他会面无表情地走过柜台，扬长而去。）

地点：某图书销售门店

导购：先生，您想买什么样的图书？"

（注：顾客听后，哑然无语。什么样的图书是什么意思？这个问题太大了。真的不知道如何说起。既然一时不知道如何说起，那就不说吧。于是，顾客默默无语地往前走。）

第135招　打招呼不要冷冷淡淡，更不要过分热情

要让没有接触过门店工作的人说一句好听的"欢迎光临"并不容易。新销售员，在这个方面要特别注意。而且还要正确处理好怕给顾客造成压力与不敢跟顾客打招呼的矛盾，从心里解扣。当说"欢迎光临"时，一定不要"底气不足"，因为你做的是销售工作，做销售工作不丢人，也不会伤害到谁，只要你态度端正。说"欢迎光临"时，你一定要大声说出来。给自己的是勇气，传递给别人的是自信和有精气神。"欢迎光临"对熟练的销售员来说是常常挂在嘴边的一句招呼语。但又是常常可看到他们在顾客身旁跟前跟后，讲一堆重复的话。这属热情过度的表现。顾客常常会躲你走，怕被强迫购买。其实，"欢迎光临"是要表现出"我们真诚欢迎您""您慢慢参观选购"的姿态的。

场景抓拍：

顾客空手从门店里出来，一个非常气愤，一个面露惧色。

分析：很多顾客对销售员打招呼的态度感到不可理解。销售员过分热情，吓跑了顾客。销售员对顾客的冷淡也会气走顾客。

反面案例：

地点：某小吃销售门店门前

导购拉住一个过路外地人的手，往店里拽，一边拽，一边说："先生，里边有位子"

被拽进店里的"顾客"，早被这举动吓坏了，哪里还有心思吃小吃，忙不迭地说道："我还有事儿，我得走。"说的过程中，前脚就已经迈出了店堂。

在生活中，你稳重的步伐，充满热情的表述，从容不迫的应答，随意自如的动作这一切，都会使别人觉得与你相处真是一件很荣幸的事，有了这个感觉，他就会对自己说："我一定要保持良好的热情度，对他千万不能失礼。"在这情况下，你不就已成功大半了吗？

第136招　发自内心地说声"您好"

一些新销售员之所以没能在说完"您好"之后，博得顾客会心地一笑，恐怕和生硬地把礼貌招呼语抛给顾客有关。不要以为说了这些招呼的简单用语，到主管那里就有交代了，更不要以为对顾客也算有个交代了。为什么，销售员说话之后，顾客照样选择了沉默？这样的情形在门店每天都有可能发生。

用心语说"您好"，重心在于内心。说"您好"的同时，说着往往感觉内心会动一下，而不经过内心的"您好"，用力是嗓子，靠喉咙动产生声音。也有不经过喉咙而发出的鼻音，都不是最好的招呼效果。销售员发自内心的"您好"让顾客感觉是轻快的，反之，则是沉闷的，自然是提不起顾客多大兴致。销售员平时要多练习，可以把自己的声音录下来，对比哪一声是感觉轻快的，发自内心的。

第137招　学会两种招呼语言方式表达对顾客的敬意

两种招呼语言是指直接招呼语和间接招呼语。直接招呼语又可分为寒暄式的招呼语和自谦式的招呼语。寒暄语是招呼语的入门语言，直接表示对听着的敬意。销售员用寒暄语后，往往会获得顾客的好感。自谦语是利用自谦，直接表达说话者对听者的敬意。销售员说此话，顾客会为你自谦的态度所吸引，并认可你。间接招呼语不直来直去，通过暗示表达说话者对听者的敬意。使用这两种招呼语要因地制宜，因人而异，这样才能发挥出彬彬有礼、热情、庄重的特点。

第138招　将第一位顾客多留一会儿

哪怕遇到的是那种没有购买欲望的顾客，但销售员也希望顾客能在店里多待一会儿。这是销售员的一个心态。因为如果店内有了这么一个顾客，那么后面进来的顾客就没有了多少压力。顾客就会接二连三地进来。（顾客对店里的气氛非常敏感。因此，将第一位顾客尽量多留一会儿，这对改善店里的气氛是很重要的。试想，一个没有人光顾的门店，谁能够喜欢呢？

事实上，我们经常看到，将第一位顾客多留一会儿，所得到的机会也多起来。销售员在销售过程中，必须充分认识到这一点，自觉地为自己创造机会。

分析：为什么顾客不愿多待一会儿？除了有急事，一般地来购物的都是有时间上的伸缩余地的。关键看销售员的招呼怎样打对留住顾客更有效。有人说："下雨天，能留客"。俗话说：下雨天，留客天。其实并非如此。

反面案例：

地点：某茶叶销售门店

导购：（刚接待过的第一位顾客）您没有别的事了吧？

顾客：没有，我这就走，这就走。

有些人总是有点眼高手低，他们希翼一个突然的机会把自己从地狱送到天堂，眨眼之间便具有了值得大肆炫耀的业绩，一夜之间就会能一举成名。他们往往为着一心要摘取远处的玫瑰，反而将近在脚下的菊花踏坏了，他们忘记了大事业要从小处着手。

第139招　说一句招呼的话让顾客"想"进来

销售员面对顾客，应该自信：通过一句得体适当的招呼语，传送信息给顾客，完全可以做到提醒顾客这里有一家店的存在。

这需要销售员要锤炼出本店与其他店迥然不同的味道的招呼语来。

场景抓拍：

一位行人路过一家花店，不知什么吸引了他，想进店瞧一瞧。

分析：为什么花店能够吸引这位顾客想瞧一瞧的想法？可能是一句销售员招呼语，让顾客想体会花店内春深四海的感觉。这句招呼语勾起了顾客的"想往"。

反面案例：

地点：某雨伞销售门店

顾客：（在店前屋檐下避雨，这本来是一个销售员向顾客推荐商品雨伞的好机会。）

销售员：（却没有主动上前搭讪。）

第140招　对第二次进店的顾客第一句招呼语要道出对方的姓名

要想顾客有宾至如归的感觉，记住：一定要记住顾客的名字。这样，老主顾才能越来越多，生意会越来越好。可以将此法定义于"记忆姓名招呼法"。

攫取顾客的注意，而且一定要攫取他们有利的注意。第二次进店的顾客，注意力往往没有初次进店高。销售员第一句招呼语道出对方的姓名时，顾客的注意力就被吸引住了。顾客的注意，就是有利的注意了。

为了某些理由，学习导购商品的新员工经常觉得他必须表现得很热情才算是导购者。而他的本性是严肃、缺乏幽默感。他的热情很可能不会生效。

如果一个初次进店的顾客，同行者唤他"老王、老李"。这时，销售员也招呼他"老王、老李"，那么顾客会觉得很不舒服。

初做导购者常犯的一个错误是直呼顾客的小名。如果你和他交情不深，那么你这样说就有侮辱你的顾客之嫌。因为你这样说，等于是向顾客暗示，你认为他不值得你去尊敬。

销售员最好在第一个句子中就要说出某些吸引顾客有利注意的话。在获取顾客有利注意的过程中，招呼的要点应愈少愈好，而且都要有支持的材料。

场景抓拍：

一位顾客走进一家工艺品店，销售员认出他是二次以上进店的"老顾客"了。于是他的招呼语有了新的内容——顾客的名字。

分析：工艺品店的销售员在某种程度上代表着门店的形象。销售员如此重视老顾客的姓名，使顾客倍感亲切和受到尊重。没有哪一位顾客不成为这里的忠实顾客。

正面案例：

地点：某美容店

顾客（第二次来店）

销售员：请进！××先生（女士）

第141招　假定顾客曾买过你店的商品而打招呼

要想顾客有宾至如归的感觉，除了前面说的，还要让顾客自己觉得曾经购买过这家门店的商品。顾客也可能有遗忘的时候。因此，销售员可以假定顾客曾在这里消费过。这样可以去除顾客心中的陌生感，油然而生亲切感。

假定顾客曾买过你店的商品而打招呼，销售员必须找出这样做的最重要的作用，以及它可以带给顾客什么好处。

一般销售员时常在运用这个假定顾客曾买到你店的商品时犯一个错误，他总是认为顾客不会反问他什么。他一直在用自己的思维推广他的商品有多好。这是应该引起注意的。

场景抓拍：

一位顾客走进一家计算机销售门店，销售员感觉面熟，说：您买的那个机子还好用吧。

顾客回答：还好。

分析：销售员在感觉面熟的基础上，假定这个顾客曾买过门店的商品。即使顾客没买过，也不会因为这样的事情和销售员发生争执。因为，门店每天可能接待不少人，怎么能一一记清楚谁是交易过商品的顾客呢？另一方面，销售员这么问，体现出店家对顾客的高度负责任，时时想着顾客。选择这样的店家买东西，一定不会错。

正面案例：

地点：某美容店

顾客（让销售员觉得面熟）

销售员：请进！您用的那套化妆品感觉还好吧。

第142招　和顾客初打招呼的行礼幅度以30度为佳

场景抓拍：

一位顾客走进一家爱家中介房屋销售门店，销售员行礼状，顾客感到受到了不太尊重的待遇。

分析：销售员行礼向顾客，本是一个尊敬顾客的举动。为什么顾客却有相反的认识呢？原来行礼也需要有讲究，有技巧的。

正面案例：

地点：某美容店

顾客：哇，外观好美啊。不过，我得看这家手艺怎么样。

销售员（行礼，身体前倾呈 30 度角）请进！欢迎您的光临。

鞠躬礼是这样的：取立正姿势，双目注视受礼者，面带微笑，然后使身体上部向前倾斜，视线也随鞠躬自然下垂。鞠躬分 90 度、45 度、15 度三种，角度越大，表示越谦恭，职位越低，年龄越轻，鞠躬时间越长，鞠躬次数越多，幅度越大。酒店服务中多有 15 度、45 度为常用礼节。男服务员鞠躬时双手放在裤线的稍前方向；女服务员将两只手在身前轻轻搭在一起，面带微笑，动作不要太快，并自然说一些如"欢迎光临""再见"等。

和顾客初打招呼的行礼幅度以 30 度为佳。销售员行礼给顾客使其有宾至如归的感觉，一是要看着顾客的眼睛。二是同时将头慢慢朝下，弯腰成 30 度前倾，这一举动，代表着"欢迎光临"的意思。

第143招　使用更能令顾客"联想"高涨的招呼语

销售员的招呼语的魅力往往在于它能使顾客生出很多联想。

顾客注目某个商品，说明其对这个商品有"兴趣"，之后会有"联想"。若是认为顾客可能已经进入"联想"的阶段的话，不妨用比"欢迎光临"更能令"联想"高涨的语句，如："这个设计得很不错哦！"之类的语句来招呼也许较为恰当。

第144招　对左顾右盼的顾客尽早打招呼

销售员也许认为对左顾右盼的顾客没必要打招呼，或是认为稍后再打招呼也不迟。这是因为销售员在形成一个错觉：这样的顾客不会买东西走。

正面案例：

地点：某房屋中介店（顾客左顾右盼地进店）

销售员：先生，您是打算租房子？还是买房子？

顾客：买房子，我刚才转了好几家房产中介，到现在还没看到合适的房源。

销售员：我们这里房源充足，您要多少平米的住宅楼？

顾客：我想问一下，每平米多少钱，太贵了我可买不起。

销售员：这里有 15 000 元 / 平方米的，23 000 元 / 平方米的，30 000 元 / 平方米的。

顾客：（没说话）

销售员：这里还有 14 500 元 / 平方米的。

顾客：就看这个，您咋不早说呀。

销售员：好。那您要什么户型呢？两居还是三居？

顾客：两居。

销售员：不过，这样的户型现在就几套了，都在阴面。我还是建议您每平方米多花上点钱买 15 000 一平方米的 2 居室，那可有好几套阳面房呢？

顾客：好，就听你的。

一进到店里来，顾客就左顾右盼地似在找寻什么，应该尽早向他说声"欢迎光临，您需要什么吗？"招呼得越早，省去顾客花时间寻找的麻烦，他心里会越高兴。销售员若能做有效率的配合，可以说一举两得。

第145招　一眼看穿顾客的特点

（1）说话快言快语的顾客

场景抓拍：一顾客拿着一本书来问是否是新版，恰好架上有一本和他手里拿的一样的书。销售员问那本书从哪里买的并说样子看上去很旧。顾客疑惑地站着。旁边有位顾客打开了"话匣子"且带有火药味。

分析：热心顾客一般在这个时候，鼓动疑惑的顾客把产品退回他店，而从此店购买。甚至，他的语言比销售员更直白、露骨。

（2）对"小恩小惠"感激不尽的顾客

场景抓拍：一顾客买了一本书，交完钱，收银员主动拿纸给她包扎一下，顾客一个劲地说"太麻烦你了，回去我让同事买书就上你这里买。"

分析：热心顾客是门店服务让其满意触发其情感而出现的。有时搞搞优惠、积分活动，也能聚集一些热心顾客，并且这些顾客能够积极宣传门店的好处。

（3）从背包看外地顾客

背着大大的皮包或者帆布包的顾客，一般都是外地顾客。本地顾客背包一般较小，神情有悠闲感，很少有疲惫感。

（4）从口音判断外地顾客

口音识别是识别外地顾客的一个标准。有的地方人们的口音较短，有的地方人们的口音较长。从这个标准就可看出谁是外地顾客。此外，一个地方有一个地方的方音，不知不觉带出的一两个方言，泄露出来的"天机"，被销售员抓住之后，就能进一步和顾客进行沟通，利于销售。

（5）从长相判断外地顾客

一方水土养育一方人。江苏人与上海人长相不同，北京人和天津人长相也不相同。以本地人的长相去判断，就可找出外地顾客的诸多不同来。

（6）从寻找的商品名称判断外地顾客

不同地区的顾客对一些商品的通俗名称叫法不一样。比如：钳子这个工具，有的地方就叫夹剪。从寻找的商品名称的称呼上，销售员可以迅速判断出谁是外地顾客。

第146招　有这些常见表现的顾客，你该怎么办

（1）顾客手插裤兜

场景抓拍：（顾客走进一门店，忽然他的一些举动引起了销售员的好奇）

销售员一般会发现有些顾客很"另类"。

案例：

地点：某劳保用品销售门店

顾客进店，手插裤兜。

销售员：您要？

顾客：我要十副耐牌手套。

销售员：对不起，我们这个牌子的手套卖完了，下星期才能到货。您看您先来十副新牌手套，行吗？

顾客：我只要耐牌的手套。

手插裤兜的顾客性格比较谨小慎微，凡事三思而后行。心理承受能力差，固于习惯缺乏灵活。

面对这种顾客，销售员要从其惯性思维出发，引导其实现商品购买。

（2）顾客双手后背

顾客两脚并拢或自然站立，双手背在背后。这种人大多在感情上比较急躁，但他与销售员交往时关系处得比较融洽，其中可能较大的原因是别人很少对他们说"不"。这是相当自信的顾客的表现。

案例：

地点：某服装销售门店

顾客进店，双手后背。

销售员：您要？

顾客：我儿子给我 3 000 元，说您爱买啥就买啥，你看这 3 000 元能买几件服装。

销售员对双手后背的顾客，不要急躁，要顺其自信之气，行推销之实。

（3）顾客不时摇头

分析：顾客不时地摇头或点头，是顾客自己对某件事情看法的肯定或否定的表示。

案例：

地点：某灯具销售门店

顾客进店后，一边说话一边摇头。

销售员：您是？

顾客：

不时摇头的顾客在店堂很会表现自己。这种人，自我意识强烈，看准了一件商品就会努力去买，不达目的不罢休。

（4）顾客拍打自己的头部

分析：顾客拍打头部这个动作，说明了顾客对某个认识突然间有了更深的理解或顿悟。

案例：

地点：某汽车配件销售门店

顾客进店，忽然拍打自己的头部。

销售员：您？

顾客：瞧我这记性，上次我来店里，也是您接待的吧？

顾客拍打的部位如果是后脑勺，那么可能是为了放松一下。拍打前额，说明顾客是直肠子性格，有一说一，有二说二。

（5）顾客拍打掌心

场景抓拍：

在于销售员谈话时，顾客拍打自己的掌心这个动作，说明了顾客对谈话内容中他的某个观点强调一下。

案例：

地点：某家具销售门店

顾客进店，拍打掌心。

销售员：您？

顾客：我对刚才的话再强调一下。我要最大的老板台。

拍打掌心的顾客果断处理各种问题，不拖泥带水。

第147招　招呼过后很短时间内销售员要接近顾客

场景抓拍：

顾客走进一门店，听到了一声招呼，而他的视线原本扫视在商品上，于是就开始寻找声音源，这是需要耐心的。可他在耐心承受的时间内，却看不到有人走近他，他没有了耐心，向远处走去。

分析：一些顾客喜欢在销售员招呼声之后的很短时间内看到销售员。一句诗词里是这么写的：红纱巾飘过阵阵笑声。顾客进店视线先在商品上，商品就是诗句里的"红纱巾"，接着听到"阵阵笑声"（在这里，是销售员的招呼声）。由物到声及人，这是人的心理意识的"逻辑顺序"。如果这个逻辑顺序出错或环节缺失，那么就会使顾客心理上出现烦躁不适感。

正面案例：

地点：某房屋中介店

顾客（进店）

销售员：先生，您是打算租房子？还是买房子？（说这话后，很短时间他就开始接近顾客）

顾客：买房子，想看好一点户型房。

销售员：我们这里有一居、两居、三居，还有四居的房子。

顾客会有很好的耐心等着销售员过来吗？通常不会。有研究发现：顾客等待销售员过来的耐心是 30 秒的时间。

倘若你能在 30 秒左右的时间里接近顾客，那么你就会发现：不但你的心理由"欲望"阶段到"联想"阶段，就连你的顾客的心理也实现了从"兴趣"阶段到"比较思考"阶段的转变，这时你如果再接近顾客，那么可以这样说：已经迟了。与之相反的情况，如果太早了，那么也不能说是"好"。假如说在此之前的阶段是"注目"阶段的话，就可能出现这样的情形：顾客如果感觉到了销售员已经来到他身边，那么这个人就会提高警惕，不自然地远远躲开。只有从注目至欲望之间的 30 秒内，顾客才可能注视着商品等着销售员过来。

第148招　预备开始接近顾客应自然一些

场景抓拍：

走进一门店的顾客，发现预备开始接近他的销售员，表情很不自然，这让他感觉到了自己有可能被销售员"包抄"的滋味，他感觉很不是滋味。

分析：顾客来门店购物，感觉常常会影响到他的思考问题的结果。销售员预备开始接近顾客的不自然的表情常会加重顾客"不自然"的感觉，影响到顾客的购买欲望，这是个很糟糕的事情。

反面案例：

地点：某渔具销售门店

顾客（进到门店里）

销售员（打过招呼后，预备开始接近顾客，可他的表情却是十分慌乱。）

顾客：（像打碎了五味瓶，更多的却是苦涩。）

销售员问专家：为什么要接近顾客？专家告诉他说："因为成功接近顾客，已使你掌握了 75% 的成交率"。于是，销售员就开始预备要接近顾客了，可是显得很不自然。为什么呢？因为他心中总想着 75% 的成交率，而没有考虑到接近顾客的技巧。

预备开始接近顾客应自然一些。预备要开始接近顾客，应做到自然大方，有礼貌，以微笑示意。这个时候，你可以趁机对附近的商品摆设进行一下整理，然后，你要选择机会接近顾客。

第149招　及时询问顾客的不满

场景抓拍：

顾客走进一门店，忽然他有一些不满的情绪在脸上表露出来

分析：粗心的销售员一般不注意顾客脸上的表情变化。这会使销售机会白白走掉。而精明、细心的销售员会及时察觉顾客的神情变化，不失时机地询问顾客的不满。

面对顾客的不满，销售员问：先生，您对我们这儿有什么不满意的地方吗？顾客：这儿的东西太贵了。销售员问：您说太贵了，是拿这儿的东西和什么地方做比较呢？顾客有什么真实的想法，通过销售员的询问，很快就会找到答案。询问，才能引导顾客把其心中的顾虑讲出来。

第150招　对与推销或成交无关的顾客问题不宜询问

场景抓拍：

顾客发现门店的销售员问的多是一些与推销无关的问题，他感到购物的兴趣一下子被冲淡了。

分析：销售员如果问的问题多是与商品无关的问题，那么顾客的思路可能被打断，不再关注商品。喜欢聊天的顾客可能会你一句我一句地和销售员聊起来，家长里短、坊间野闻等，都在话题之中。而不喜欢聊天的顾客可能会感觉销售员的询问很"无聊"，很没有趣味，购物欲望一旦被这样的心情所干扰，就可能中断购物和减少购物量。

反面案例：

地点：某服装门店

顾客（进到门店里）

销售员（打过招呼后，看到顾客的手包很好看。）

忙问：您的手包从哪里买的？

顾客：我，您说手包啊，外滩买的。

销售员：您的戒指又是从哪里买的。

顾客：也是。

为什么要询问顾客？因为询问可以发现顾客对商品的真正需求。询问顾客的话题不要偏离推销出商品这个中心。因此，对与推销或成交无关的顾客问题不宜询问。

第151招　询问顾客对商品的意向，心中要想着顾客

场景抓拍：

一位残疾顾客走进一门店，销售员在询问顾客要买的商品意向的同时，却没有给这位残疾顾客给以搀扶和搬过一把方便椅让其坐。残疾顾客感到很失望。

分析：一些销售员为什么会让顾客感到失望？是因为这些销售员没有认识到尊重顾客的重要性。残疾顾客因为其自身生理、身体的某种缺陷，常常有自卑的心理倾向。这种心理倾向导致其担心会被人歧视。销售员的态度常会引发其对受人尊敬与否的自我判断。

反面案例：

地点：某电脑销售门店

顾客（一位聋哑人，进到门店里）

销售员问：您买什么？

顾客：（拿手比画。）

销售员：您是想买电脑？鼠标？键盘？

顾客：（仍用手比画。）

销售员：您能不能说出来。

顾客：

（顾客摇了摇头，走了。）

销售员在询问顾客尤其是残疾顾客要买的商品意向的同时，给这位顾客（如果是残疾顾客）力所能及的帮助，如给以搀扶和搬过一把方便椅让其坐，这对于销售员来说只是举手之劳。但在顾客看来是受到尊重。在此基础上，销售员

询问顾客有关商品的意向，得到顾客积极的回应应该是很容易的事情。

第152招　询问后及时拿出商品

场景抓拍：

一位顾客走进一门店，顾客听到销售员的询问声，却不见销售员指示商品。顾客感到很困惑。

分析：询问要让顾客更关注商品。销售员如果在询问顾客的同时，不把你想要推荐的商品和顾客意向中的商品同时指给或拿给他看，就会让顾客感到困惑。

反面案例：

地点：某皮草销售门店

顾客（进到门店里）

销售员问：您买什么？

顾客：我买皮靴。

销售员：

顾客（顾客摇了摇头，走了）

第153招　熟练运用征询语

场景抓拍：

走进门店的顾客，听到销售员的征询语，但是觉得销售员说得结结巴巴的。

分析：为什么顾客会觉得销售员的征询语结结巴巴？从销售员自身分析，应该是不会熟练运用征询语。

反面案例：

地点：某健身器材销售门店

顾客（进到门店里）

销售员问：您买什么？

顾客：我买跑步机。

销售员：你买 SK 牌吧。

顾客：我想买别的牌子的。

（顾客想，你让我买我就买啊）

熟练运用征询语是销售员的一项基本功。常见的征询语，如"先生，您看可以了吗？"先生，这是本店新到的您感觉行吗？一般地，前者适合销售员有备而来或拿着纸条或心中有商品名称的情况。后者多用于询问顾客对新到商品的意向。

第154招　展示出商品的特有价值

顾客走进一门店，当销售员向他展示某个商品时，却看不出这件商品对他有何实用价值。

分析：销售员一般不注意所展示商品对顾客所产生的价值有多大。商品的价值对于顾客而言因人而异，所谓"萝卜白菜各有所爱"，"所爱"就是萝卜、白菜的价值。有的顾客对"萝卜"商品有口味，有的顾客对"白菜"有口味。愿意吃哪一口，就喜欢买什么样的商品。

顾客对商品的挑剔性在于这件商品的价值必须是对他本人而言是最实用的。特有价值的商品是最吸引顾客的。通过展示，销售员一定要把商品价值特有的一面呈现给顾客。这样展示商品，才能被顾客接受。

第155招　向顾客展示二三件商品

顾客发现门店的展示商品每类只有一种商品，他对销售员只展示单一商品的做法不太满意。

分析：销售员向顾客展示商品单一，顾客就没有了挑选的余地，即便买也是硬着头皮买下。

销售员如果向顾客展示商品，应展示两、三件商品，顾客就有了比较挑选的余地了。但展示的商品超过了这个数量，把一大堆的商品展示给顾客，顾客会觉得眼花缭乱，不知道挑哪件好，就会放弃购买。

展示商品的技巧：先拿比顾客意向价格低一点的商品展示，再拿意向价格一致的商品展示

顾客对销售员所展示的 1000 元的商品有了犹豫，虽然他说想看看 1000 元左右的商品，但是他想要的是低于 1000 元的商品，但是此时他不好意思说"有没有更便宜的商品"，于是对销售员说："这件商品不错也不贵，但我下次再买，我还有别的事，我走啦"。

分析：顾客心理所想的往往和所报出的价格意向有差距，是顾客的虚荣心在作怪，他会认为如果自己不多报一点，那么人家就可能瞧不起他。对于有此类心理倾向的顾客来说，"有没有便宜一点的商品"是他们最忌讳说的一句话。

销售员向顾客展示商品，要先展示比顾客所报价格低一点的商品。一般地顾客认可度高，会马上购买。如果认为不满意，顾客会说："有没有比这个贵一点的商品？"这时候，你就拿顾客一开始所报价格一致的商品展示，顾客思考之后，狠下决心也会购买的。

第156招　让顾客看清商品的好处

一个门店销售员在展示给顾客要买的商品时，却没有让这位顾客感觉出商品的好处。

分析：一些销售员为什么会让顾客不能看到商品的好处？是因为这些销售员没有在展示商品的同时，说明好商品。

销售员在展示给顾客商品的时候，要通过用手指示、用话说明等手段让顾客懂得商品的好处在哪里。例如，"这本工具书外观与盗版书的区别有"当你一一指给他看正版工具书的几个观察细节之处，然后再讲正版书不缺字、漏字，不脱字，不掉页，用纸有讲究，装订规整等等，顾客就会觉得正版书的好处的确很大。

第157招　说明商品的技巧：说明商品的核心本质

顾客就需要销售员给以某个商品的说明，但销售员的说明太简单，比他了

解到的还要少。

分析：如果在进店门的瞬间，顾客就需要销售员给以某个商品的说明，那么他一定是意识到了这间商品对他有多重要。只不过他对这件商品懂得的知识还很有限。因此，顾客需要销售员把商品的核心本质告诉他。商品的核心本质是顾客最最需要的。销售员一定要把这个核心本质向顾客说明好。如空调的核心本质是制冷（或制热），能在炎炎夏日给顾客带来凉爽和惬意，改善其生活的质量。

第158招　陈列商品也能赢得顾客好感

赢得读者的好感是中小书店门店卖场陈列追求的目标之一。因为好感最终会促使读者做出购买图书商品的决定，所以如何才能赢得读者的好感就成为中小型门店的重要研究课题。

在品牌营销时代，卖场已不只是一个简单的销售场所，它既是货品的销售地，同时又承担着传递品牌文化的角色。它的内涵是突出商品美感、营造店面亮点。对于书店来说，卖场要赢得读者好感，必须关注以下因素：

1. 视觉沟通。视觉沟通既包括店员与读者眼神上的沟通，也包括卖场海报、经营理念、展示板的视觉沟通。一颦一笑，传递着店员的热情和友好。卖场海报、经营理念语言醒目，展示板以强大的视觉冲击力吸引读者眼球。

2. 灯光。灯光的明与暗，映射人们的心情。明亮的灯光让人感性十足，昏暗的灯光让人理性，但也容易使人有颓废感。

3. 色彩。卖场陈列暖色调比冷色调更能引发读者的好感。

4. 音乐。轻音乐背景是提升卖场情调的重要因素。卖场音乐的诱惑有时会让读者无法抗拒。

5. 气味。清新的书香气味会让读者更加感到购书的怡悦。

读者不会主动地说："我对你店的卖场陈列和你店的商品有好感"，但是他独特的语言、表情、行为可以为我们提供一些暗示。识别了这些信号，书店员工就可以有针对性地向读者推荐和销售图书了。

这些信号包括：①语言信号，在成交前，他会说："我买这么多有优惠吗？"②行为语言，拿起图书反复翻看，检查细节，轻松友好询问店员，与店员的距离会更近一些，身体前倾。③表情语言，读者面露微笑，频频点头。

以下再介绍一些可以赢得读者好感的卖场陈列招数。

第一招：保持货架的序列感。如果货架由 1 到 10 排列，那么读者就会习惯性地由小数到大数，一直走下去。如果货架上助学读物摆放顺序是语文、数学、英语、物理、化学、政治、地理、历史，那么读者就容易接受，这就是保持序列感的重要性。

第二招：体现整体性，高度一致。整齐划一的归类成列，不仅充分利用了卖场的空间，还让商品整体看上去具有丰富性和立体感。

第三招：展示美感，增值商品。书籍的美感在于其封面设计，也在于弧形或长方形的书脊等。把图书陈列在书台上，摆出这种造型，有助于提升读者审美感。

第四招：突出主题，吸引注意。重点推荐的图书，要摆在货架与读者视线平行的位置，而且要突出主题。因为在读者最容易看到的黄金视野里，读者更能特别关注并且取放起来也比较方便。

第159招　让每个品种多卖一件

浙江省新华书店博库书城的一位经理说："争取每个人多买一本书。"延伸出去的一个思路该是"每个品种多卖一本书"。

徐冲说"争取每个人多买一本书"，传递的是让有效顾客增加购书款的理念。"增加"到什么程度呢？起码增加一本书的书款，这是一个"跳一跳就能够到"的目标。

有效顾客是购物过程中不费时也不费力就能买到合适商品的顾客。因为这样的购物过程是令人轻松的，是能够让顾客消费的。在轻松的过程中让顾客多买一本书，不但可以实现，而且有可能超额实现。

有人曾经做过顾客（单客）停留店堂时间长短与成交图书册数、金额多少的统计：顾客看到自己所想买到的图书的时间段是 3～5 分钟。成交的理想时间段是 5～8 分钟。此后时间越长，成交率越小。因此，我们可以这样说：对于顾客来讲，消费永远是个习惯。顾客对时间的选择是习惯，顾客对购物过程的轻松选择是个习惯。在这里，需要说明的是：轻松不是休闲。让顾客轻松完成购物过程，对商家来说，是目标，更是责任。

在顾客轻松完成购物的过程中，什么因素才是具有决定性的因素？

"争取每个人多买一本书"，从字面上看并不能带给我们关于决定性因素的答案。品种是起决定作用的因素。"每个品种多卖一本书"应是我们所秉持的。

第160招　三招营销商品

以书店为例来分析营销商品的三招。

第一招：确立正确的图书营销观念

营销的根本目的是把商品销售出去。商品一旦形成积压就会成为滞销品，所以基层店的相关工作人员必须采取各种营销策略，做好商品的宣传、推荐工作，充分激发读者的购买欲望。

第一，广告宣传是基层店营销的一个着力点。

第二，正确处理买与不买的关系。

第三，诚信为本，服务至上。

第二招：揣摩读者的心理，激发读者购买欲

营销人员在介绍图书时的语言、语气和态度，可以直接影响消费者的购买行为。当读者在门店前停留时，在某个书柜前凝视时，或在寻找某种图书时，营销人员要主动和消费者搭话，询问读者的需求。在介绍图书的过程中要让读者感觉到此次购书行为是物有所值的，此时，消费者就会得到极大的心理满足，并有可能再次购买其他图书。

第三招：当好读者参谋，适时运用营销策略

有经验的营销人员在读者走进门店的一刻，就能大体判断出他是不是要买书，或只是单纯逛逛；是不是有明确的购买对象，或是购买目标不确定。一般来说三五一群结队而来，到门店边走边谈，目光并不集中在某一柜台或图书上的读者，多半只是来逛书店的；步态从容，左顾右盼，这个书架前停停，那个书架前看看的，往往是挑选时间充分，属于既逛书店又买图书的；一进书店就直奔某一书架，目不暇顾的读者，一般是有明确购买对象但选购时间并不充裕的读者。对于只是看看的读者，营销人员不能有任何不欢迎的表示；对于有明确购买目标却对门店图书方位不熟悉的读者，只要积极引导，热情服务即可；

对于无明确购买意图的读者，则应主动向读者表示欢迎，设法和他接近，以了解更多的需求信息，引导读者实现购买行为。

第161招　销售的5P：产品、人、价格、地点、定位

销售的 5P：产品、人、价格、地点、定位。

销售由五大要素组成：产品是第一要素。没有好的产品就不要销售。人是第二要素。有好的产品，没有得力的人做销售，再好的产品也没用。价格是第三要素。把产品卖出利润而不是只是卖出成本来。地点是指销售的口岸。口岸好，销售就会成功。定位是销售的重要因素。没有科学、准确的定位，销售就不会成功。

第162招　销售的策略：降价不影响赚钱

销售不能采取的价格策略是只升不降。只升不降虽然可以保持向好的利润，但会影响客群的维系。

沃尔玛销售采取低价策略。降价但不影响赚钱。因为它有强大的零售能力，所以能在供应商那里压低进价，而有能力让利给顾客。

第163招　自我介绍也是销售

场景：一个金牌销售员经验交流会的会场上。

一片掌声。会议主持人说，下面请金牌销售员×××发言。

金牌销售员×××：

各位同仁，大家好。我就站着同大家讲话吧。俗话说得好，站着说话不腰疼。我今天不是以政治任务来讲的。应该都是些经受过实践检验的话儿，价值多少，需大家品味一下。

第一，我要向一线人致敬。向战斗在销售战线的同志们致敬！

第二，我的命题作文。我收到会议邀请函，打开一看，给我的命题作文，

内容是：零售店销售。

第三，我的自我介绍。教育背景：工商企业管理 MBA。工作经历：××销售部工作；新×销售渠道建设；第×极的零售。

评点：自我介绍突出的是六次"跳槽"，这个经历，遵循的其实是转行销售的不二法门：创新。这也是传统业态生存的不二法门。自我介绍重点放在了怎么想上面。这说明销售首先要在理念上求突破。有突破才能有创新！

又一片掌声。会议主持人接着说，下面请金牌销售员××发言。

金牌销售员××：

各位同仁，大家好。见到大家我非常高兴，因为能和大家一起交流。我也是带着邀请函题目来的。题目是：卖场的销售管理，或者说是连锁条件下卖场的销售管理。我的理解是卖场如何通过计算机技术进行连锁系统销售管理的以及连锁卖场销售应该注意什么。

我的自我介绍很简单，毕业后一直就在×××店，一直在做销售员。

评点：自我介绍突出的纵向思维。经历纵向发展，对销售实践的具体层面有着切实的感悟。

又一片掌声。会议主持人接着说，下面请广告人××讲话。

广告人××：

各位同仁，大家好。我是一个广告人。三句话不离本行。先问大家一个问题：为什么写字楼里的店铺在顾客多了的时候会阻止其他顾客进来？

我们总是希望顾客来得越多越好，而忽视了给优质顾客一个从容、悠闲、安静的购物环境。精致价高的商品是应避免无效顾客碰触的。哪怕只有 1% 的高端顾客购买它，我们也不应把它像大路货那样陈列、销售，而应对有高端需求的顾客提供精益服务。广告人就是这样的思维。

评点：自我介绍往往启发你对销售有更深刻的理解。自我介绍就是为自己的销售做广告。而做销售离不开广告手段的运用。

【老夫子销售奥秘】

做销售，做的其实是题目。

做自我介绍，其实做的是广告。

金牌销售员们想的问题就在题目内容本身。

第164招　销售需要决定销售形式

销售需要的不是盯着短期取得了什么样的效益，而是对长远的目标要做规划。销售是一个长远的投资行为。销售的需要决定销售的形式。

第165招　货架上的黄金位置配强势产品

黄金陈列线是指与人水平视线基本平行的范围内的货架陈列空间，一般为90 ～ 120 厘米之间。黄金陈列线的高度一般在85 ～ 120 厘米之间，它是货架的第二、三层，是眼睛最容易看到、手最容易拿到商品的陈列位置，所以是最佳陈列位置。此位置一般用来陈列高利润商品、自有品牌商品、独家代理或经销的商品。该位置最忌讳陈列无毛利或低毛利的商品，那样对零售店来讲是利润的损失。

其他两段位的陈列中，最上层通常陈列需要推荐的商品；下层通常是销售周期进入衰退期的商品。

黄金陈列线上的商品：①畅销排行榜上的主力品种；②有足够存货的畅销品种；③重点商品和重点推荐的品种；④需要大量出清的商品。

如果黄金陈列线上的品种暂时数量不够，零售商应该暂时从黄金陈列线上撤下，等到货后再重新调整上来，以免顾客选上此品种后发生因货号不全而不能成交的尴尬。

第166招　好的陈列增加10%以上的销量

A. 好的陈列增加 10% 以上的销售。

B. 走低成本高附加值的线路

C. 侧面展示产品会损失 25% 的销售

D. 不同品种重叠陈列会损失 16% 的销售

第167招 提升安全销售额

经营安全率是用来反映企业对市场变化适应能力的强弱。说明经营风险程度的高低和经营安全状态的安全性指标！

经营安全率是用安全销售额（实际销售额超过盈亏平衡点销售额或量的余额）与实际销售额的比率。

提高安全率的措施如下：

（1）提价；

（2）降低单位变动成本；

（3）降低固定成本 F 及调整生产经营产品结构。

第168招 设计好自己的销售之路

金牌销售员 ××：

设计十分重要。首先，选址设计，尤其是商业零售企业网点选址，要根据当地的消费能力、消费习惯进行设计。

回溯零售，20 世纪 80 年代设计没那么多考虑，但是后来只有设计精美的店铺经营才能走得好。

批发的 ×× 类门店，做 ×× 商品，单品种册数最大化。而做 ×× 商品的 ×× 类门店最后走不通了。

另有一些类别，没有竞争或少有竞争的属于专业店，有机构性的竞争保护，走的经营之路是健康的。虽然媒体讲的不多，但有很大的发展空间。未来成功的可能性更大。

评点：如果所选择的商品品种更新快、单品种顾客局限大，那么这样的经营之路往往走不通。

金牌销售员 ××：

连锁是不可改变的事实。独立门店没有优势。独立门店玩不下去了，因为成本太大了。连锁改变了卖场传统经验。过去背商品卡片，现在很多门店还用此法考员工，太傻了。计算机管理下，传统做法不合时宜。你不实行连锁行吗？

评点：设计要合时宜就是与社会发展和科技进步同频共振。

【老夫子销售秘籍】

做设计，做的是销售方向。做销售方向，其实做的是趋势。

金牌销售员们决定的销售方向其实是必须经过深思熟虑才能得来的。

1．选择网点地址。

2．选择合适的商品门类。

3．选择合适的商业模式。

第169招　营利模式一定要选对

金牌销售员 ××：

营利模式是确保经营增值的趋势的选择形式。有效转化产业价值与门店的聚客效应就是一种营利模式。

每平方米门店其实可展示的商品品种越多越能增加顾客。但不见得是效益最高的。每平方米仅摆放一件商品，那件商品带来的效益并不见得小。因为这件商品是价贵的商品。这就需要有效转化产业价值，卖点别的商品。

能聚客的门店，客就是财。把门店适当的平方米租给更高的外来商户，这是一种商业模式，能把商业价值转化。

我们大家知道，北京图书大厦开业之前区域内最早只有西单百货商场。后来出现了一家百货商场叫中友百货。中友百货利用北京图书大厦达到盈利的目的。尽管图书大厦涨租金，中友百货也不愿走。

现在卖场在什么区域？哪些商户有收益？有没有向他们收报酬。卖场经营方如果主动了解到这一点，就应转化为吸入外来商户来匹配。同时，要不断提高租金体系谈判能力。对于家乐福超市、沃尔玛超市，你是不是考虑给其免租金或减租金的待遇？华贸中心地下一层租给沃尔玛，一分租金都不收，因为有沃尔玛会吸引其他楼层聚客。因为会引来外资公司进入其他楼层承租户，不让沃尔玛付租金是不错的选择。沃尔玛已入住本身就是一个招商招牌。

第170招　商业设计一定要选对

互动商业、布局设计、动线设计、架位号管理、分类排架、坪效管理是商业设计的主要内容。

先说什么叫互动商业。

拿出门店部分位置出租给商户，形成一个商业互动。大城市的餐饮业一般选址在大厦地下一层。客单价每人每餐十元左右，入住大厦的企事业员工吃饭有地方，餐厅发放大厦员工储值卡，商家有固定客群。顾客买商品在地下一层餐厅就餐，高端顾客还能在地下一层雅居咖啡屋喝咖啡。有多少面积可拿出来，是门店经营者应该考虑的。

教科书店就引入了互动商业的概念。教研管理人员平均客单价不是 50 ~ 60 元，而是 350 元每客单价。客单价增加的原因是有公费报销项目。教科书店在店里设置了一个台湾咖啡厅。台湾画家可把自己的画作在此陈列并标上售价。这样的画作装饰了整面墙，节省了一笔不小的费用。

大家可以发挥一下，在卖场搞一个亲子乐园，推行会员制，给会员办卡，适当收一些年费。顾客凭卡可免费玩、免费看书。

第二，要做好布局设计。布局设计更是管理内容。

第三，动线设计。

顾客动线，其实是生意的财线。什么叫动线？动线是指消费者到店里后怎么走。这其实是一个布局问题。如果门店没有对动线进行规划，人进来可以从通道上来或选择左转或选择右转，这样就容易转晕，不知道哪些商品看了？哪些商品没看？

怎样进行顾客动线设计？

北京宜家家居，动线设计可以说做到了极致。

导视图映入眼帘。什么东西在哪里卖？出入口在哪里？出入口故意弄错，二楼上电梯只允许你沿一个方向走。不停往前走，然后上三层，接下来一层。档口促销商品，而不是直到收银台。如商品纸杯，顾客顺手抄起来就买了。

3 000 平方米以下，用强制个性东西设计动线。3 000 平方米以上用准强制性东西设计动线。（主题楼层，有些楼层可不去。）

控制卖场在 3 000 平方米以下为宜。

第四，架位号管理：编一个号，系统支撑比较好。团购一次性买上百种商品，每个区域都要找一遍。好处：有了订单。劣处：找不到商品。这时就要运用编号管理。分类不准确时，可精确找到商品。

母货检索管理系统与精确检索管理系统进行对接、匹配。

第五，分类牌架——特殊的地方，如交叉类怎么分。

分类能精确就精确，不能精确就模糊。

分类要直白、具象、易于理解。

第六，坪效管理。

坪效管理是来自于台湾的名词，是指单位面积的产出，即：哪个区域放多少品种。店面测算的，属于精细化管理范畴。

第171招　卖场设计——营造销售氛围

1. 人人参与。

2. 集中展示与品牌专卖。

3. 让陈列和摆放动起来。

顾客审美疲劳——每个月都不一样，每月都有变化——集中品牌专卖。

第172招　合理备货对销售起积极影响

静态销售管理是指不能完全按照去年的实销量进行备货，应细分备货重点关注。做出较为合理的备货。避免高潮到来商品未到而产生断货现象。

不能把希望寄托在后期加货上。首次备货至关重要。这一点在总销产品上体现尤为明显。从总发角度讲，加货时间是提前于市场销售期的。

销售期内，经销商围绕心理调货很难实现。如果断了货就只能影响今年数量。有的畅销产品也容易形成断货。进行大力度促销支持的产品重点备货。所以做好首次备货十分重要。

第173招　销售管理

动态销售管理

实行动态销售管理，最重要的一点就是建立日供应预测分析表。

公式：

统计周期内的日平均出货率×（预计销售周期-在途时间）-当天库存=当前备货量

例：某年9月14日为开学后第二个周末，《必修1数学》9月7日监测数据：

9月4、5、6日三日当天的日平均出货量为200本，要货周期为3天，当天库存为500本，那么9月7日理论备货量为200×（7-3）-500=300本。

第174招　导购产生销量的空间不可小觑

有数据统计，销售员推荐的成交率为63%；同学介绍的成交率为57%；家人介绍的成交率为25%；老师推荐的成交率为23%；别人代选的成交率为2%。

所以，导购的要点主要有两点：一是引导购买方向，二是引导顾客体验。

第175招　说动产品的购买组织者

产品的购买者会成为你的担保者吗？李嘉诚用自己的经历告诉我们：一切皆有可能。1950年，他创办了自己的塑胶厂。因为厂子资金少、底子薄，外商和他签订业务合同，要有个担保人才行，否则，担心他不能按时足量把产品生产出来。这把李嘉诚难坏了，经过尝试找担保人，但产品的购买者会成为你的担保者吗？

"先生，我没法找到您所认为合格的担保人。"李嘉诚对外商如实地说道。

没有过不去的坎，有什么话，你要说给产品的购买者听。购买者才是你产品的使用者，你的感受者。

对于这个资金少的塑胶厂的经营者，外商对他的诚实产生了兴趣。更对他办厂凭借的是什么感兴趣。

"靠智慧、学习和奋斗办厂。先生。"李嘉诚说道。

外商笑了，说："行，就照这样办，不用担保人，我相信你。"

最终，这个外商成了李嘉诚塑胶厂的"担保者"。

第176招　指出客户购买目的坦诚相见

产品的购买者常常有这样或那样的购买目的，不如相互坦诚购买目的。

李嘉诚在塑胶厂的基础上成立了长江工业公司。

一次，在一个大客户来到他的公司后，他敏锐地捕捉到了客户的购买目的。为此，李嘉诚和公司的技术人员按客户的愿望设计出了八款塑胶花样品。

"有五款我想基本符合你的要求，而另外三款，因为我考虑到您的订货是为圣诞节准备的，因此，在您的要求的基础上，再糅进一些东方民族的传统风味，我认为或许您会喜欢，所以全部拿来，供您挑选。"

一席话，坦诚得让客户突然间放松了心理戒备，不知不觉也袒露了心迹。两个人的手紧紧地握在了一起。

第177招　产品的购买者也是你的感受者

没有过不去的坎，有什么话，你要说给产品的购买者听。购买者才是你产品的使用者，你的感受者。

第178招　取悦产品的购买者

一天，一位欧洲的批发商来到李嘉诚的塑胶厂，看了一番之后，批发商说："我是打定主意来订购香港塑胶花的，而且希望大量订购。我也看到了，以你现有的生产规模，根本满足不了我需要的数量。"

第二天早晨，在批发商下榻的酒店，李嘉诚急匆匆地赶来，还拿来了九项样品。看着他熬得通红的眼睛，批发商抬起头来。随后，把样品足足看了十分钟。

"李先生，这几款样品，是我见到的最好的，我们可以谈生意了。"批发商说。

李嘉诚说："承蒙您对本公司样品的厚爱，我和我的设计师花费的精力和时间，总算没有白费。我想您一定知道我内心的想法。"

随着营销的深入，批发商被李嘉诚的肺腑之言深深打动了。

第179招　98%的营销工作是情感工作

美国"推销大王"乔坎多尔福曾说，"营销工作 98% 是情感工作，2% 是对产品的了解。"

营销就是与客户"谈恋爱"。只有经过相互了解并建立感情基础，才能够结婚。

再严肃的购买、再理性的采购，客户也必然有其感性的一面。道理很简单。购买的主题——人是感性，这决定了感性营销的价值。

感性营销就是指企业的营销活动情感化。将"情感"这根主线贯穿于营销活动的全过程。

感性营销的含义：一要研制开发出富有人情味的产品（或服务）；二要采用人情味的营销手段。

情感不仅仅是一把钥匙，更是一根纽带。

特易购得营销总监莱姆·梅森说，"顾客与我们特易购之间有一种情感联系。这让他们觉得我们是为他们着想的。事事都会从他们的利益出发来为他们考虑。而且，他们可以感受到我们是以真心实意，而不是一副纡尊降贵的态度来对待他们，也从来不认为他们只能上我们这儿来买东西。最重要的是，我们说到做到。"

打情感牌，如何做？一要实施客户关怀；二要利用好情感效应。

情感具有两极性。积极性产生积极效应。消极性产生消极效应。

积极效应的做法：

1. 利用好性别优势，派男营销员去找女客户可获得更大营销成功率。

2. 在情感上不要对客户形成压力。太漂亮或太丑的人都让人不易接近。客户愿找那些同自己仪表相应的营销员，不会感到"风度逼人"压力。不会有"相形见绌"的心理不安。

3. 利用好客户悲观的情绪。

第180招　售后服务的"第二次竞争"

有一次，一名美国游客在东京日立公司的售货点买了一台组合音响，买回去之后发现里面漏装了配件。他本打算第二天去退货，没想到日立公司的人却连夜找上门来，为他补了配件，并再三向他道歉。原来，音响售出后，日立门市部也发现了遗漏的配件，于是连夜向东京各旅馆查询，仍未找到这名美国游客。他们又根据这名顾客留下的一张美国名片，查询到他在美国纽约的父母电话号码，通过联系，终于弄清了这位游客在东京探亲的地址。

国外企业在售后服务的"第二次竞争"上，用心之良苦，可见一斑。

第181招　面对客户抱怨如何沟通

客户对你不满意，动辄抱怨，还会弃你而去。你究竟怎么了？

你也许会说不就是因为没说一句"对不起"吗？

其实，并不是那么简单。

一句"对不起"算不了什么，但客户需要你的确是其背后你所持的态度。

接受客户的抱怨可比接受客户的赞扬难得多。

第182招　利用氛围的影响来刺激达到心流的状态

氛围共享哲学：让对方在一定的环境、氛围当中，心情舒畅从而软化自己。将其推进己方阵营。

福建晋江的老张开了一家咖啡店。名字叫"光阴"。"光阴"就是氛围定位。"我开光阴咖啡店，其实就是想表达自己的一种生活态度：人应该活得更朴实、更自然。"老张喜欢二十世纪六七十年代的质朴无华。上高中时，他每周必逛旧货市场，只要是那些年代的东西，看着顺眼、喜欢，他就买。咖啡店里的大多摆设，都是他这样"淘"回来的。老张有时也动手制作：两个旧黄木柜横拼起来，铺块老棉布，便成了一张咖啡桌；一根铁丝螺旋盘几道弯，糊张素白的纸，便成为一个简朴的灯罩"最朴实的东西，最能感动他人；最简单的东西，才最有力量。这正是我要传达的理念。"老张说。老张的咖啡馆里到处是二十世纪六七十年代的东西：桌上放着 12 英寸黑白电视，角落里立着大喇叭留声机，地当间儿搁着缝纫机、高脚木板凳；架子上罗列着大搪瓷缸子、粗瓷碗，各式各样的老式钟表；抽屉里藏着铁皮文具盒、包装简陋的橡皮泥；墙上贴着大胖小子年画、三好学生奖状；台子上则肃穆地摆放着毛主席半身石膏像，50% 的人，一看环境，掉头就走；另外 50% 则甚为惊喜，很快成为这里的回头客、常客，甚至"播客"。靠氛围和口口相传、网络传播，"光阴"活了，继而火了。每天中午 11 点，老张开门营业时，往往已有客人在外等候。老张的博客，也常有客人跟帖。豆瓣网上，"光阴"的"粉丝团"还成立了专门小组。

第183招　沉浸式体验创造最令人投入的人流

王阳明《传习录》，道心常为一身之主，而人心每听命。沉浸式体验常成为客户的"一身之主"。

1989 年，在中国南京教授英语的希瑟，趁着签证到期前，来到了另一个东方古国——印度。在这里，希瑟尝到了一种从未见过的饮品——奶茶。那一天，她接连喝了 12 杯。"这真是太美味了。"从此以后，希瑟便患上了奶茶瘾。回到美国后，希瑟感到浑身不自在，因为在自己的祖国，很难再找到印度的奶茶，甚至是相似味道的东西。"我自己来试试吧。"希瑟只要一有空，便开始倒腾起各种器具。从 1990 年到 1993 年，希瑟都在这么干。终于有一天，她将调试好的一杯奶茶递到特德手中时，得到了她的赞扬，让希瑟有了更多的想法。"或许，我们可以靠这样一个东西来创业。"这场母女二人的创业史正式拉开了序幕，俄勒冈奶茶公司奇迹开始上演。而"让客户形成沉浸式客户体验"就成为俄勒冈奶茶公司的特色之一。

第184招　顾客体验应秉持交互式理念

心灵通道理论：水平、难度匹配，能让人心情舒畅。

21 世纪似乎注定是阿里巴巴们的天下。天猫网店"双十一"爆热带来了传统商界的"地震"。尤其是对那些地面实体店来说。一方面更多的实体店慨叹"买卖不好做了",另一方面,更多的顾客加入到地面店的体验人群中。

有了这样的认识之后,苏宁门店店长马理论就在给那些来体验的"观客"(只体验并不在地面店购买的顾客)介绍、推荐商品时,总要频频出一些新的招数。他相信:搂草打兔子——总会有收获的。

要让商品有人的情感味道。一个好招数就是"讲故事"。要让人知道这件商品是什么样的来历。你可以想象一下,它在某某城市被人抢购一空。然后生产厂家又加紧生产出新的一批,通过批发商流动到经销商手中,再流到终端销售卖场。如果还有这么一个小插曲,比如有一个心形的东西附着其上。那么这件商品就被人为赋予了一种爱的情感在上面。这是一个多么美好的故事,对消费者来说又是多么企及有这样类似的体验呢。他就会续写这个故事,延续这段情感。

记住,人有情怀,商品也才会情感。体验是维系双方情感的最好招数。而在大数据时代,商业要适应这种形势,实体店也要适应顾客身份的嬗变,以体验加深与其的感情。大数据时代,客户关系更加利益化,割裂了亲情,也摊薄了人情。而"线上交易、线下体验"将会是一种常态。

第185招　核心位置重点陈列有利于提高销量

诚品书店有一个让出版商趋之若鹜的产品"诚品选书"。每月,诚品采购团队会从各个图书类目当中精选 8 本好书重点推荐。这些推荐的书会在门店的核心位置重点陈列,还有一系列的行销计划去配合。这也意味着,出版社的书如果入选,对于提高销量是会有很大帮助的。

第186招　从忠诚顾客走向管理

使用移动支付,办理线上会员卡(如微信会员卡),减少客户因为怕丢失会员卡而不办理的情况,使得客户的忠诚度更高。

全美第一家自产自销面包的商店的主人叫克罗格。顾客能有现场观看面包制作全过程的机会。这很新鲜。克罗格说，你对顾客忠诚，顾客就对你信任。

第187招　招销售要招3A和3A+人才

企业都希望招到"A"级人才，这可以通过观察3个重要的"A"要做到：

能力（Ability）——此人的工作所需的IQ与经验、知识、技能（EKS）均衡。

天资（Aptitude）——能否快速适应和学习新技能和知识。

态度（Attitude）——要想取得突破需要对问题解决、毅力及团队参与拥有恰当的态度。

当然，如果你想找A+人才，还需要具备以下两个A+特质：

运动员（Athletes）——往往能战胜经验，掌握了适应变化的能力

自我意识（Self-aware）——具备自我意识的人对自己的优势和弱势持开放态度，这样的人很好相处，可担任导师和教练。

第188招　营销工作98%是情感工作

美国"推销大王"乔坎多尔福曾说，"营销工作98%是情感工作，2%是对产品的了解。"

第189招　营销就是与客户"谈恋爱"

营销就是与客户"谈恋爱"。只有经过相互了解并建立感情基础，才能够结婚。再严肃的购买、再理性的采购，客户也必然有其感性的一面。道理很简单。购买的主题——人是感性，这决定了感性营销的价值。感性营销就是指企业的营销活动情感化。将"情感"这根主线贯穿于营销活动的全过程。

第190招　顾客对你说谢谢时

答谢的往往是销售员，当你的服务令顾客十分满意时，他会答谢你，说"谢谢你"，你说，"别客气，这是我应该做的"。当然你也可以说："没事，我应该做的"。

第191招　打好情感牌

1. 实施客户关怀。利用好情感效应。情感具有两极性。积极性产生积极效应。消极性产生消极效应。积极效应的做法：①利用好性别优势，派男营销员去找女客户可获得更大营销成功率。②在情感上不要对客户形成压力。太漂亮或太丑的人都让人不易接近。客户愿找那些同自己仪表相应的营销员，不会感到"风度逼人"压力。不会有"相形见绌"的心理不安。

2. 要善于利用好客户悲观的情绪。

第192招　该不该退换商品给顾客

售货员在决定该不该退换时，首先应搞清楚顾客为什么要退换。顾客要求退换一般有以下 4 种情况：①商品是残次品或被弄脏穿过的。这种情况责任显然在店方，应给顾客赔礼道歉和退换，同时内部还应查明原因，以便改进工作。②买走后觉得不称心，像尺寸不合适或颜色不随心意。这种情况责任在顾客，怨他挑选商品时不细心，即使这样，也不要责怪顾客，应痛痛快快地给退换。③售货员介绍商品言过其实，强行推销。这种情况责任在店方，商店应好好检查一下指导思想和平时的经营方针，对职工进行优质服务教育。④顾客一时心血来潮不想要了，没有充足的退换理由。这种情况，按理论应不予退换。但若没有用过，不碍出售，还是痛痛快快退换为好。

第193招　需求各不同，服务要适应

俗话说，百人吃百味。每个人的性格不同，购买商品时的方法也不一样。有习惯购买型，冲动购买型的，也有计划购买型的。这就要求售货员根据每个人买东西的方法接待顾客，使其心满意足，达到销售商品的目的。

第194招　选购空间影响选购时间

玩具店老板大李最近很发愁，对面玩具店的生意总比自家好。"这究竟是什么原因呢？"大李到对面玩具店里看了看，回来后立即把一些新玩具放在货架的中低层。结果，孩子们进店后都抢着要这些玩具。原来，大人看起来最惹眼的地方，往往却是孩子们看不到的死角。不同的商品要根据顾客群选择合适的陈列位置，才更方便顾客选购。

第195招　开店前调查要详尽

1. 建筑形态
主要店铺街道、干道的建筑及建筑高度。
新大楼与旧式建筑的分布。
2. 城建规划
目前的改建情况。
城市 1 ~ 3 年内可能改建的趋势，与城市规划局建立关系。
3. 行业形态
主要店铺街道、干道的行业类型以何产品为主，售卖产品的层次。
4. 分布家数
以抽样点的并行道路为主要调查对象。
主要道路的店铺分布明细，包含将店铺分类记录将其统计填入明细表。
主要干道、大马路、相同／相似店铺的家数。

店铺汇集地带的概述。

将"辅助店、竞争店"所在位置正确标注于商圈简图上。

第196招　实体店选址细节

1．评估商圈抽样点适合何类型的店。

2．实体店依商圈类别划分的市场定位。

3．以求出的入店率 × 该商圈抽样点的人潮数 = 预估客户数。

4．未来再依商圈的消费年龄、习惯、所得的变动可能对客流量的影响而做正（负）百分比的修正。

第197招　对于"商圈"如何解读？

答：好的商圈不一定就是指人流密集、热闹的地点，一块上等地块租金也高。规模个中等但是完全属于自己的地块更有利于新店的成长。制作一张"商圈地图"是选择店址的好方法。

问：如何制作商圈地图？

答：调查本地竞争对手——分析对手位置及选址特点——附近人口密集程度分析——与各个竞争对手的距离——哪些市场是本店独享的分析——划出本店服务半径及到本店的公交车通行路线（商圈）。

第198招　开店必备的17个小常识（书店篇）

◎首期铺货流动资金

县店每平方米可在 400 元，50 平方米 2 万元，100 平方米 4 万元，200 平方米 8 万元；城市店每平方米可分 1 000、1 660、3 000 元三个档次。同是 3 000 平方米的话，小城市店可首铺 300 万元，中等城市店 500 万元，大城市店 900 万元。

◎门店装修总费用

县店每平方米的装修预算可在 100 ～ 150 元。50 平方米 5 000 ～ 7 500 元，100 平方米 10 000 ～ 15 000 元，200 平方米 20 000 ～ 30 000 元；城市店每平方米可在 100 ～ 400 元。小城市每平方米 100 ～ 200 元，若 3 000 平方米则为 30 万 ～ 60 万元。中等城市每平方米 200 ～ 300 元，若 3000 平方米则为 60 万 ～ 90 万元。大城市每平方米 300 ～ 400 元，若 3 000 平方米则为 90 万 ～ 120 万元。

◎书架个数及分类牌

书架由架格组成。一般地，一个单书架由上下五个架格组成，每个架格能平放大 32 开 8 册。县店每平方米 0.45 ～ 0.5 个架子。50 平方米 22.5 ～ 25 个架子。100 平方米 45 ～ 50 个架子。200 平方米 90 ～ 100 个架子；城市店每平方米需一个小书架。大城市店若 3 000 平方米则宜配 3 000 个书架。

分类牌按 200 平方米 15 类以上 30 个牌子的标准。400 平方米 20 类以上 40 个牌子。800 平方米 7 大类 30 小类 74 个牌子。1 500 平方米 7 大类 35 小类 84 个牌子。3 000 平方米 7 大类 40 小类 94 个牌子。

◎防火板或刨花板制作

县店可用每个 160 元左右的，200 平方米用 10 张防火板；城市店可用每个 320 元左右的，3 000 平方米用 20 张防火板。

◎电话

电话安装方便，多为免费。县店话费一个月可控制在 100 元以下。城市店话费一个月可控制在 1 000 元以下。

◎电脑、收银机

县店两台电脑加一台收银机可在 2 万元。城市店两台电脑加 1 ～ 10 台收银机可在 2 ～ 5 万元。

◎袋子、包装纸、广告单 D M 单

装书塑料袋每 100 个可在 5 元。牛皮包装纸一标准张可在 1.5 元左右。广告单 D M 单 1 000 张可在 300 元。

◎陈列品种

营业面积 200 平方米陈列品种 5 000 种年销售可在 30 万元以上。营业面积 400 平方米陈列品种 8 000 种年销售可在 60 万元以上。

营业面积 800 平方米陈列品种 15 000 种年销售可在 120 万元以上。营业面积 1 500 平方米陈列品种 40 000 种年销售可在 1 000 万元以上。营业面积 3 000 平方米陈列品种 60 000 种年销售可在 2 000 万元以上。营业面积 6 000 平方米陈列品种 120 000 种年销售可在 4000 万元以上。营业面积 12 000 平方米陈列品种 240 000 种年销售可在 6 000 万元以上。营业面积 24 000 平方米陈列品种 480 000 种年销售可在 12 000 万元以上。

◎租金

县店每平方米每月月租可在 5 ～ 7 元。100 平方米 12 000 ～ 16 800 元，200 平方米 12 000 ～ 16 800 元。城市店每平方米每月月租 100 元左右。小城市店每平方米小于等于 20 元。1 000 平方米 18 万元，2 000 平方米 36 万元，3 000 平方米 72 万元；中等城市店每平方米小于等于 50 元，1 000 平方米 60 万元，2 000 平方米 120 万元，3 000 平方米 180 万元；大城市店每平方米 100 元左右，1 000 平方米 120 万元，2 000 平方米 240 万元，3 000 平方米 360 万元，6 000 平方米 720 万元，12 000 平方米 1 440 万元。

◎补货

可退的进货量按上一期销售量的九成计算。

不可退的进货量按上一期销售量的四成计算。

◎退货

一般规定，按 15% ～ 25% 比例退货。

◎从业人员

县店，用营业面积除以约 80 ～ 100 平方米。50 平方米 1 人，100 平方米 1 ～ 3 人，200 平方米 2 ～ 5 人。城市店，用营业面积除以约 40 平方米。中等城市店，用营业面积除以约 80 平方米。3 000 平方米 37.5 人 ～ 40 人。小城市店，用营业面积除以约 40 平方米。1 000 平方米 25 人 ～ 30 人。2 000 平方米 50 ～ 60 人。3 000 平方米 75 人 ～ 90 人。

◎营业时间

县店若早 8 点至晚 6 点，城市店则为早 9 点至晚 5 点。四季有别。

◎读者通道宽度

主通道 2.1 米，副通道 1.5 米。

◎收银台

收银台设置位置视店堂内书架整体布局而定。

◎架柜距离

不是开架的部分，柜架距离不超过 0.8 米。

◎每平方米销售额

县店每平方米销 0.15 万元，城市店每平方米销 0.5 万元。

第199招　巧妙回答尴尬问题

当顾客当着你的面问你的竞争对手门店怎么走时，你会怎么回答？

1. 不知道。

2. 对不起，我知道，但我不会告诉你的。

3. 一边去，你以为我是傻子。

4. 对不起，请您稍等一会儿。我问一下顾客，看能否给您一个满意的答复，或者您问一问那个顾客。

这里边只有第四个回答还算可取。

第200招　首次铺货如何规划？

应该如何精确规划门店首期铺货？

1. 计算存放容量

2. 计算总存放数量

3. 计算总品种和复本量

4. 分配品种比例

在分配品种前，先确定门店的结构需有哪些 1 级分类（大类）和各自的比例，然后再规划 2 级分类（小类）和比例，接下来规划 3 级分类（细类）和比例。也可以省略 2 级分类，直接计算 3 级分类的比例，这样更便于实际操作时把握。

5. 做清单

所有的类别比例都做出来以后，肯定会出现局部不合理的情况，那么在确定采购之前，还要汇总综合考虑调整一下。调整后，就可以根据这个做出采购商品清单，这个清单最好是能具体到每种商品。清单怎么做？按上述方法，对零售行业不熟悉的人是很难做出来的，所以开店首期进货一定要找专业的人来做。即使是专业的人也要思考这样一些问题：每个类别要找哪些商品？有些商品虽然知道要采购，但是怎么能保证做清单时记得起来？

解决这些问题的办法，一是请相关的批发商提供可供商品目录，这样基本保证绝大多数当期的热销和常销商品有备货，如果能提供以前的货目就更好了。一般批发商都是经营某个类别的，所以只要按门店经营的类别找对应的批发商即可。二是找到与你要开的门店定位相似的门店，（最好是规模更大的），把这个门店一年来的销售货目数据要过来，根据货目进行选择。

6. 采购

确定了货目就可以采购了，最好逐个按照类别依次采购，按类别将打包，把每包里是什么类别的写在包面上。这样货到门店以后，就可以直接放到对应的货架前，直接拆包上架了。这样既节省人力，也使某些类别不够、某些类别过多的问题得到及时调整。

第201招　门店卖场规划实用模式

首先，考虑门店规划的几个原则。

效益高：门店的卖场面积要直接带来销售业绩。

功能全：应该有公共区域、顾客通道、收银台、平面展示台、靠墙高货架、中间低的双面货架、杂志架、排行榜、墙面宣传展示版等。

视觉好：货架摆放上，高的靠四边，低的在中间；进门看，高的在远，低的在近；中间货架的摆放从进店门往里的顺序，逐渐增高，这样给顾客一种开阔的感觉，视觉效果好，而且能多存放商品。

人流畅：门店的通道不能有"死胡同"，要四通八达，便于顾客随便走动。

便于管：考虑卖场看管，最好能够多几个能观察到整个卖场情况的点位。因此高货架尽量不要阻挡视线。

按照顺序来进行卖场安排的先后顺序是：

收银台——高货架——平展台——双面货架——单面货架——其他。

首先规划收银台，要考虑的是：位置在哪里，占多大的面积，多高合适，要什么功能。一般来说收银台应在门店进门口的位置，是靠左边还是右边，具体就要看门前道路的方位走向，要让收银台的正面夏避太阳照晒，冬避北风直吹。除此之外，还要考虑收银台销售员在收银台要能看到卖场更多的地方。综合考虑这些因素，就能很快确定收银台的位置了。

收银台占地多少合适 100 平方米以内的门店，收银台的面积控制在 1.5 ～ 2 平方米为宜。超过 100 平方米的门店，收银台占地应该在 2 ～ 3 平方米左右为宜。超过 500 平方米，就要启动 2 台收银机，这样收银台的位置自然也要大一些，但最好不要超过 6 平方米。

收银台最常见的是"L"型的，1.5 平方米的收银台，长度可为 1.5 米，宽度为 1 米，台面的宽度为 0.4 米左右即可。收银台的高度，一般应该和写字台的高度相当，大约 0.8 米左右。因为这个高度是顾客有亲近感的高度，如收银台过高则会给顾客一种隔阂和距离感。在具体功能设计上，要考虑放置电脑或者收银机、电话、刷卡机，还要有 2 个抽屉。在收银台的底下，在考虑人员伸放脚之外，还要利用空间储存门店营业所需的办公用品。

收银台的背面墙壁上，是门店的黄金墙面位置，可以做门店的排行榜。这样不但起到了装饰作用，更重要的是起到了宣传促销的作用。收银台出口处一般放置饮水机或者空调。这样使出口处位置感觉宽敞些，也方便工作人员进出收银台。

接着考虑四周靠墙的货架。四周做高的靠墙货架，如室内空间高度允许，货架高度可为 2.2 米～ 2.4 米。每个货架的跨度一般是 0.75 米比较合理，既美观，又不会因为跨度过大形成商品把格板压弯的情况。安排高货架的时候，如果靠近门的，一般离门的边框应该保持 0.5 米左右的距离。

接下来考虑留出公共区域的空地。一般进门处和收银台前要有一个顾客活动的公共区域，门到最近的一个平展台最少也应留出 1.5 米～ 2 米距离的空地。最近的货架离收银台正面的距离也要在 1 米以上，这样就在收银台前形成了一个公共区域。

公共区域有了，就考虑和这个区域衔接的平展台。一个门店不管大小，都应该有展示的平台。一般在门店进门的位置，收银台前要安排平展台，以放置一些新书畅销书。平台可做成长、宽都是 0.6 米，高度为 0.8 米的标准柜子，根据卖场情况进行组合，或 4 个一组，或 6 个一组，依具体位置大小而定，非常方便。柜子上面展示，下面可放置库存。

平展台考虑好了，就是中间的双面展示货架了。在安排卖场中间的双面货架时候，注意两点：一是顾客过道（书架之间的距离）应该不少于 0.8 米；二是要考虑尽量不挡住视线，能让员工观察到更多地方，方便今后对卖场的管理。双面书架的高度一般不要超过 1.4 米，这个高度从视觉上感觉比较好。

双面货架规划好后，如果有侧面正对门店进门的或侧面处过道位置比较大，就可以考虑靠着双面货架的侧面摆放单面书架，也可做宣传栏。

双面货架安排好了，再综合考虑整体情况，适当调整，做出更好的效果，让顾客能多在门店里多转一转。

大的方面规划完毕，最后再考虑配件的增补或细节的完善，如在不能放置货架的地面可以摆放绿色植物装饰，空余的墙壁柱子上可以考虑挂贴装饰物品。

这样，一个门店的卖场就规划完毕，功能基本齐全。

第202招　开一个门店，做多大的规模合适？

在确定开门店规模的时候，要考虑三个因素：

一是这个规模在市场上应该有竞争力，能满足潜在顾客的需求；

二是投入和产出最匹配，能使投资效率最大化；

三是投资者的财力情况。

首先，要考虑门店在市场上的竞争力，也就是说这个门店将来和当地市场其他门店比，在规模上要有竞争力。规模太小，能存放展示的品种受到限制，和大的门店相比就显出劣势。不仅在品种上，在客流方面也会受到影响。

因为来门店的顾客一般有两种人：一是有目的而来，但这部分顾客只是少数，也许不超过 20%；二是热爱学习、有阅读兴趣、喜欢来门店的顾客，但来之前只是想看看，逛逛，并没有明确的购买目的，这样的顾客在逛门店的同时如果看到了满意的货品，价格也合适，就会产生购买的动机。第二种顾客是大多数。

因此，如果一个门店在当地与其他门店相比规模小、品种少，对于这部分顾客来说缺乏吸引力。因此，即使门店有好商品，顾客也没有机会发现，丧失了销售机会，竞争力就弱。所以，要吸引更多的顾客来门店，有更大的规模是占优势的。

那么，门店是不是越大越好？门店的规模多大合适？

比较理想的门店规模应该符合下列条件：

1. 在乡镇，你是最大的门店；

2. 和当地的门店比（包括门店在内），在县级市最好在第 2、3 名；

3. 在地级市的店，规模排名要在第 3、4 名以前；

4. 在省会城市，规模最好在 60 平方米～ 120 平方米之间。因为省会城市的中小门店主要不是凭规模竞争，

5. 一般情况下面积控制在 60 平方米～ 150 平方米。

效益好的门店规模都在 60 平方米～ 120 平方米之间。面积在 30 平方米以内的和超过 350 平方米的，经营情况都不大理想，亏损的店多是 30 平方米以内的和 350 平方米～ 500 平方米的。为什么会有这种情况？正如开餐馆，例如某个餐馆很小，只有 2 张桌子，但是同样需要厨师、服务员，需要锅碗瓢盆，需要缴纳各种税费和管理费以及其他各项开支，收入就靠这 2 张桌子所能容纳的顾客带来的销售收入。假如还是这个餐馆，在成本不变的前提下，增加 2 张桌子，也是可以运转的。那么，这个餐馆销售收入就有翻倍的可能。门店的规模不同，投资成本也不同。在考虑什么规模合适的前提下，还要考虑最根本的问题，这就是投资人的资金实力。如果只能根据资金实力情况来选择开店规模，而这个规模又没有竞争优势怎么办？开门店有句话："大门店做规模，小门店做特色"。千万不要让门店虽小却什么品种都做，结果变成了"什么都有，什么都无"的门店。门店规模小，就要用特点来竞争，也可以说是错位经营。在资金实力具备的前提下，就是要考虑投入产生效益的最大化。假如在某个地方开门店，60 平方米的时候月销售额 5 万元，而开 100 平方米的时候也是这个数字，那么多出 40 平方米就是不合适的。当开到 200 平方米的时候，也许能销售 6 万元，但 60 平方米能销售 5 万元，显然 200 平方米的门店投资效益比 60 平方米的门店低。

第203招　出现三种情况时必须调整陈列

出现下列三种情况时，必须进行调整。

1. 换季但新货没来时。

干挺着可不是办法。必须调整陈列，把旧品换个位置，制造一些新鲜感。

2. 明明已经给顾客打折了，还有顾客嫌贵时。

必须把陈列调整调整，把与打折后商品相关价位的放到紧挨着的位置，而不要把梯度商品中价格最高的商品放在打折商品旁边。

3. 店里有死角，顾客看不到时。

所谓的"盲区"就是顾客看不到的"死角"。这时，对盲区商品进行调整。

有条件的门店可以调整货架，变平面陈列为交错式陈列。辅以灯光照明，让门店死角变成一个小的"体验区"。

第204招　把握好陈列节奏

陈列节奏是动态的。如何把商品陈列出动态来？就要把握好陈列节奏几个动态点。

1．不同花色可构成节奏变化。

2．不同亮色可构成节奏变化。

3．长短不同可构成节奏变化。

4．2～3 件出样商品可构成节奏变化。

如何做出动态的陈列节奏？

1．不把花色一样的商品放在一起陈列。

2．亮色可体现冷色、暖色。把冷色、暖色不同的商品放在一起陈列。

3．把长度不同的商品放在一起陈列。

4．出样商品选择 2～3 件放在一起陈列。

第205招　五种情况下的陈列技巧

下面五种情况下，陈列如何做？

1．每月上新货时，陈列时要把新货放在显眼的位置，最好开辟出一个或两个新货专架。张贴海报进行新货宣传。

2．货品杂乱无章时，调整陈列之前要把货品归归类，梳理一下，然后调整货区、货位的陈列位置。

3．货品在货架上摆不下时，选择样品 2～3 个放在货架上。

4．多系列的商品风格不同时，陈列要按风格一样的商品、风格不一样的商品分别陈列。对风格不一样的商品重新确定货架品类名称，起一个新鲜一点的名称，吸引顾客的眼球。

5．店内出现去年和今年的商品不好区分的情况时，有时从外观无法看出区别来时。这时要通过标记和分隔方式进行陈列。

第206招　引导陈列的是顾客习惯

1. 合适的商品放在合适的位置。
2. 进门时顾客习惯向右看。
3. 过渡衔接要合理。
4. 别挡住顾客的入口。

第207招　画龙点睛巧陈列

画龙点睛陈列在于巧妙。
1. 吸引顾客，让陈列的"眼睛"即定位非常明确的核心商品夺顾客的眼光。
2. 连带销售，让关联陈列带起其他商品的销售。
3. 获得陈列最大利润，把龙头、龙身、龙尾商品摆好，把龙眼商品点出神韵。

第十章

金牌销售员就该这样说

金牌销售员会这样说

一天，销售员甲接待顾客。突然，顾客乙说："你给我推荐的那本书呢？"甲说："在另外一位顾客手里。"顾客乙说："为什么不先拿给我？"销售员甲看看顾客丙，不说话。顾客丙（觉得气氛不对了）："我看书名很不错，就从他手里拿过来看。"顾客乙问："书呢？"销售员甲说："还有一本。"顾客乙："这回给我吧。"

老夫子点拨：这段对话折射出的心理变化很具有代表性。两位顾客、一位销售员的心理、性格、意志、情感的碰撞，让口动带动身动，动作性交织在情节中，也为销售员如何掌握顾客心理提供了依据。

笔者抓拍到了这样的场景：

地点：一家图书门店。

顾客（对某类图书商品内容已有一定了解）问销售员：

有没有《机械工人切削手册》？

销售员：有《工具手册》，一样用。

顾客皱起了眉头，扬长而去。

而销售员仍然不知道顾客为什么离开，以为顾客只是问问而已。

事实上，问题在于销售员不知道话怎么说。

销售员打动顾客心的秘诀是具备专业说话技巧，而不是靠嗓门大，靠说得多。

如果销售员具有一定的专业说话技巧，那么演绎上面例子的情景如下：

地点：一家图书门店。

顾客（对某类图书商品内容已有一定了解）问销售员：

有没有《机械工人切削手册》？

销售员看到顾客一看就明白了八九分。

销售员：这是新修订的《机械工人切削手册》。

顾客：我那本丢了，几年前买的。今天还不错，买了本新修订的。

1. 自信的销售话怎么说

我们先来看看以下的一个例子：

地点：某家建筑图书门店。

顾客（进到门店里有一些不满）

销售员（打过招呼后，看到顾客的脸色不对头。）忙问：您是？

顾客：在这里，我想买本小说都买不到。

销售员：哦，您想的是这个。我们店是建筑图书专营，一些其他类的图书如文学书我们这里没有，不过，我可以推荐您上一家文学艺术图书主营店去买，我看您像是一位建筑工人，您当我们这个"建筑工人之家"算是来对了。您从事哪个工种？钢筋工还是泥瓦工？

顾客：我是钢筋工。对了，我好想买一本《钢筋工实用手册》。

销售员：这书我们有。您真是没白来。

顾客：好，我买这本。

在这里，"这书我们有"是一句鲜明体现销售员自信的话。"建筑工人之家"因为是建筑图书专卖店，尽管没有文学书，但是建筑专业的书品种非常齐全，这样，销售员自信的理由是比较充分的，让顾客信服。

如果销售员时刻把"一定""肯定"挂在嘴边的话，那么顾客会认为绝对化的自信其实是并不自信。

2. 自谦的销售话怎么说

自谦而不自卑是销售员在说销售话时所追求的一个目标。

通常，自谦的销售话应该这样说：

销售员："您所需要的那本书是给那位订户预留的。不过，您确实是急需的话，我可以与那位订户商量，先满足您的需要。"

3. 同情的销售话怎么说

面对失意的顾客，销售员应意识到：他希望向你诉苦。而你有幸成为他倾诉的对象，应该多倾听少说，然后再选择适当的时机真心地附和，表示你与他感同身受，能够理解他，这样他心中的痛苦就会减轻些。

销售员可以这样说："您的遭遇我很同情，您这仅仅是我个人的想法，还是看您自己最终的决定。"

4. 真诚的销售话怎么说

一位顾客看中一块布料，征求销售员的意见。销售员觉得她用这块布料做上衣颜色太暗，不适合。

销售员说："不错，这个颜色做裙子，更显成熟稳重。"

5. 友善的销售话怎么说

一个销售员对顾客说："哎呀，你是怎么搞的？为什么昨天不来退书啊，你看今天退不了了，盘点呐。"

这样的话，让顾客听起来觉得很不友善。

相反，如果销售员这样说，那么顾客听起来是友善的。

销售员说："幸好您今天来退书了，只要您能坚持一二天，到我们盘点结束，相信您会得到我们的优先安排。"

6. "恫吓"的销售话怎么说

销售员采取"恫吓"的方式常常要面临很大风险。以退为攻，用中止交易等理由向顾客施加压力，这种方法就是"恫吓"法。当双方的目标差距很大又相持不下时，销售员向顾客声明"交易即将破裂"，或以拉破脸面的方式"恫吓"顾客，常可迫使顾客做出某种妥协。不过，销售员对此法不要轻易使用。即使确有必要采用，亦需注意如下几点：使用的前提条件是顾客已有过激言词、失礼举止；自己表现的程度必须控制在合法、入情、入理的范围以内，不可如顾客一样因情绪或言辞过激而造成被动。

7. "软硬"的销售话怎么说

销售员以"软""硬"角色的科学搭配开展销售工作，推进交易进程，以达到预期目的，这种方法就是"软硬"法。这种技巧的特点是，既讲究策略又坚持原则。通过一软一硬角色的交相配合出击，对顾客宽猛相济，软硬兼施，以期实现交易的目标。采用此技巧，不仅能够明显地加强讨价还价的能力，而且左右逢源，能使顾客不易于找出漏洞，尽收成果圆满之利。

销售员有时也会遇到一些需要以"软中带硬"语言应答顾客的情况。如：

顾客：我买的内衣刚试过一次为什么不给退？

销售员：我知道门店的内衣试穿过，我不会卖给别的顾客，您会买别人试穿过的内衣吗？

8. "侧攻"的销售话怎么说

销售员通过与顾客的接触，摸清顾客的"软肋"，以侧面了解、联络感情、建立友谊，促进交易顺利进行，这种策略叫"侧攻"。

9. "反间"的销售话怎么说

各个击破技巧主要有如下两种表现：用对方成员之间的矛盾实施"反间计"；使顾客失去主动权。增加顾客的期望，制造对我有利条件，使交易结果能如我所愿而成交。

10. "设限期"的销售话怎么说

如能将规定期限技巧与心理攻势配合使用，效果会更好。这是因为，迫于规定期限压力的顾客，心理上常有一种机不可失、时不再来的念头。如果能对此深表理解，在对心理攻势不断增加其紧迫感的同时，略做让步，常使顾客萌发死而复生的希望，从而欣然接受销售员的条件。

11. "挤牙膏"的销售话怎么说

每次交易活动总少不了讨价还价，小门店更是如此。但有经验的销售员一向忌讳一次性让步的幅度过大，尽量争取不让步。即使让步也要一次让一点而且越让步子越小。采用"挤牙膏技巧"，一点一点地迫使顾客妥协，使交易朝着对销售员自己有利的方面发展。销售员必须深知，在讨价还价过程中，任何急于求成或表现豪放性格的做法都是不可取的。

12. "设价陷"的销售话怎么说

价格陷阱是销售员利用商品价格的频繁变动和顾客不安情绪所设的圈套，有经验的销售员大多在此大做文章。

这种技巧之所以能够行之有效，是因为：商品价格看涨，使许多人产生了"早买比晚买上算，多买比少买上算，越早买，多买越上算"的心理。价格陷阱策略提醒销售员在作为卖方代表时，采用此术要慎重，不到主客观条件齐备时不要盲目使用，以免买卖不成反而破坏了自己门店的形象。

13. "柔缓"的销售话怎么说

销售员有时会遇到盛气凌人、锋芒毕露的顾客，他们的共同特点是刚愎自用、趾高气扬、居高临下，总想指挥或控制对方。对这样的顾客，以硬碰硬当然可以，但往往容易形成双方情绪的对立，危及终极目标的实现。多数情况下，销售员对咄咄逼人的顾客所提出的要求，可暂不表示反应，而是以己之静待敌之动，以我之逸待敌之劳，以平和、柔缓的持久战磨其棱角，挫其锐气，挑起他的厌烦情绪，伺机反守为攻，夺取交易的最后胜利。

14．"质询"的销售话怎么说

销售员以不断质询的办法，有效地提问，从而使自己的利益得到保护和实现，这种方法就叫"质询法"。有一点需要说明，提问有时也并不完全是什么问题，而是通过一连串的"为什么""怎么样"的方式做出解释。然后透过这些解释，从中搞清楚顾客弱点、比较易于让步或妥协的环节，判明顾客的关键性问题，以备销售员选择进攻方向，发起进攻之用。

15．"放长线"的销售话怎么说

有经验的销售员会想办法知道顾客的需要，因此，尽量在小处着手满足顾客，然后渐渐引导对方购买商品。

16．"藏真"的销售话怎么说

（1）不要表露对顾客的认可和对顾客所给出的商品价格的兴趣

讨价还价交易开始前，对方的价格期待值会决定最终的交易条件，所以有经验的销售员，不会过度表露内心的看法。让顾客得到一个印象：费九牛二虎之力，终于获取了销售员一点宝贵的让步！这样，销售员可以比较容易获得有利的交易利益。对顾客第一次提出的条件，销售员可以有礼貌地拒绝或持以反对意见，可以说"什么？"或者"你该不是开玩笑吧？"从而使顾客产生心理负担，降低谈判标准和期望。

（2）打埋伏以使自己解决问题的能力不受影响。

销售员：您提出的要求，我想门店会满足您的。您先看要几件商品，之后我再和主管领导协商一下。

在这里，"之后我再和主管领导协商一下。"是销售员打下的"埋伏"。如果说自己难以帮顾客实现要求，那么顾客会说"我直接找你们管事的领导"。即便谈成了，领导和顾客都会认为这名销售员能力太差了。

17．"主动"的销售话怎么说

销售员尽量将自己预先准备好的问题，以"开放式"的问话方式，让顾客暴露出其立场。然后再采取主动，乘胜追击，给顾客足够的压力。顾客若难以招架，自然会做出让步。

18．"移话题"的销售话怎么说

若买卖双方对某一细节争论不休，有经验的销售员会转移话题，或暂停讨论，以缓和紧张气氛，并寻找新的切入点或更合适的时机。

19．"留退路"的销售话怎么说

有经验的销售员总会给顾客留一点退路，以待下次成交。

金牌销售员会这样答

1．看似简单但不易回答顾客的话怎么说

顾客：请问有什么大人物的书空降到你们书店吗？

销售员（一下子茫然了，但他灵机一动说）：先生，空降到这儿的都是伞（散）兵。

评点：作为一个销售员，不知道什么大人物的书，这是一件很难堪的事情，但他巧转话锋，以调侃方式进行似是而非的迂回性的语言应对方式。

2．容易使自己丢脸面且易得罪顾客的话怎么说

一个销售员自称是顾客的医生。而顾客当看到销售员上司时，有意将其一军。于是，顾客问销售员："你是医生，那么你还有上级吗？"

销售员看看销售经理，又看看顾客，立即改口道："当然啦，那就是专家医生——经理。顾客悟出了其中的味道，"是呀，当有专家的时候，医生必须服从专家啊。"

3．明知顾客的某些话本身就是陷阱怎么说

顾客：您觉得这儿的东西贵吗？

销售员：（答贵与不贵都是陷阱。顾客在"考验"你的价值观。他喜欢你说贵，因为他以为抓住了你的"软肋"，连你都承认贵，那么，我还买什么。此外，他还就贵这一问题提出请你优惠的要求。如果你说不贵，那么他会拿出事例对比加以反驳，甚至还想就不贵引申出"便宜无好货"的道理。因此，此时最好是王顾左右而言他。）我不敢说不贵。

4．"吃亏销售"的话怎么说

打折商品对顾客来说能得到一些小恩小惠，对门店来说可能意味着"吃亏"。有经验的销售员强化"吃亏销售"的原因。没有经验的销售员往往对商品品牌自我贬低。

顾客：为什么打折？

销售员：商品不打折顾客就不买，没办法。

分析：在顾客看来，销售员的说法是顾客吃亏了。顾客买了打折商品是对门店的贡献。因为如果顾客不买的话，商品就积压在门店里了。

正确的应对应是：

销售员：这些商品的价格更低是因为只剩几款样机了，所以您现在买很实惠。

进阶篇

一天，老夫子与三位销售员在一起聊销售大赛中的金牌揭晓盛况。

销售员甲："比赛最终结果是让获得金牌的选手走上荣誉的领奖台。"

销售员乙："一场销售比赛，金牌花落谁手谁就是英雄。"

销售员丙："当你成为获得金牌的销售员时，你会马上想到什么？我可以出人头地了。"

老夫子点拨： 会做销售就会当老板。金牌销售员在老板们眼中既是"香饽饽"，又是竞争对手。不要认为金牌销售员该掌握的销售技巧太多了？创业老板很多人都干过销售，当过金牌销售员，干金牌销售员时已经像老板那样在思考销售、经营管理的事情了。正是这些，为他们以后成为老板奠定了基础。一个不想当将军的士兵不是一个好兵。同样，一个不想当老板的销售员也不是一个金牌销售员！

第十一章

教你打破销售窘境

何谓销售窘境

一天，两个销售员谈到这样一个话题：销售窘境。结果，甲说："销售窘境更像是一方努力，另一方却不努力的情况。"乙说："销售窘境更像是一场失败了的即兴演讲。"

老夫子点拨：通常，没说话之前，销售员看上去是被动的。说话之后，如果销售员还是被动，那么顾客也会显得不主动。销售员通常看上去工作很努力，但为什么顾客不努力，这就让人联想到即兴演讲者，很短的时间加简练和出色的口才，才能说服、打动评委。每个销售员都应是销售现场的领导者。说服、引导、鼓励、激励别人，让别人跟随自己，才能产生效益。

场景抓拍：

顾客进店，销售员"热情"与之打招呼，结果人家不领情，看了几眼商品，然后扬长而去。

普通销售员甲：这个顾客压根就不想买东西，随便看看而已。

普通销售员乙：这个人没带钱。

普通销售员丙：这个人是竞争对手派来的"探子"。

优秀销售员：是不是我刚才哪些地方没有处理好？（宏观反思）我打招呼的方式有什么不妥吗？（微观反思）

上述的例子，在一些销售门店几乎每天都会发生。销售员在顾客走后，常常会从顾客身上找原因。强调的是外因，而很少从自身角度找问题，发现问题的症结，这种现象叫"内因缺失"。

销售人员对自己的问题忽略不谈或迁就自己、原谅自己，总认为自己没错，这样的结果是听任许多顾客每天都在眼前流失，从而错失了许多销售机会。

而优秀的销售人员"眼里有事"。顾客的一举一动都看在眼里，记在心里。遇到顾客空手出店，他的内心也是空落落的感觉。第一反应是寻找自己的不足之处。认为自己没有尽到导购的责任，有什么地方怠慢了顾客，或者让顾客扫了兴。他认为自己一定会找到这个问题的症结，并加以解决，使自己的服务技巧日臻完美，最终达到十分完美的境界。认为通过自己的改进，顾客空手而出的现象完全有可能杜绝。

当一些因素开始阻碍销售的进行，销售活动受到抑制而止步不前时，销售的窘境就出现了。

那么，何谓销售窘境呢？

销售界对销售窘境的定义是指销售出现不畅甚至停滞的境况。

销售窘迫境况的出现常常伴随着顾客的拒绝行为和销售人员的漏洞初出。一旦情况发生逆转，销售出现起死回生，窘境就会被打破。

销售员势必会面对形形色色的顾客，而当你面对的不是顾客，而是面对一面面墙的时候，你会做何感想？

墙的体验来自于顾客的面孔。有时顾客冷冰冰的，让你觉得"热脸贴上了冷脸"非常不舒服。有时顾客对你怀疑不信任，让你觉得自己变得孤独无助起来。有时顾客刚寒暄几句就躲闪而去。

这其中，你的感受是恐惧、烦恼。而快乐却很少眷顾你。

销售窘境就是这一面面大墙阻隔了销售。

五种常见的销售窘境

1. 顾客只看不买

给大墙以震动！才能将顾客关系发展，而不是停留在初始水平上。

对于顾客只看不买，我们不妨在顾客类型上与"非购买"型顾客进行一下对比：

"非购买型"顾客的表象：东张西望，无目的，无愿望。

而"只看不买"型的顾客的表象：东看看、西看看，无购买行为。

分析：

非购买型顾客分为：①可能是等人；②可能是无意闲逛。

只看不买型顾客分为：①具备相当程度的阅读商品能力；②习惯将门店视为公益场所；③善于为自己不买找借口。

通常，这类顾客的借口有：我没钱。别人卖得便宜。市场不景气。

2. 销售员越殷勤，顾客越疏远

销售员要学会获得顾客的回答或表态。

销售员常常会遇到"防备型"顾客。这类顾客的特点：戒心强，担心上当受骗；小心谨慎；不表露对商品品种的喜爱；喜欢挑三拣四。

销售员要获得顾客的回答或表态很难。

但是，从这类顾客的反应来分析，还是可以看到顾客的抵触来源于以下理由：我不需要。还有谁买过？

3. 销售员工作到位但顾客仍挑三拣四

销售员要主动面对顾客的挑剔。

"挑剔型"的顾客的特点：心思缜密，善于观察；关注商品品种细节、价位、商品名称等；对门店现场环境布置、销售员态度反应比较敏感，害怕吃亏上当。

"挑剔型"的顾客通常挑剔的理由是：这件商品不太好。

4. 商品与顾客要求差不多，但顾客还要犹豫

销售员要耐心面对顾客的犹豫。

"犹豫型"的顾客的特点：选择商品时瞻前顾后，对想买的商品品种往往由于价格原因犹豫不决；对商品品种缺乏了解，购买时受他人影响较大。

此类顾客通常会这样说：我再考虑一下。

5. 眼看要成交，但顾客突然变了卦

销售员要时刻准备面对顾客的突然变卦。

"突然变卦型"的顾客的特点：易受外界环境变化、内部心理冲突或其他外界干扰因素的影响而产生"变卦"行为。

此类顾客一般的说法是：我没有时间。

对只看不买的顾客这样说

能否把顾客只看不买看成是顾客的变相拒绝？如果这种想法成立的话，那么销售人员如何化解这种拒绝？其实，化解这种拒绝就是化解销售窘境。

销售界有句名言：销售从拒绝开始。

销售始终在做化解拒绝的事情。

有人说，销售最难的是销售人员把自己的想法装进顾客的脑袋里，让顾客不再拒绝，再从顾客的口袋里把钱掏出来。

"顾客只看不买"正说明顾客拒绝的是销售人员的想法。这就令销售人员开始自我反思了：我的想法对不对头？我的想法是不是在顾客还没考虑接受信息的时候就释放出来了。

销售人员是否在始终坚持自己的正确想法？如果没有，那么顾客只看不买就会形成客观的事实。销售人员要有耐心，坚持自己的正确想法不能浅尝辄止。

销售人员还应有韧劲。顾客越拒绝，就越坚持销售。

"顾客只看不买"虽然是一种司空见惯的现象，但细呷之后，往往是销售人员韧劲不够所致。还有一点就是销售员不知道怎么说来打破双方相持的窘境。

在做了以上分析之后，接下来列举一下销售员应对话术。

话术1：引导顾客思维的"洗脑引导式而非灌输式"话术。

销售员：今天不错。

顾客：是挺好的。

销售员：听您口音是东北人吧？

顾客：是黑龙江人。

销售员：我的一个朋友是黑龙江加格达奇的。

顾客：我不在加格达奇，在扎兰屯。

销售员：请问您对我们的商品印象如何，地地道道的南方货。不同于您那里的商品。

顾客：我感觉东西好是好，但不如我们那儿北方货便宜。

销售员：虽然我们的商品价格比隔壁两家高些，但质量也很重要，您说是不是这样呢？

顾客：我看不出外观有什么特殊的地方。

销售员：您觉得仅仅通过外观就能判断一件商品质量是好还是坏吗？

顾客：我也觉得有点含糊。

销售员：那就对了。我做了二十多年销售员，对这类商品已有自己判断好坏的标准。您想听我说给您听吗？

顾客：愿闻其详。

销售员：一共三个标准，从不同角度而得出的标准，一是……；二是……；三是……。

话术 2：问好一连串对销售有利的问题的话术。

一连串对销售有利的问题是：

（1）便于顾客回答的简单性问题。

例句：

销售员：今天你想了解玻化砖还是仿古砖？

（2）便于顾客回答的选择性问题。

例句：

销售员：瓷砖您是喜欢 800×800 规格的？还是 1 000×1 000 规格的？

（3）便于顾客回答的具体问题。

例句：

销售员：您 800×800 的大地砖是客厅地面用？还是卧室、厨房地面也用？

对疏远你的顾客这样说

能否把销售人员越殷勤而顾客越疏远归咎于顾客的逆反性格？

其实不尽然。出现上述情形，主要是四个原因：

（1）怕受骗。当顾客没有对销售人员建立足够的信任时，销售人员不要对顾客喋喋不休地推荐商品。

（2）烦销售人员不够坦诚、利索。

（3）固执己见，不受诱导。

（4）以自我为中心，排斥他人。

在做了以上分析之后，接下来列举一下销售员应对话术。

话术1：引导顾客注意力到商品优点而非销售员缺点上去的话术。

销售员：您来这儿好几次了，我已经把您当朋友了，不知您感觉到没有这台笔记本电脑功能配置够超前，续航时间9个小时也算是高的了。

顾客：是不错的笔记本电脑。

话术2：维持顾客兴趣，使其参与沟通的话术。

销售员：我可以这样理解您这句话吗？

顾客：可以。

销售员：您觉得呢？

顾客：当然。

销售员：您是否也这样认为呢？

对挑三拣四的顾客这样说

顾客对工作到位的销售员为什么还挑三拣四呢？

只有一种解释就是销售员形象不好。

人们常有这样的心理：觉得一个人自身气质形象不好，那么他工作再好也会受到挑剔。

在做了以上分析之后，接下来列举一下销售员应对话术。

话术1：恢复顾客信任的话术。

销售员：今天天有点热，这样吧，我给您倒杯水喝。

顾客：（迟疑）

销售员：大老远的，喝点水。

顾客：（接过水杯，一饮而尽）

话术 2：坚持推荐理由的话术。

销售员：哦，您觉得不太适合 2 岁半小孩看是吧？其实我之所以推荐这本书是因为它是宝宝第一本识小动物的图画书。

顾客：可是我觉得这本书 2 岁半小孩不见得看得懂？

销售员：哦，这套书是分 0～1 岁、1 岁、2 岁、3 岁这几个年龄段的。刚才我给您拿的是 3 岁的，现在我给您拿一本 2 岁的，您比较一下，您看呢？

顾客：好。我自己比较一下。

对还在犹豫的顾客这样说

既然商品为顾客看中，那么顾客为什么不买呢？一个重要的原因就是销售员态度不佳。这个因素影响到顾客的购买。

在做了以上分析之后，接下来列举一下销售员应对话术。

话术 1：引导顾客从价格上转移注意力的话术。

销售员：跟您说句良心话，您要的价格对我们来说"太苦了"，您还要往下划价，我们真的赔钱了，这样吧，您看看我们的进货单，就知道我没骗您。

顾客：还能再少，哪怕一点点，心理上找个平衡。

销售员：您不是要便宜货。这儿也有便宜的，但您就看中了那个贵的了。您用不用看一下比它便宜 5～10 元的两件商品？

顾客：不用了。价钱就这样吧！能不能赠送个小东西什么的？

销售员：我这儿有一个上次搞活动时留下的小礼物，送给您吧。

顾客：多谢了。成交。

话术 2：给一个压力性问题促其早做决定的话术。

销售员：不论是您购买，还是您朋友购买，都要早定下来，下次开盘预计每平方米上涨 500 元。

顾客：看来，政策辐射区的房子永远贬不了值。

对成交之际突然变了卦的顾客这样说

眼看要成交了，如果销售员反应不快、服务不周到，那么顾客会突然变卦。

在做了以上分析之后，接下来列举一下销售员应对话术。

话术 1：强化卖点让顾客购买理由更充分的话术。

销售员：您价格上真让我们为难了，但是商品的确环保，这才是最重要的。您也是这样认为的吧。

顾客：花多少钱买一个无毒环保，也算值了。

话术 2：主动促成成交的话术。

销售员：小姐，这件样品还放在架子上吧，我从下面给您拿一个新的，然后给您结账。

顾客：好的。

话术 3：适时"补射入球门"的话术。

销售员：（语言铿锵有力）先生，我现在把那件商品也一块儿给您算喽。

顾客：当然。

话术 4：提升成交"温度"的话术。

销售员：好的。我现在就给您开单。

顾客：就这样。

第十二章

销售场景训练营

今天，你参加训练了吗

作为一个销售培训师，我一直想表达的就是：通过参加训练营，你一定要让自己的"中心价值意识"凸显出来。

什么是"中心价值意识"？

说到底，就是不断强化客户价值，在这个过程中让客户更加有黏性。

对于销售场景训练项目，我一直倡导并实施着。

要持续保持自己的销售力，要加强学习。要销售就要有本事，本事是在实践中学来的，要学就要学到真知，要学就要在实践课中学到本事的精要。

人们常说，冲动是魔鬼，但冲动其实有积极的一面。客户不冲动，不会购买他原本并不需要的商品。销售员不冲动，他就会犹豫、观望，止步不前。

冲动一旦和销售训练绑定，那么注定你会获得更多的机会。

销售不该是尼龙绳而是松紧带

销售有如松紧带，越拉越紧。不拉的是尼龙绳，没有了张力，销售就缺乏了活性。

适合销售的，往往是因为他的求变创新和骨子里的反叛意识。我不知道一些销售者的鞋带为什么总是系不牢。当尼龙绳鞋带系不牢的时候，是很容易摔跟头的。如果你系的是松紧带，那么好了，你摔不了跟头，还会觉得很新鲜。

不要把这个创意当成笑话，事实上有的金牌销售正在做类似这样的事情。

一则小故事，在三名销售员常去的公园，马路边上，多年以来横亘着一块大石头。这块石头碰坏了不少游客的脚趾头。园工对此无可奈何，巨石成了这个公园挥之不去的心病。"为什么不铲除它呢？"三名销售员问。"哦，它太大了。你们有什么好办法吗？"园工为难地回答说。销售员们二话没说，立即找来一根铁棍，撬开石头的一端，意外地发现这块石头的厚度还不及一尺，只花了一点儿时间，就将石头搬走了。游客从此再也不用担心巨石碰坏脚趾头了。

老夫子点拨：我们为什么要提实战大演习？因为销售技巧是"药引子"，实战是"试金石"。就像处理巨石问题，销售技巧"入药"，短期即见效。销售技巧管不管用，看实战之效。

和顾客打招呼的技巧训练

导购：先生，欢迎光临！（注：传统招呼法。特点：真诚热情。使用时机与效果：在与顾客有目光交流时使用效果更好。）

顾客：（注：顾客没有说话，但面部微微有点回应导购的表情。）

导购：先生是第一次来我们店吗？（注：一定要紧接着问一个好回答的简单问题并沉默3秒钟。）

顾客：嗯，你们的牌子我以前怎么没怎么听说过呀？（注：顾客开始说话了。）

导购：先生，您都不知道我们品牌，看来我们的工作还没有做好，这是我们的错。不过没关系，今天您来了可以简单了解一下，您说是吧？先生，您家里现在装修到什么阶段了？（注：首先降低身份赢得顾客好感，然后话锋一转开始切入正题，并且提有些压力的问题以了解顾客需求。）

顾客：地面都差不多了。

导购：哦，那现在是该订家具了。这样等新房装修后放两个月就刚好可以搬进去。先生，您知道家具一定要与家居环境协调才好看，请问您家里准备做成什么风格呢？（注：先附和顾客，然后再提一些稍带压力的问题。）

顾客：欧式风格的，老婆喜欢。（注：顾客一边与导购说话，一边随意在店内闲逛。）

导购：欧式风格庄重典雅有档次！顺便问一下，房间光线怎么样呢？（注：附和后继续提问。）

顾客：我们尚品公寓……

1．和顾客打招呼的两种常见方法

和顾客打招呼，有传统方法和切入方法之分。

传统法：通过向顾客问候致意的方式来招呼顾客。之后，静观顾客的变化，一旦发现接近时机来到再主动为顾客提供服务。

切入法：通过向顾客有节奏提问的方式引导顾客参与到销售面谈中来。循序渐进地做导购应该做的三件事，推动顾客朝购买的方向前进，直至最后成交。

传统法："您好，欢迎光临！"；"小姐，下午好！"

切入法："先生是第一次来我们店吗？""先生，您都不知道我们品牌，看来我们的工作还没有做好，这是我们的错。不过没关系，今天您来了可以简单了解一下，您说是吧？""先生，您家里现在装修到什么阶段了？"

传统法：一般采用非提问的陈述句和顾客沟通，所以几乎没有给顾客施加任何压力，这样导购被顾客拒绝的风险也很少。

切入法：采用提问的疑问句和顾客沟通，所以给顾客施加了一定的压力，这样导购被顾客拒绝的风险较大一些。

传统法：特别适合新导购或者接待闲散客。

切入法：对导购要求高，尤其适合于对老顾客或意向客。

传统法：相对比较被动，其工作效率偏低，不建议大量单独使用。

切入法：积极主动，效率极高。

2．和顾客打招呼的实战技巧

（1）使用传统法和顾客打招呼的技巧。

搞好传统法的实战，必须注意以下两点：

一是使用规范的招呼语。

规范的招呼语有：您请；您好；欢迎光临。

"您请"这一用语包含的意思是：您来了，请您进店。是您请进到店里来的省略语。

您好：这一用语包含的意思是：您让我对您产生好感了，我对您的印象非常好。当然，还有"您最近身体很好吧"的关心之意。

"欢迎光临"这一用语包含的意思是：欢迎您进店来，很高兴见到您。此外，还有一层意思是：询问的语气，表示我能为您服务吗？我愿意为您效劳。欢迎光临，在一些门店，也常常被省略为"欢迎"，但不能省略为"光临"。因为"光临"单独使用显得生硬，不够热情。

二是始终以陈述的语气说话。

如：先生，欢迎光临！

（2）使用切入法和顾客打招呼的技巧。

①招呼初期提简单问题。

先看一个例子。

地点：某彩电专卖店。

导购：先生，您是想了解一下液晶的，还是平板直角的？

顾客：液晶的。

导购：先生，液晶的像素高，现在很多家庭都倾向于液晶的，那先生您希望自己的液晶彩电大一点吗？42寸？还是60寸？

顾客：当然。屏幕大一点现场感更好些。我要60寸的。

点评：一开始打招呼，采用简单好答的提问方式，容易撬开顾客的嘴巴。之后，与顾客做深度沟通就变得非常容易。

②提问压力逐渐加大。

还是看一个例子。

地点：某卖场商品推介活动现场。

导购：请一位老顾客登上台来。我们给他以热烈的掌声，让他讲作为老顾客代表讲几句话。

老顾客代表：非常荣幸参加这里的活动。这么些年来，我以忠实于这个门店的顾客感到自豪。

导购：我能问您一个问题吗？

顾客：可以。

导购：您在我店使用健身茶有多少年了？

顾客：差不多八年了。

导购：那么，您感觉您的身体更健康了，是不是？

顾客：是的。我的精气神越来越好，身体更好了。街坊邻居都说我越活越年轻了。

导购：好的，如今第二代健身茶开始上市了。您看您替我们向街坊的大爷大妈推荐一下，让他们也都来试试。

老顾客代表：那一定，让他们也越活越年轻起来。今天，我就多买几盒，带给他们，让他们以后常来这里买。

导购：那太谢谢您老了。

老顾客代表：别客气。

结果，这位老顾客不但自己买了大量健身茶，而且当天还发动了街坊近10位老人从这个门店买走了健身茶。以后，街坊们都在使用这个门店的健身茶。

点评：压力循序渐进，一点点推动顾客朝购买的深层阶段迈进。

察言观色的技巧训练

1. 弄清顾客话里的深意

工作要选择方法而销售要掌握技巧。

平时，不但要留意顾客说什么，而且还要弄清楚他是如何说的。

举例如下：

顾客："我看到你们这地儿小了。"

分析：视觉型的顾客更相信自己的直觉。对此类型的顾客，如果你拿出可视性强的图文书，会有意想不到的效果。

顾客："我听说咱们这儿新进了一批货？"

分析：听觉型的顾客，对自己听来的消息不太相信，会特意前来门店看一看，希望在销售员那里得到印证。一般是有购货准备来的顾客，要是真有新到的货，立即就选货。如果没有，逛一逛也不会损失什么。

顾客：我感觉这两本书也就30元。

分析：感觉型的顾客，像一首歌里所唱的"跟着感觉走，抓住梦的手"。在感觉与现实面前，愿意认可感觉，而逃避谈现实。

顾客：不行是不是？没关系！

分析：不尊重，缺少敬意。退一步说，是讲话不讲究方式，说了不恰当的话。

顾客：在决定购买之前，我要先想想您刚才所说的。

分析：这是认真听着的顾客，而不是那种在别人说的时候，想着自己该说什么的顾客。

顾客：你是不是在说？

分析：当顾客作为一个严肃的听众，注意力已经延伸到销售员所说的每一个点上的时候，他是否正确地理解了销售员的话呢？他会抛出一个"试探气球"，问一些合适的问题。

顾客：站得更直了。

分析：真对销售员所说的某一部分特别感兴趣。

其他顾客：这儿的环境非常好。

顾客：看来是真的好。

分析：第三人所说的话，往往被认为是真实的。比你亲口说自己好，效果就是不一样。

顾客：喜欢听别人的赞美。

分析：这是相似性吸引心理的表现，喜欢别人对自己赞美，但不喜欢别人在公众面前评点自己的不足，也不喜欢别人赞美自己的弱小。

销售员：您要这件行吗？

顾客：随便，都可以。

分析：销售员会认为顾客感情冷漠，不懂礼节。

2. 弄清顾客手势里的深意

顾客：左手指碰触面颊或是揉眼睛。

分析：暗示他没有说真话。

顾客：摘下眼镜。

分析：显示其内心的不安。

顾客：拍拍销售员的肩后部。

分析：真诚地赞许销售员。

顾客：拍拍你前部或从上往下拍。

分析：顾客倨傲而又显示宽容，显示他支配人的动机。

3. 弄清顾客眼神里的深意

顾客：边听销售员讲解边向前走两步，眼睛看着墙壁。

分析：这是顾客思考问题的一种方式。当销售员以为顾客不愿听而中止话题的时候，顾客会转过投来，连问几个和刚才话题有关的问题，要你给予解答。通常看墙壁思考，有利于回归理性，理清思路，深入思考。

顾客眼神散乱。

分析：顾客觉得毫无办法。

顾客眼神横射，仿佛有刺。

分析：说明其异常冷淡。

顾客眼神阴冷。

分析：说明其凶狠。

顾客眼神似在发火。

分析：说明此时顾客怒火中烧。

顾客眼神恬静，面带笑意。

分析：顾客对某事非常满意。

顾客眼神四射，神不守舍。

分析：他对你的话题已经感到厌倦。

顾客眼神呆滞、唇皮泛白。

分析：顾客对于当前的问题万分惶恐。

顾客眼神凝定。

分析：顾客认为你的话有必要听一听。

顾客眼神下垂，连头都下倾了。

分析：顾客心有重忧，万分痛苦。

顾客眼角上扬。

分析：顾客不屑听你的话。

顾客坦率地看着你，甚至偶尔眨眨眼睛。

分析：顾客同情你。

顾客说话时并不看着你。

分析：顾客想用不重视来惩罚你，说明他不想评价你，这是坏迹象。

顾客用锐利的眼光目不转睛地盯着你。

分析：顾客在向你显示他的权力身份和优势。

4．弄清顾客脸色里的深意

顾客：脸色阴沉、抑郁。

分析：通常，不是对门店及导购有意见，多半是其家里发生了什么事。不善于控制情绪的顾客，往往把烦恼带到销售员面前。在一定程度上影响了销售员的工作情绪。

5. 弄清顾客缄默里的深意

顾客：一言不发。

分析：当销售员和顾客说话时，顾客在听的过程中会人为地设置一道屏障。如果他对销售员的谈话内容丝毫不感兴趣，他就会拒绝去听。有时觉得听到还不如不听要好，干脆不去听。

致力成交的技巧训练

1. 让看客购买

对没有确定购买目标的顾客，销售员不要立即接近，应让其随意观赏，当他较长时间把目光集中于某个商品并显露出感兴趣的神情时，再打招呼，并主动介绍商品，强调该商品的优点，激起顾客购买欲望，促成生意成交。

对浏览参观、看热闹的顾客，销售员不要急于招呼，要留意观察其动静，当他突然停步观看某商品时，或在店内转了再转回来看某商品时，销售员再上前热情接待。对看客不能冷落、不能轻视，因为看客是买主的前身。服务水平高的销售员往往能和看客做成生意，让"稀客"变成"常客"。

2. 让顾客亲近

销售员在开头，往往先把自己门店尽情地说一番。可是，顾客关心的不是你店如何如何，而是他自己能够得到什么。

3. 让挑剔远离

销售人员应对技巧：找证据。

销售场景：

地点：某图书门店

顾客：（对导购所说的话感到不信）您越说这本图书好，我越不相信。

销售员：（指着旁边的某顾客乙，对顾客甲说）这本书，我说它好你可能不信，让大家都说好才是真的好。要不，问问现场的其他顾客，看他怎么说？

"找证据"是为了强化顾客对销售人员的信任。切实、具体的证据有助于消除顾客对销售人员的不信任感，让顾客心理上增强安全感。

针对顾客潜台词的导购技巧训练

1. 顾客说：太贵了

销售员对策主题词：一分钱一分货，其实一点儿也不贵。

销售员技巧：

（1）比较同类或同价值商品

①与同类商品进行比较。

如：市场 ×× 牌子的 ×× 钱，这个商品比 ×× 牌子便宜多啦，质量还比 ×× 牌子的好。

②与同价值的其它物品进行比较。

如：×× 钱现在可以买 ××× 等好几样东西，而这种商品是您目前最需要的，现在买一点儿都不贵。

（2）拆散组件

将商品的几个组成部件拆开来，一部分一部分来解说，每一部分都不贵，合起来就更加便宜了。

（3）平均到每一天

将商品价格分摊到每月、每周、每天，尤其对一些高档服装销售最有效。买一般服装只能穿多少天，而买名牌可以穿多少天，平均到每一天的比较，买贵的名牌显然划算。

如这个商品你可以用多少年呢？按 ×× 年计算，×× 月 ×× 星期，实际每天的投资是多少，你每花 ×× 钱，就可获得这个商品，值！

（4）赞美顾客让其为面子埋单

通过赞美让顾客不得不为面子而掏腰包。

如先生，一看您，就知道平时很注重 ××（如仪表、生活品位等）的啦，不会舍不得买这种商品或服务的。

2. 顾客说：市场不景气

销售员对策主题词：不景气时买入，景气时卖出。

销售员技巧：

（1）讨好顾客

聪明人的一个诀窍：当别人都卖出，成功者购买；当别人却买进，成功者卖出。现在决策需要勇气和智慧，许多很成功的人都在不景气的时候建立了他们成功的基础。通过说购买者聪明、有智慧、是成功人士的料等，讨好顾客，得意忘形时掉了钱包！

（2）淡化影响

景气是一个大的宏观环境变化，是单个人无法改变的，对每个人来说在短时间内还是按部就班，一切"照旧"。这样将事情淡化，将大事化小来处理，就会减少宏观环境对交易的影响。

如这些日子来有很多人谈到市场不景气，但对我们个人来说，还没有什么大的影响，所以说不会影响您购买××商品的。

（3）例证让顾客向往

举前人的例子，举成功者的例子，举身边的例子，举一类人的群体共同行为的例子，举流行的例子，举领导的例子，举歌星偶像的例子，让顾客向往，产生冲动、马上购买。

如某某先生，××人××时间购买了这种商品，用后感觉怎么样（有什么评价，对他有什么改变）。今天，你有相同的机会，做出相同的决定，你愿意吗？

3. 顾客说：能不能便宜一些

销售员对策主题词：价格是价值的体现，便宜无好货。

销售员技巧：

（1）得失影响决策

交易就是一种投资，有得必有失。单纯以价格来进行购买决策是不全面的，光看价格，会忽略品质、服务、商品附加值等，这对购买者本身是个遗憾。

如您认为某一项商品投资过多吗？但是投资过少也有他的问题所在，投资太少，使所付出的就更多了，因为您购买的商品无法达到预期的满足（无法享受商品的一些附加功能）。

（2）底牌亮出

这个价位是这件商品目前在全国最低的价位，您要想再低一些，我们实在办不到。通过亮出底牌（其实并不是底牌，离底牌还有十万八千里），让顾客觉得这种价格很划算。

（3）诚实告诉顾客

在这个世界上很少有机会花很少钱买到最高品质的商品，这是一个真理，告诉顾客不要存有这种侥幸心理。

如如果您确实需要低价格的，我们这里没有，根据我们了解其他地方也没有，但有稍贵一些的××商品，您可以看一下。

4.顾客说：别的地方更便宜

销售员对策主题词：服务有价。现在假货泛滥。

销售员技巧：

（1）分析

大部分人在做购买决策的时候，通常会了解三方面的事：第一个是商品的品质，第二个是商品的价格，第三个是商品的售后服务。在这三个方面轮换着进行分析，打消顾客心中的顾虑与疑问，让它"单恋一枝花"。

如××先生,那可能是真的,毕竟每个人都想以最少的钱买最高品质的商品。但我们这里的服务好，可以帮忙进行××，可以提供××，您在别的地方购买，没有这么多服务项目，您还得自己花钱请人来做××，这样又耽误您的时间，又没有节省钱，还是我们这里比较恰当。

（2）转向

不说自己的优势，转向客观公正地说别的地方的弱势，并反复不停地说，摧毁顾客心理防线。

如我从未发现：那家公司（别的地方的）可以以最低的价格提供最高品质的商品，又提供最优的售后服务。我××（亲戚或朋友）上周在他们那里买了××，没用几天就坏了，又没有人进行维修，找过去态度不好。

（3）提醒

提醒顾客现在假货泛滥，不要贪图便宜而得不偿失。

如为了您的幸福，优品质、高服务与价格两方面您会选哪一项呢？你愿意牺牲商品的品质只求便宜吗？如果买了假货怎么办？你愿意不要我们公司良好的售后服务吗？×先生，有时候我们多投资一点，来获得我们真正要的商品，这也是蛮值得的，您说对吗？

5、顾客讲：没有预算（没有钱）

销售员对策主题词：制度是死的，人是活的。没有条件可以创造条件。

销售员技巧：

（1）前瞻

将商品可以带来的利益讲解给顾客听，催促顾客进行预算，促成购买。

如：×先生，我知道一个完善管理的事业需要仔细地编预算。预算是帮助公司达成目标的重要工具，但是工具本身须具备灵活性，您说对吗？××商品能帮助您公司提升业绩并增加利润，你还是根据实际情况来调整预算吧！

（2）攻心

分析商品不仅可以给购买者本身带来好处，而且还可以给周围的人带来好处。购买商品可以得到上司、家人的喜欢与赞赏，如果不购买，将失去一次表现的机会，这个机会对购买者又非常重要，失去了，痛苦！尤其对一些公司的采购部门，可以告诉他们竞争对手在使用，已产生什么效益，不购买将由领先变得落后。

6. 顾客讲：它真的值那么多钱吗

销售员对策主题词：怀疑是奸细，怀疑的背后就是肯定。

销售员技巧：

（1）投资

做购买决策就是一种投资决策，普通人是很难对投资预期效果做出正确评估的，都是在使用或运用过程中逐渐体会、感受到商品或服务给自己带来的利益。既然是投资，就要多看看以后会怎样，现在也许只有一小部分作用，但对未来的意义很大，所以它值！

（2）反驳

利用反驳，让顾客坚定自己的购买决策是正确的。如您是一位眼光独到的人，您现在难道怀疑自己了？您的决定是英明的，您不信任我没有关系，您也不相信自己吗？

（3）肯定

值！再来分析给顾客听，以打消顾客的疑虑。可以对比分析，可以拆散分析，还可以举例佐证。

7. 顾客：还有谁买过

尤其是面临较大购买风险，对商品知识和购买经营缺乏时，顾客更喜欢问这个问题。

顾客问这个问题，是想知道自己是不是第一个商品的"实验者"。在购物时，许多顾客不愿成为第一个吃螃蟹的人。

技巧：要告诉顾客：我们有很大一批对这个商品感到满意的用户，您放心，我们这儿的商品绝对不会让您失望。如果有名人在用这个商品，那么顾客就二话不说付钱购买了。

8. 顾客：不，我不要

销售员对策主题词：我的字典了里没有"不"字。

销售员技巧：

（1）吹牛

吹牛是讲大话，推销过程中的吹牛不是让说没有事实根据的话。而是通过吹牛表明销售的决心，同时，让顾客对自己有更多的了解，让顾客认为您在某方面有优势、是专家。信赖达成交易。如我知道您每天有许多理由推脱了很多推销员让您接受他们的商品。但我的经验告诉我：没有人可以对我说不，说不的我们最后都成为了朋友。当他对我说不，他实际上是对即将到手的利益说不。

（2）比心

其实向别人推销商品遭到拒绝，可以将自己的真实处境与感受讲出来与顾客分享，以博得顾客的同情，让其产生怜悯心，促成交易。

如假如有一项商品，你的顾客很喜欢，而且非常想要拥有它，你会不会因为一点小小的问题而让顾客对你说不呢？所以 × 先生今天我也不会让你对我说不。

（3）死磨

我们说坚持就是胜利，在推销的过程中，没有你一问顾客，顾客就说要什么商品的。顾客总是下意识地提防与拒绝别人，所以要坚持不懈、持续地向顾客进行推销。同时，如果顾客一拒绝，就撤退，顾客对也不会留下什么印象。

9. 顾客说：我要考虑一下

销售员对策主题词：时间就是金钱。机不可失，失不再来。

销售员技巧：

（1）询问

通常在这种情况下，顾客对商品感兴趣，但可能是还没有弄清楚你的介绍（如某一细节），或者有难言之隐（如：没有钱、没有决策权）不敢决策，再就是推脱之词。所以要利用询问法将原因弄清楚，再对症下药，药到病除。如：先生，我刚才到底是哪里没有解释清楚，所以您说您要考虑一下？

（2）假设

假设马上成交，顾客可以得到什么好处（或快乐），如果不马上成交，有可能会失去一些到手的利益（将痛苦），利用人的虚伪性迅速促成交易。

如：×先生，一定是对我们的商品确是很感兴趣。假设您现在购买，可以获得××（外加礼品）。我们一个月才来一次（或才有一次促销活动），现在有许多人都想购买这种商品，如果您不及时决定，会……

（3）直接

通过判断顾客的情况，直截了当地向顾客提出疑问，尤其是对男士购买者存在钱的问题时，直接法可以激将他、迫使他付账。

如：×先生，说真的，会不会是钱的问题呢？或您是在推脱吧，想要躲开我吧？

销售员的言行对顾客的影响示例

销售员：佩服您。

顾客：感动。

销售员：这事我不清楚。

分析：大不敬。

销售员：您来得太晚了。

分析：有责备之意。

销售员：我想这事很难办！

分析：不尊重，常让人下不了台。

销售员：这个问题太复杂了。

分析：太复杂是什么意思？这说明销售员在表述完异议后可能就不会继续聆听了。一直考虑的是能再说什么以坚定其异议。

顾客：说话。

销售员：（在抛出自己的问题之前，先说一句）让我来问一个问题，以确信我已了解你刚才的话。

分析：排除了对你提出问题动机的疑惑、焦虑、甚至恼火，表现出了对别人谈话的兴趣，别人转而也会把他们的注意力放在对你的聆听上。

销售员：这件事我们会尽力去办。我们随时关注此书的货源，一有消息，就让别人告诉您，您看好吗？

分析：你给出了结论的基础，将会大大提高自己的可信度。你要认识到如果有一些顾客不知道你是如何得出结论的，他们会变得非常多疑，最后甚至会认为"你自己都不知道自己在做或要做些什么"。

如果给别人一个选择同意或者反对的机会，让他们选择同意还是反对你的结论。如果其不同意，你起码知道了他们是怀有异议的。这样就可以恰当地采取对策。

销售员：我能确信我穿得得体吗？

分析：安全的着装是统一制服和别人没有什么两样。而如果别人穿休闲服而你着西服，别人会认为你哗众取宠。

销售员：在回答顾客提问时抓头皮。

分析：销售员精神不集中。

销售员：在说话时，打哈欠、伸懒腰，不等顾客谈完话，视线和注意力就转向其他地方。

分析：这是不尊重人的表现。

销售员：目光与顾客直接接触。

顾客：不安。

分析：盯住不放，会造成顾客内心的不安。即使本意不想真正地注视他，但他不明白这一点，反而会误解自己外表有什么瑕疵或自己哪句话说错了。

销售员：正襟危坐。

顾客：俯首听。

分析：顾客会很觉得不快。

销售员：嗓音嘶哑。

分析：紧张、有压力。

导购：身体微微向顾客前倾。

分析：表示对顾客的高度重视。

销售员：在回答顾客提问时东张西望眼睛到处扫描面无表情旁若无人。

分析：顾客会觉得销售员在敷衍他。

销售员：说话时偶尔地注视顾客。

分析：这种态度和表情，不但使人感到尴尬，而且会令顾客对销售员的话产生怀疑。

销售员：结束倾听顾客的话之前要数到三才能开始讲话。

分析：领会别人的信息，允许别人有时间去纠正其言论或问题。

销售员：我们这儿环境好。

顾客：你那么一说，我这么一听。未必当真。

顾客：拜托你把书包紧一点。

销售员：我一定帮你包紧，放心吧。

分析：明确顾客的要求，给顾客一个定心丸。

顾客：对某件商品有抱怨。

销售员握手、站着说：我理解并希望听到这些抱怨。因为这能促使我们改进工作，更好地服务顾客。

分析：顾客更相信销售员的身体语言和话音语调，而不是你所说的那些话。你的举动比你的言辞更有说服力。

销售员：从货架上拿下一张碟，"啪"地一声扔在了旁边的货台上。

分析：顾客会觉得不可思议：我打搅他了吗？

销售员：正好在打扫卫生。

分析：过路顾客会认为这家门店一定已经卖出了很多东西，才会整理货架、打扫卫生的。

销售员：您看一看书上的定价，书上是多少钱我们卖多少钱？

分析：顾客会认为你敷衍他。事实上，顾客不会懒得看书上的定价，问定价想从侧面了解一下有无优惠。

销售员：这么多件商品您怎么会一件也看不上呢？

分析：这会加重顾客的懊恼情绪。

销售员：您要买就不要买旧的。

分析：越不让买的，顾客越会有兴趣去买。顾客在想：新的就一定好吗，旧的可能更不错。

销售员：这边展台的是毛绒玩具，那边展台是儿童服装，那边的是您买那件？

分析：顾客最烦心的是注意力被分散。

销售员：让我先问一下有什么可以问的我一定会回答。

分析：形同废话的话常常被顾客先过滤掉。

销售员：（不看顾客的表情）全要吧。

分析：不看表情回话，常常失去销售的最佳时机。

销售员：请问您需要什么？

分析：这就如同医生对患者说您需要什么药。

销售员：不感兴趣的话，我也不再继续介绍了。

分析：顾客感到如同下了逐客令。

销售员：是否需要我更进一步介绍？

分析：顾客认为销售员嫌烦了。

销售员：您是想买一个吗？

分析：顾客防范心会激起来。

销售员：我家买的也是这款，好用。

分析：顾客会觉得这是句口水话，不相信。

第十三章

让你的店铺旺起来

把好店铺生旺的脉

　　店铺生旺是一门学问。如何把店铺打造成为一个旺店，首先要做的事情是梳理店铺的各个细节，把好店铺生旺的脉。

　　大致说来，店铺生旺的脉有三条：

　　一条脉是人旺。有一定销售技巧的人才可能生旺店铺。从顾客角度，有一定需求并得到满足的准顾客才可能生旺店铺。旺客出手，销量攀升。

　　另一条脉是天旺。天时赶得好，适应新形势发展需要，属应运而生的店铺，项目注定要旺。相反，店铺有先天的不足，比如项目生不逢时，业态选得不合时宜等，店铺难有旺势，

　　另一条脉是地旺。地旺对于实体店来说，主要体现在两个方面，一是所选店址好。地理位置佳，交通便捷。二是内外格局布置好。就店外而言，店招、店面色彩、装潢风格、卫生环境、橱窗位置设计布置得好。就店内而言，布局好，服务台、休息处、收银台、洗手间、楼梯、灯光、店内卫生、地面、店内墙壁、入门处、柜架、设备、装饰风格、店内色彩、背景音乐及商品俱佳。对于网络店来讲，主要指网店的装修和带给客户的体验。

　　旺店所表现出来的一种气势，在一定程度上也即形象。中国人讲究"气势"。从店铺建筑物外观看，好的店铺装修大气、环境明快，给人第一印象就好。

　　怎样成为旺店？应该说，人与自然和谐统一的店铺，因为人与店是相互扶

持的，人因店而立足，店因人而存在，所以就有一种旺的气势呈现出来。

把好店铺生旺的脉，有助于我们扶旺店铺。

一天，三个销售员又聚在一起，围绕"旺店铺"这个话题发表了各自的看法。甲说："我看旺址出旺店"。乙说："旺态出旺店"。丙说："旺货出旺店"。

老夫子点拨：具体到店铺投资与经营，人们自然会想到做旺店铺。这是销售技巧做到的最高层次。和销售技巧相联系，店铺投资所创造出的价值呈现出来的应是旺店特征，比如店址旺、业态好、顾客旺、商品强、特点明等。

旺店选旺址

旺址是旺店的关键要素之一，尤其是实体店。旺址的选择：一看街名。吉祥的街名能给人以心理的暗示。这样的街名，如北京第二外国语学院附近的"财满街"，吉祥财运寓于其中。二看门牌号码。2、5、8、9、10 在门牌号码中是吉利的数字。

选址，选址，还是选址。选址问题正在成为开旺店首要的问题。店铺卖场规模相近，商品特色相近，理想的商业场地无疑是制胜法宝之一。几种实用招术帮你解读开店铺选址"玄机"，掘开致富"金矿"。

1. 判断选址目的地的购买需求

选址开店铺，直营连锁也好，加盟连锁也好，投资往往不是短期行为。要在已有零售店的城区增设新店，选址容易些。要在未开发的城街开新店。选址复杂些。最初的判断应是简易的目测、匡算。

目测人流量及其中主要群体类型是最省的办法。一般选择在星期五、星期日和星期一目测人流量。某街平日（星期日除外）的人流量为 1 000 人，星期日的人流量为 2 000 人，日平均（包括星期日）人流量为 1 500 人。如果上述时点一般是一年中销售最高潮的时期。由此得出的人流量数字也趋于一年中人流量的最高水平。具体到每一日，从 8 点半开始，人流量开始上升，到 12 点半达到一个小高峰，13 点半是低潮，此后又开始上升，14 点半左右达到最大值，此后开始下降。这说明人流量变化有规律性，有助于进一步看准变化最大的顾客类型和变化最小的顾客类型。

最简易的匡算是通行人数乘以预计入店人数乘以交易比率乘以平均购书数乘以购书平均单价。

负责选址的员工还可通过街头简要问卷，判断这个目的区域的购买需求。

2. 做好开店前的调查

开店前应进行严密的市场调查，确定零售的途径，作开店的决定。

开店前调查内容：当地生活方式、消费水平、人口增长、文化水平、居住条件，甚至人们兴趣爱好、传统习俗、储蓄情况、宗教信仰、意识形态以及女性化、老年化程度。

最主要的是围绕商圈特点确定具体的开店店址。看四点：一看所选地段与其文化氛围是否相符；二看交通是否方便；三看人流是否密集；四看竞争对手。

3. 明确选址标准

选址标准：一般不超过公共汽车 8 千米车程，规定顾客来店面的时间一般不宜超过 20 分钟。

4. 需要考虑的个细节

选址过程中，除了商圈成熟度、人流量、交通等基本因素外，还要考虑无数个细节，如商圈人口数、职业、年龄层次；该商圈消费习性、生活习惯；商圈聚客点的位置；物业管理水平和知名度；商圈未来发展前景；人流行动路线是否会被竞争对手截住等等诸多因素。

5. 开店前必须调查的内容

开店前，要调查如下内容：

（1）建筑形态。主要店铺街道、干道的建筑及建筑高度。新大楼与旧式建筑的分布。

（2）城建规划。目前的改建情况。城市 1 ～ 3 年内可能改建的趋势，与城市规划局建立关系。

（3）行业形态。主要店铺街道、干道的行业类型以何产品为主，售卖产品的层次。

（4）分布家数。以抽样点的并行道路为主要调查对象。

包括：主要道路的店铺分布明细，包含将店铺分类记录将其统计填入明细表；主要干道、大马路、相同／相似店铺的家数；店铺汇集地带的概述；将"辅助店、竞争店"所在位置正确标注于商圈简图上。

6. 一步差三市——如何准确选店铺店址

商圈范围，主商圈一般为 50 米，次商圈为 50 ～ 150 米，辅助商圈为 150~250 米。

本商圈内汇聚人潮的场所类型、聚集人口类型是什么？人潮汇集流动的路线是什么？

人潮汇集流动的主要方向是什么？这些对准确选址非常重要。

将一周的时间分为两部分：周一到周五和周六、周日法定假日。以上午 8 点一下午 10 点每两小时细分为一个小段。以 15 分钟为其抽样的一段的样本，并计算其抽样点的实际经过人数、机动车、汽车、助力车、自行车。抽样时将人潮分为青少年、上班族、家庭主妇。

将每抽样的数，换算成每两个小时的人潮流动数。

例：以 15 分钟为抽样得该抽样点人数为，将 120/15 表示其两个小时可能的人潮流动数，将其数字依时段填入"人潮流动抽样表"将人潮流动抽样的数字以线图表示"人潮分布图"，即可帮助我们提高选址准确率。

7. 选址要注意的细节

（1）评估商圈抽样点适合何类型的店。

（2）店铺依商圈类别划分的市场定位。

（3）以求出的入店率，该商圈抽样点的人潮数，预估客户数。

（4）未来再依商圈的消费年龄、习惯、所得的变动可能对客流量的影响而做正（负）百分比的修正。

8. 对于"商圈"的解读

好的商圈不一定就是指人流密集、热闹的地点，一块上等地块租金也高。规模个中等但是完全属于自己的地块更有利于新店的成长。制作一张"商圈地图"是选择店址的好方法。

9. 如何制作商圈地图

调查本地竞争对手——分析对手位置及选址特点——附近人口密集程度分析——与各个竞争对手的距离——哪些市场是本店独享的分析——画出本店服务半径及到本店的公交车通行路线（商圈）。

10. 如何"因地制宜"选店址

店铺开连锁店，多是出于对市场"跑马圈地"。

甲店今年想开设 2 家左右店面；乙店在未来 2 至 3 年内想再开 3 至 4 家店。

丙店也已锁定 3 家店。丁店也想开……

连锁店在城镇遍地开花，商品同质化日渐突出，购买力旺盛的地段，被商家所青睐。为了找到合适的开店铺位置，有的连锁卖场还有专门一组人每天在县城各个角落进行实地考察。

选址的原则——因地制宜。这也为众多店铺所推崇。很多店铺奉行的是这一路线图计划。当然，你的路线图计划也可能遇到障碍，但关键在于你的信心和恒心是否足够。其中，技术规范也是要素之一。这决定了因地制宜选店址的专业思路。

一般而言，下列的地点是开店的好店址：

（1）商业活动频繁的地方。

（2）交通便利的地区。

三种地点不宜开店铺：①快速车道旁；②同一地区，楼层高的地方；③不要设在坡路上。

11. 如何预测未来两年店址资金回报率

你在投资之后，很自然地想到，什么时候才能收回投资？

通常很少有新店能够在一开始就达到营业损益平衡。一般要经过 6 ～ 8 月才可能有利可图。到两年头上才能收支平衡。如果做不到，建议你及时"关停并转"。这时还会遇到负现金流量，这就需要用投资来达到收支平衡。为了应付意想不到的费用开支，店铺还应有占总投资 15% ～ 20% 的准备金。预期到了两年头上可实现收支平衡的话，业务经营应好于预期，破产的风险小，准备金存量大，店铺发展就越有利。

特别提出的是，支付租金的店铺，好地段的店址，租金高，但销售也不会错。相应资金回报率也高。股权投资店铺，投资回报能达到 10% ～ 35% 之间；产权投资购买方式回报能在 10% ～ 15% 之间。

12. 开综合店还是开专业店的考量与分析

（1）在商业中心、火车站附近适宜办综合店。

在商业中心经营办店，究竟是办综合店好？还是办专业店好呢？应是办综合店。为什么这样说呢？一个地区的中心一般形成商业区。顾客云集，顾客多而且杂。方方面面的商品都应有。因此，就综合店而言，选择在繁华的商业区也是对的。选择设在文化区、居民区就不对了。那么在火车站附近办什么店好呢？也应办综合店。有的城市的火车站好像更繁华一些，但为什么它的销量不如商业区呢？因为南来北往的流动人口多，但抱着停留一下略做旅途上的修整的想法的多，真正购物的少。你之所以在店里看到顾客多原因即是如此。因此，此处设立的综合店要比准商业区的店规模要小些。

（2）在学校、剧场附近适宜办专业店。

在学校附近、在剧场附近，是不适合办综合店的。但适合办专业店。因为学校附近的店具有周期性销售的特点。购物多时也是学生上下学的时间段。在其他的时间里，几乎没有人购物。因此，经营的商品几乎专为学生群体准备，具有明显的专业店特征。在剧场附近，只有在剧场演节目之前的一个小时或半个小时里，才有顾客光顾进店，但看的多，买的少。只有瓜子、冷饮之类的商品除外。在剧场节目散场后和节目正在上演的时候，顾客一心想着尽快回家，或者是全神投入在演员身上，因此，店面是很冷清的，不但搞成综合店是万万不必的，而且搞成的专业店也要更小更精。

13. 选好址的重要性

对于实体店来说，选好经营地址真的很重要。因为你不可能也不愿每年换一个经营地址。一般地，经营地址在两年之内要保持稳定，这就是说给选址提出了基本的要求。选址不看情况，盲目选址将会带来营业难。在餐饮业和娱乐行业上这样的现象较多。因为餐饮业和娱乐行业常常需要投资较大一些。有一些投资者，只关心路段是否繁华，客源是否充足，停车是否方便，对周围环境了解不多。这样一来，忽视环境，考虑不周。最后酿苦果。还有，你对自己所从事的行业也应该有较为充分的认识，法律法规明令禁止经营的，你要了解。选址的准备工作一定要做细致。

旺店选旺态

1. 旺店的内涵和基本要素

如今，店铺的内涵不断丰富。主要包括店面形象、服务管理、专业技术及知识。其中最基本的是要素是商品和服务。商品是有形的，服务是无形的。服务管理和店面形象，一般认为是顾客最为敏感的。服务管理和店面形象，从审美层面来看，是美学思考与实践。从心理学层面看，是营业气氛。营业气氛，通过店长和店员的通力合作来实现，以满足顾客需求。这使很多店铺顾客盈门。

也使店面形象、服务管理、专业技术及知识成为"镇店之宝"。

2. 旺店的形态

（1）超市——店铺的"旗舰"。沃尔玛是世界五百强之首，成为主流的大型连锁超市话语权很高。

（2）便利店——是服务满足型的主力业态。

（3）专卖店——是差异化个性需求满足型的主力业态。

（4）连锁店——以多店连锁性质出现，可进一步分为直营连锁、授权连锁、

（5）西式快餐店——麦当劳、肯德基领跑，凭的是过人的质量及周到的服务。

（6）中式快餐店——中国缺乏世界名牌的中式快餐店铺。

（7）健身房——健身休闲是生活质量提高的一个重要标志。开健身房要选择交通便利的居民区或繁华的商业区，以青年人消费为主。健身房以提供器械性健身和有氧健身为主。

3. 为什么说超市是旺店的"旗舰"

超市应该总是靠近住家、卫生、干净、价格合理，货品好，包装精美、携带方便。这迎合了现代人追求购物舒适的追求。也是超市与其他业态竞争的法宝。每一万人就应有一家超市，这在中国使超市还将以一定速度发展。

沃尔玛超市是世界五百强之首，成为主流的大型连锁超市话语权很高。从这个意义上讲，超市是店铺的"旗舰"。

有关超市旺店的问答如下：

问：附近已有超市的地点，能开新超市吗？

答：一般不行。你想，同业相邻，竞争激烈，很容易造成两败俱伤。

问：超市的钱如何赚？

答：薄利多销是超市的客观要求，精打细算，才能赚到钱。每个决策、流程、经营过程、结果，都要用数字指标控制。一个5000平方米的超市，每天产生的数据记录在1.5万条，数字化设备才能解决人脑记录难以实现的问题。计算机信息系统成为了超市的"神经"。物流配送中心是超市降低成本的重点。成本低，增加的是利润。

问：超市环境考量的几个矢量？

答：教育水准较高的人愿意到超市购物；家庭人口3人家庭，是超市商品的目标争取对象；家庭就业人数是收入源，有收入才会有支出。家庭经常性支出是随着工资水平提高而提高的必须支出的金钱数额。家庭收入、支出、储蓄

结构比例，让消费有了一个可匡算的依据。

问：超市细分类型有哪些？

答：超级市场、大型综合超市、仓储式商场、便利型超市是超市形态。综合超市以食品、小百货为主。

问：评价收款员勤劳度怎么评价？

答：平均交易笔数和实际交易笔数。

问：怎么知道谁是重点顾客？

答：购买率、购买额高的就是重点顾客。

问：如何判断店铺是否怠工？

答：看货架上商品少于 50% 的次数有几次，看货架由清洁变成尘蒙有几次，商品放错架有几次，一个月为一个考核期。

问：专业化的战略指导，对超市有多重要？

答：导致血本无归是一些超市最终的结果。为什么会出现这种情况？缺乏专业化指导是其中因素之一。

问：超市数量与发展潜力有关系么？

答：有关系。数量越多，被挤压的空间越小，因为每个超市都会有自己的忠实顾客。如果某一地区，没有外来人口，购买的人群相对固定。那么购买超市主打商品的食品的数量和金额不会忽高忽低。如果有外来人口，那么就会好些。这就是为什么超市热衷于设本地特产专架的原因。因为外来人才会购买这些所谓的"地方特产"的。比如北京人其实并不十分喜欢吃"北京特产果脯"，但外来人喜欢（在这里用外来人较悦耳一些）。

旺店选旺货

1. 为什么要货卖堆山
以货卖堆山的方式，集中商品的复本，制造某件商品的集中陈列的生动效果。

2. 为什么嫌货才是买货人
此言即是说：嫌货品不好的人才是真正的内行，才是愿意购买你商品的人。

3. 卖旺起来的货缺了咋办
及时理货，你就会及时补货。某种商品三个月卖了 30 件，补货就数量而言，

30 件的 85%，即 25 或 26 件为宜。

4．旺货的支撑来自哪里

供货商供货态度好、时间安排迅速、及时和货品质量好是旺货最好的支撑。

5．为什么好货人人抢

好货有时就是紧缺货。"卖缺"带来价值增值。商家哪一个不抢货呢？所谓"囤积居奇"就是这个道理。

6、便宜货就是好货吗

便宜货不见得就是好货，这要具体问题具体分析。俗话说：便宜无好货，好货不便宜。但便宜如果是因为质量次，那么就不会是好货。

7、货值钱值在哪里

货值钱上升到物有所值的层面上，就是货是好货，有涨价的可能在里面，而不是积压货、滞销货。

旺店有旺客

1．客源为什么可以旺店

旺店靠人气。人气旺则贵气生。贵气就是阳气。阳则旺，阴则衰。

2．旺客出手为什么这么大方

旺客一定会带来不同的气场。出手大方就是强大的气场。

3．客为什么不随主便

顾客一定不要被主家忽悠住，也就是说客不必随主便。

4．旺客为什么还需巧布置

巧布置才更吸引人，才更旺店。

旺店选旺点

1．旺店的最佳时间点在哪里？

一般地，旺店最佳时间点就是一天中上午 9:30 ～ 10:30，下午 3:00 ～ 4:30。而学校附近，上下学的一个小时左右是旺点。饭店旺点是吃饭时间节段。

2．最旺的卖点为什么能捧红一天的销售？

卖东西喜欢有高潮。卖点的高峰销售能捧红一天的销售。

3．旺点一定越多越好吗？

是的。